KB264132

부동산 경매 리스타트

부동산 경매 리스트타트

박승일 · 이호중 · 오승세 · 박규진 지음

매일경제신문사

　금융위기 이후 다양한 부동산매물이 경매시장으로 몰리고 있습니다. 타워팰리스같은 고급물건에서부터 토지, 주유소, 찜질방, 지하 단칸방까지 실로 다양한 물건이 나오고 있습니다. 또 법원 경매에 대한 관심이 높아지면서 재테크 수단으로 부동산경매를 하려는 사람도 나날이 많아지고 있습니다. 대다수의 사람들이 부동산경매를 배우기 위해 학원 강의나 전문서적을 통해 기초를 다져 가며 적극적으로 경매시장에 참여하고 있습니다. 그 결과 많은 매물들이 경매로 낙찰되고 있습니다.

　부동산이 경매에 나오게 되는 주된 이유는 소유주의 채무 불이행 때문이며, 금융기관이건 개인이건 채권자가 채권 확보를 위해 경매신청을 하게 됩니다. 그러다 보니 다양한 이해관계와 복잡한 권리분석 등의 난관이 생기게 됩니다. 경매물건의 경우 물건에 하자가 있다 하더라도 매도인에게 그 책임을 물을 수 없습니다.

　경매물건은 일반매물에 비해 시세보다 저렴하게 구입할 수 있는 장점이 있습니다. 그러나 실제로 일반인이 부동산경매를 통해 재테크에 성공하는 경우는 그리 많지 않습니다. 경매를 통해 높은 수익을 올려 부자가 되기 위해서는 이론적 바탕의 토대 위에 시장분석, 권리분석, 물건분석에 노력을 기울여야 합니다. 그리고서 시간과 돈을 적절히 투자해야 성공할 수 있습니다.

　본서는 경매분야에서 오랫동안 일했던 부동산전문가 4인이 모여 현장실무를 바탕으로 일반인들이 쉽게 진짜 경매를 접할 수 있도록 집필하였습니다. 많은 낙찰경험과 대학 · 경매전문학원 등에서 강의하며 접했던 경매에 대한 다양한 사례를 정리하므로 부동산경매분야의 정통교과서로서 손색이 없을 것입니다.

　뿐만 아니라 현 업종에 종사하는 분들도 전문적이고 복잡한 지식 때문에 어려워하는 권리분석 등도 전반적인 개념 이해와 더불어 경매 낙찰과정과 사례를 기술하여 누구라도 쉽게 경매에 접근할 수 있도록 도왔습니다.

　이 책은 총 4장으로 구성되었습니다. 1장은 경매의 입문, 2장은 경매 절차, 3장은 권리분석, 4장은 경매로 돈 버는 법(성공사례 및 실패사례 수록)으로 구성되어 있습니다.

　부록은 최근 개정된 민사집행법, 주택임대차 보호법 및 시행령, 상가임대차 보호법 및 시행령, 경매용어해설, 부동산경매에 도움을 주는 사이트로 구성하였습니다. 독자여러분들이 경매를 체계적으로 배울 수 있도록 실무에서 접할 수 있는 팁(Tip)을 통해 경매현장에서 느낄 수 있는 다양한 노하우가 자연스레 습득될 것입니다.

경매시장에 대한 다양한 서적이 많습니다. 그중에서도 이 책은 일반인과 공인중개사, 그리고 경매에 관심을 가지고 있는 분들이 법원경매를 손쉽게 접근할 수 있도록 안내자의 역할을 할 것입니다.

이 책이 나오기까지 격려와 지원을 아끼지 않고 도와주신 분들께 감사의 말씀을 전합니다.

먼저 이 책을 집필할 수 있도록 격려해 주신 인천대학교 경영대학원 부동산학과 윤창구 교수님(동국대 경영대학원 석사과정 지도교수)과 동국대학교 법과대학 이상영 교수님(부동산법 박사과정 지도교수, 前 법과대학 학장)께 감사의 말씀 드립니다.

그리고 동국대학교 경영대학원 부동산전공 선배님으로서 도움의 손길을 아끼지 않은 정성조 · 송형국 선배님께도 감사드립니다.

재개발 · 재건축 전문가이시며 조언을 아끼지 않으신 권순형 교수님과 매일경제를 통해 다수의 책을 출간하시며 이 책이 세상에 나오기까지 출판을 위해 열정적으로 도와주신 신방수 세무사님께도 감사의 말씀을 전합니다.

‘황사를 막는 사람들’ 카페지기로 좋은 일에 앞장서 행하시면서, 부동산시장의 올바른 방향을 제시해주시는 명지대 부동산대학원 박준호 교수님의 아낌없는 성원에도 감사를 전합니다.

업계에서 디벨로퍼로서 명성이 뛰어나신 최진순 (주)알엔디(R&D)부동산연구소 소장님의 끝없는 관심과 성원에도 감사를 전합니다. 현재 소장님은 경기대학교와 가톨릭대학교의 사회교육원 디벨로퍼 과정 주임교수를 역임하고 계시며, 인터넷카페 ‘부동산연구소’를 운영하고 계십니다.

애정으로 지켜봐주신 동국대학교 경영대학원 선후배 여러분, 동국대학교 대학원 박사과정(부동산법제) 선후배분들께도 감사의 마음을 전합니다.

마지막으로 수많은 독자들에게 ‘부동산 경매의 핵심정리’를 접할 수 있도록 아낌없이 지원해주신 매일경제 출판팀 직원 여러분들께 고마움을 전합니다.

저자 일동

차 례

제3부 권리분석

chapter **01** 등기부상 권리분석 --- 143

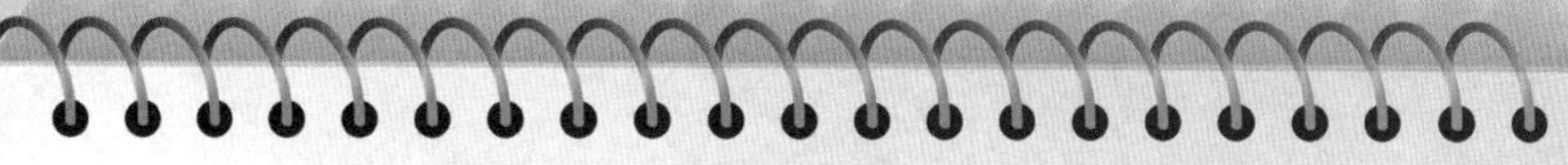

경매의 입문

혼자 힘으로 부동산 경매를 낙찰 받을 수 있을까?

경매가 무엇인지, 경매물건의 선정 방법을 차근차근 살펴보고

나 홀로 경매를 실현하자.

법원경매를 재테크 수단으로 이용하려는 수요가 크게 늘면서 그 인기가 점점 더해가고 있다. 경기불황의 여파로 돈 될 만한 경매물건이 더욱 늘어날 것이란 분석도 그 인기에 영향을 미친다.

저평가되고 개발호재가 있는 곳, 특히 서울전역의 재개발물건의 경매 낙찰 사례 등이 부동산 투자자나 실수요자들에겐 기회가 될 것이다. 낙찰률이 높다는 것은 경매의 인기를 반영하지만, 자칫하면 수익률이 떨어질 수도 있음을 명심해야 한다. 부동산 투자에는 많은 함정이 있으므로 주의에 주의를 기해야 한다. 개인의 능력만으로 부동산의 모든 것을 파악하기는 쉽지 않다. 경험이 많은 사람에게 도움도 받고 충분한 대책을 세우고 난 뒤 응찰해야 한다.

권리분석이나 물건분석, 수익성분석 등의 게으름은 곧바로 경매 실패로 이어진다. 돈과 시간을 낭비하는 것은 물론 가정불화로 이어지는 사례도 많다. 법원경매는 군데군데 권리분석의 함정이 도사리고 있으므로 초보자는 경험이 많고 능력 있는 경매 전문가와 상의하여 결정하는 것이 좋을 것이다.

경매란 무엇인가

경매란 변제기에 다다른 채무에 대해 채무자가 채무변제의 의무를 이행하지 않을 때, 법원의 강제집행 절차를 통하여 채무자 소유의 재산을 매각하여 그 대금으로 채권자의 금전채권에 충당시키는 것을 목적으로 하는 절차이다. 강제경매와 임의경매가 있다.

1. 강제경매(채무명의에 의한 경매)

강제경매란 법원이 채무자 소유의 부동산을 압류, 환가하여 그 매각대금을 가지고 채권자의 금전채권의 만족을 얻음을 목적으로 하는 강제집행 절차 중 하나이다.

2. 임의경매(담보권의 실행 등을 위한 경매)

부동산에 대한 경매 신청에 무명의(집행권원)를 요하지 않는 일반적 경매를 통틀어 강제경매에 대응하는 의미로 임의경매라고 부른다.

임의경매에는 저당권, 질권, 전세권 등 담보물권의 실행을 위한 이른바 실질적 경매와 민법, 상법 기타 법률의 규정에 의한 환가를 위한 형식적 경매가 있다.

※형식적 경매 : 재산의 가격보존 또는 정리를 위한 담보권실행을 위한 경매로 임의경매절차의 예에 따른다(형식적 경매 종류 : 유치권에 의한 경매, 청산을 위한 경매, 공유물분할을 위한 경매).

tip 강제경매와 임의경매

		임의경매	강제경매
차이점	집행대상	담보권(저당권)이 설정된 부동산	모든 부동산
	경매신청	담보권실행에 의함	채무명의에 의함
	배당관계	담보권이 설정된 순서에 따른 순위배당	안분(비율)배당
	경매결정의 이의 사유	절차상 하자 · 실체상 하자	절차상 하자
	공신력	없음	있음
	취하	취하가 쉽다	취하가 어렵다
	경매진행	예정된 경매(유동적으로 진행)	확정된 경매(확정적으로 진행)
	경매절차	경매개시결정부터 낙찰에 따른 소유권이전까지 절차가 동일함	
공통점	진행주체	자력구제가 금지되므로 공기관인 법원이 주체가 됨	

〈동부 6계 2006-00000 명일동 강제경매 물건〉

동부6계 2006-00000 상세정보

경매구분	강제(기일)	채권자	최○○	낙찰일시	07.07.30 (종결)
용도	다가구주택	채무/소유자	박○○	낙찰가격	426,690,000
감정가	476,852,300	청구액	59,791,780	경매개시일	06.12.19
최저가	381,482,000 (80%)	토지총면적	161.4 m² (48.82평)	배당종기일	07.03.26
입찰보증금	10% (38,148,200)	건물총면적	294.95 m² (89.22평)	조회수	금일1 공고후516 누적903
주의사항	제시외 건물포함. 일괄매각.				

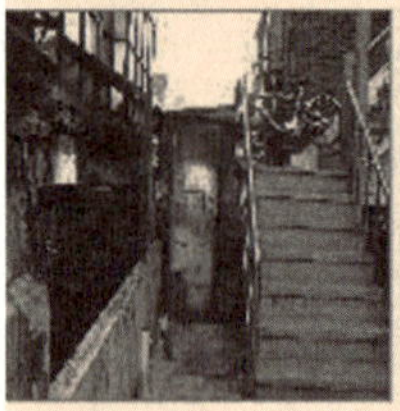
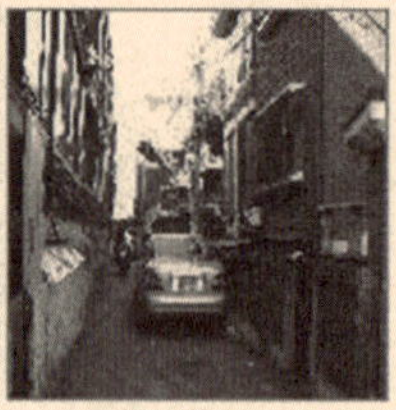
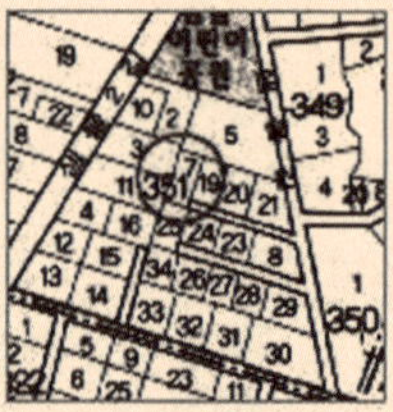
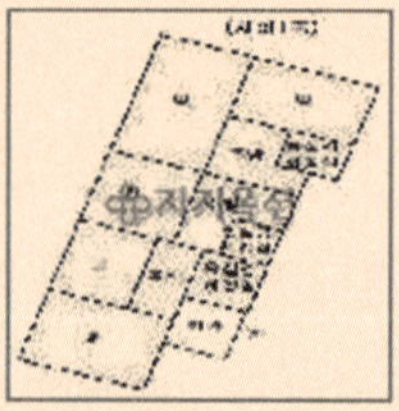

■ 물건사진 3
■ 지번·위치 4
■ 구조도 5

우편번호및주소/감정서	물건번호/면 적 (m²)	감정가/최저가/과정	임차조사	등기권리
134-070 서울 강동구 명일동 ○○-○ ●감정평가서정리 -연와조평슬래브지붕 -삼익쇼핑북동측인근 -정비된후면주거지대 -버스(정)및전철역인근소재 -대중교통사정보통,차량출입불가능 -자루형등고평탄지 -남동측3m도로접함 -도시가스보일러시설 -도시지역	물건번호: 단독물건 대지 161.4 (48.82평) 건물 ·1층 75.6 (22.87평) ·2층 75.6 (22.87평) ·3층 42.15 (12.75평) ·지하1층 75.6 (22.87평) 제시외다용도실 11 (3.33평) ·발코니 6	감정가 476,852,300 ·대지 364,764,000 (76.49%) (평당 7,471,610) ·건물 109,368,300 (22.94%) (평당 1,225,827) ·제시 2,720,000 (0.57%) 최저가 381,482,000 (80.0%) ●경매진행과정 476,852,300	●법원임차조사 김○○ 전입 2004.01.05 지층B03호 민○○ 전입 2004.01.29 확정 2004.01.29 배당 2007.03.21 (보) 25,000,000 지층B02호전부 점유 2004.1.29-2년 문○○ 전입 2004.08.20 확정 2004.08.20 배당 2007.03.19 (보) 75,000,000	소유권 박○○ 1997.07.28 저당권 강동농협 2000.04.20 10,400,000 전세권 최○○ 2005.08.03 86,000,000 존속기간:2006.02.05 강 제 최○○ 2006.12.19 *청구액:59,791,780원 등기부채권총액 96,400,000원

〈동부 6계 2007-00000 송파동 임의경매 물건〉

동부6계 2007-00000 상세정보

경 매 구 분	임의(기일)	채 권 자	조○○	경 매 일 시	취하물건
용　　도	단독주택	채무/소유자	○○라이프	다 음 예 정	종결(취하)
감 정 가	1,009,185,480	청 구 액	300,000,000	경매개시일	07.11.23
최 저 가	807,348,000 (80%)	토지총면적	181.7 ㎡ (54.96평)	배당종기일	08.02.27
입찰보증금	10% (80,734,800)	건물총면적	273.78 ㎡ (82.82평)	조 회 수	금일1 공고후359 누적1,391
주 의 사 항					

- 선순위전세권
- 일괄매각, 제시외 건물포함, 지층이 공부상에는 대피실, 보일러실로 되어 있으나 현황은 주택임

  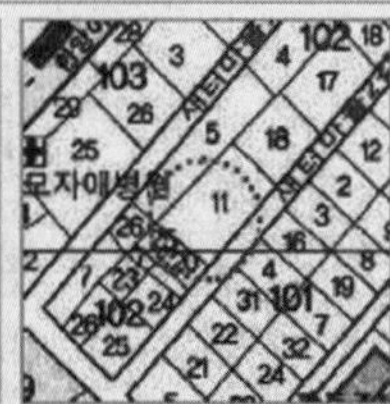 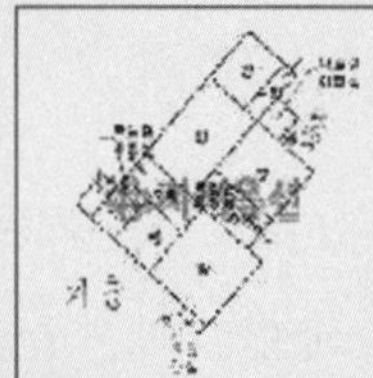

■ 물건사진 3
■ 지번·위치 3
■ 구 조 도 4

우편번호및주소/감정서	물건번호/면 적 (㎡)	감정가/최저가/과정	임차조사	등기권리
138-170 서울 송파구 송파동 ○○-○ ●감정평가서정리 -벽돌조경사슬래브위 　기와지붕 -잠실여중교북동측인 　근소재 -부근단독주택및공동 　주택,주상용건물 　교육기관등혼재형성 　된정비된주택지대 -차량출입가능,교통사 　정보통 -버스(정)도보2-3분및 　석촌역,송파역 　9-10분소요 -도시가스난방 -사다리형토지 -남동측6m,북동측3m 　도로접합 -2종일반주거지역(7층 　이하) -대공방어협조구역,기 　지보호구역 -전술항공기지제2구역 -학교환경위생정화구 　역	물건번호: 단독물건 대지 181.7 　(54.96평) 건물 ・1층 85.02 　(25.72평) 　방3-1가구 ・2층 77.64 　(23.49평) 　방4,욕실겸화장실2- 　2가구 ・지층대피실,보일러 　실 87.02 　(26.32평) 현:주택-4가구 방6,현관4,주방3,욕 실겸화장실4 제시외 ・1층발코니겸다용도 　실 6.3 　(1.91평) ・1층발코니겸다용도 　실 3.5 　(1.06평) ・2층발코니겸다용도 　실 7.5 　(2.27평) ・2층일부주방 3.9	감정가　1,009,185,480 ・대지　　908,500,000 　　　　　　(90.02%) 　(평당 16,530,204) ・건물　　98,516,480 　　　　　　(9.76%) 　(평당 1,189,525) ・제시　　2,169,000 　　　　　　(0.21%) 최저가　　807,348,000 　　　　　　(80.0%) ●경매진행과정 　　　1,009,185,480 ① 유찰　2008-03-24 　취하　2008-05-19	●법원임차조사 김○○　전입 1988.04.13 　　　　배당 2007.12.20 　　　　전세 2007.03.21 　　　　(보) 235,000,000 　　　　1층전부및 　　　　2층일부및지층 　　　　B04호 　　　　점유 2007.3.13-2 　　　　년 　　　　(조사서상전입: 　　　　1988.4.19) 이○○　전입 1998.08.04 　　　　(보) 18,000,000 　　　　지층B01호전부 　　　　최○○의딸 최○○　전입 1998.08.04 　　　　확정 2007.12.07 　　　　배당 2007.12.13 　　　　(보) 18,000,000 　　　　지층방1 　　　　점유 99.4.6- 　　　　07.4.6 허○○　전입 1999.11.29 　　　　(보) 20,000,000 　　　　(월)　 50,000	소유권 ○○ 라이프 　　　2007.03.21 　　　전소유자:김○○ 전세권 김○○ 　　　2007.03.21 　　　235,000,000 　　　존속기 　　　간:2009.03.12 저당권 우리은행 　　　호평 　　　2007.03.21 　　　300,000,000 저당권 조○○ 　　　2007.04.13 　　　300,000,000 가등기 김○○ 　　　2007.05.23 　　　소유이전청구가등 압　류 송파구 　　　2007.11.19 임　의 조○○ 　　　2007.11.23 *청구액:300,000,000원 　등기부채권총액 　　　835,000,000원 열람일자 : 2008.01.09 토지등기부확인 ⓖⓞ

3. 이중경매

　경매개시결정을 내린 부동산에 다른 경매 신청이 있을 때, 법원은 경매절차의 개시결정을 먼저 개시결정한 집행절차에 따라 경매를 진행한다. 앞선 경매사건의 경매 신청이 취하(무잉여금지원칙)되거나 취소된 경우에는 앞선 경매절차에 있어서 행해진 현황조사·평가 등을 그대로 원용한다. 경매로 나온 물건에 또 다른 경매신청이 이루어진 것이 이중경매이다.

　1) 무잉여금지원칙(민사집행법 제102조)에 따라 매각절차의 처음부터 혹은 진행 중에 압류채권자보다 우선채권을 제하고 배당받는 잉여가 없을 때는 압류채권자에게 이를 통지한다. 압류채권자가 자신이 매수할 것을 신청하면서 충분한 보증을 제공하지 않는 경우에 법원은 경매 절차를 취소한다. 입찰자는 대체로 이러한 무잉여금지원칙이 적용되는 물건에 대한 경락을 기피한다. 입찰을 넣어도 매각불허가 결정이 나게 되므로 보증금을 준비하기 위해 지불한 경비 및 이자에 관한 비용이 지출되기 때문이다.

　2) 필요성 : 이중경매는 무잉여금지원칙(민사집행법 제102조)을 회피하기 위해 필요하다.

　3) 시기 : 낙찰대금을 완납하기 전까지 이중경매신청이 가능하다.

　4) 입찰방법 : 하나의 부동산에 여러 채권자가 경매를 신청한 이중(중복, 병합)경매는 먼저 신청한 경매사건의 번호로 진행된다. 이때 선행사건의 사건번호를 기입한다.

5) 효력

선행절차에 따라서 진행	후행절차와 유관
이해관계인의 범위, 경매기일의 통지, 이의·항고 등의 적부 등	선행경매개시결정과 후행의 경매개시결정사이에 용익권 또는 처분금지가처분등기가 결료된 경우 이들 권리가 말소 되지 않을 때
선행채권자가 지출한 집행비용은 후행사건에 인용되며, 그 인용된 비용은 배당기일에 우선상환	낙찰확정 후 경매절차 정지결정이 제출되어 대금지급 기일을 지정하지 못하고 있을 때 이중경매신청 개시 결정이 내려진 경우의 대금지급 기준일

※선행 사건의 정지사유가 해소되지 않은 채 배당에 들어가게 되면 선행절차의 압류채권자에 대한 배당금은 공탁됨, 후행절차 속행 중에 선행절차의 정지사유 해소 시 다시 선행절차로 환원됨

〈북부 3계 2007-00000[1] 노원구 상계동 오피스텔 이중경매 물건〉

북부3계 2007-00000[1] 상세정보

병합/중복	병합:2007-■■, 2007-■■				
경매구분	강제(기일)	채 권 자	김○○	낙찰일시	08.06.02 (종결)
용　　도	오피스텔(업무용)	채무/소유자	굿뉴스○○	낙찰가격	678,900,000
감 정 가	1,715,640,000	청 구 액	748,400,000	경매개시일	07.05.08
최 저 가	449,745,000 (26%)	토지총면적	64.47 ㎡ (19.5평)	배당종기일	07.08.02
입찰보증금	10% (44,974,500)	건물총면적	198.54 ㎡ (60.06평)	조 회 수	금일1 공고후389 누적1,693
주의사항	현황조사서) 임차인(별지)점유.				

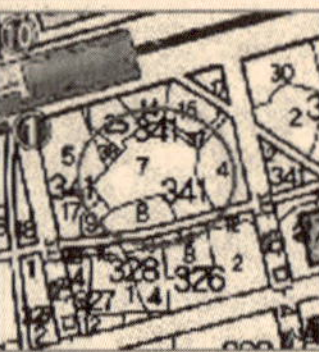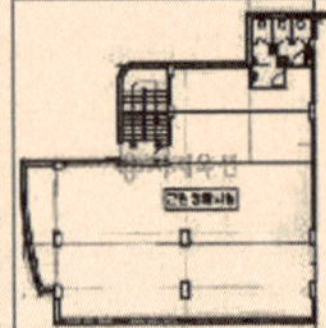

■ 물건사진 4
■ 지번·위치 4
■ 구 조 도 1

우편번호및주소/감정서	물건번호/면 적 (㎡)	감정가/최저가/과정	임차조사	등기권리
139-200 서울 노원구 상계동 ○○-○,-○ 마블러스○ ○○호 ●감정평가서정리 - 바닷가고기와해물부 　페 - 철콘조철콘평슬래브 　지붕 - 북쪽상계초등학교,동 　족영진교회,서쪽 　노원역소재 - 노원역세권으로먹자 　골목길임 - 차량출입과주차가능, 　교통사정좋음 - 노원역도보5분소요 - 난방설비 - 6필지의부정형평탄지 - 도시지역,준주거지역 　(도시개발과별도 　문의요) - 토지이용관련계획별 　도확인요함 - 감평상:341-7,-38,- 　15,-37,348-17 　335-27번지소재 07.05.22 이○○감정	물건번호:1번 (총물건수 9건) 1)대지 64.47/829 　(19.5평) 건물 198.54 　(60.06평) 　9층-03.09.17보존	감정가　1,715,640,000 최저가　　449,745,000 　　　　　　(26.2%) ●경매진행과정 　　　1,715,640,000 ① 유찰　2007-11-26 20%↓ 1,372,512,000 ② 유찰　2007-12-17 20%↓ 1,098,010,000 ③ 유찰　2008-01-28 20%↓　878,408,000 ④ 유찰　2008-02-25 20%↓　702,726,000 ⑤ 유찰　2008-03-24 20%↓　562,181,000 ⑥ 유찰　2008-04-21 20%↓　449,745,000 ⑦ 낙찰　2008-06-02 　　　678,900,000 　　　　　(39.6%) - 응찰 : 4명 - 낙찰자:유○○ 허가　2008-06-09 종결　2008-09-02	●법원임차조사 최○○ 전입 2007.03.23 　사업등록 　(보) 300,000,000 　(월)　2,000,000 바닷가해물부페 점유 2007.3.21-2 년 - - - - - - - - - - - - - - 총보증금:300,000,000 총월세금:2,000,000	저당권 신한은행 　상계동 　2003.10.21 　1,001,000,000 저당권 정○○ 　2004.05.27 　360,000,000 저당권 길○○ 　2004.08.04 　360,000,000 압　류 노원구 　2005.10.25 압　류 남양주시 　2006.09.15 저당권 신한은행 　마들역 　2006.09.29 　12,000,000 강　제 김○○ 　2007.05.08 　*청구액:748,400,000원 압　류 강남세무서 　2007.05.21 임　의 신한은행 　2007.05.25 가압류 국민은행 　기업여신관리 　2007.06.25 　191,508,657 　등기부채권총액 　1,924,508,657원 열람일자 : 2007.11.12 *101호 등기임

 # 경매로 부동산을 취득하는 목적

경매에 관심을 갖고 본격적으로 여러 자금(자기자본+타인자본)을 활용해 투자해 보려는 사람이 경매물건에 대한 정보를 찾기 전에 제일 먼저 할 일은 경매의 목적을 정하는 것이다. 처음 경매를 하는 사람들 중에는 목적 없이 경매물건이 시세보다 싸다는 생각만 하고 입찰에 참여하는 경우가 많다. 조금만 좋아 보이는 물건이 나와도 성급한 마음에 일단 취득하고자 하는 사람들도 있다. 하지만 세금 및 기타 문제들이 발생하기 마련이다.

무엇보다 자산을 늘려야겠다는 강한 동기가 있어야 한다. 덧붙여 복잡한 일도 직접 처리해 보겠다는 약간의 도전정신도 필요하다.

먼저 자신이 투자할 자금 규모를 파악해 얼마의 자금을 얼마의 기간 동안 투자할 것인지 결정해야 한다. 자금이 몇 천만 원인 투자가에서부터 몇 억, 몇 십억 투자자까지 각자의 경우에 따라 투자하는 전략이 다를 것이다. 그러나 처음 시작할 때는 비교적 적은 자금으로 시작하는 경우가 많다.

자신이 잘 아는 지역일지라도 단독주택(다가구 포함), 다세대, 빌라, 아파트,

상가, 전원주택, 토지(공장부지, 임야 등) 등 다양한 형태의 경매물건을 살펴보다 보면 내가 어떤 물건을 낙찰 받아야 수익이 가장 높을지에 대해 혼란스러울 수밖에 없다.

이때 경매물건을 종류별로 분류해야 한다. 경매물건을 분류하면 물건을 낙찰 받아야 하는 목적이 분명해지고, 향후 처리계획도 세울 수 있다.

처음 시작할 때 목표로 해야 할 물건은 좋은 미래가치(보유하면 부동산의 상승가능성이 있는 경우)를 가지며 양(+)의 현금 흐름을 만드는 물건이다. 이에 해당하는 것이 오피스텔, 빌라, 저가아파트이다. 이런 물건을 목표로 하는 것이 투자금액도 적고 실수를 하더라도 손실액이 적어 처음 시작하는 사람에게 적합하다. 내집 마련 - 시세차익 - 장기보유 등 목적에 따라 물건 분석이 달라져야 한다.

1. 내집 마련이 목적

전세금을 갖고 내 집을 마련하려는 목적을 가지고 있는 경우, 경매를 통한 부동산 취득이 가장 이상적인 방법이다. 약간의 여유자금과 전세보증금, 그리고 은행의 경락자금 대출을 적절하게 이용하면 손쉽게 내집마련이 가능하다. 하지만 경매로 내 집을 마련할 때는 소유자 및 임차인의 명도 등의 이유로 입주시기를 정확히 확정하기가 힘들다는 것과 명도 후 주택 수리를 위한 추가적인 입주기간과 비용이 발생할 수 있다는 문제가 있다. 일반적으로 대출금액은 부동산 가액의 30%가 적절하다. 대출에 따른 금융비용(이자)이 경매로 인한 이익(경매차익)을 없앨 수도 있기 때문이다.

2. 시세차익이 목적

경매로 취득한 부동산을 이용해 시세차익을 생각하는 경우 매매차익에 따른 양도세와 자신이 활용하는 자금의 여유기간을 생각해야 한다. 부동산 양도는 매매기간에 따라 실거래가 기준 60%부터 기준시가 기준 9-36%까지 양도소득세가 부과된다. 따라서 매매차익에 따른 양도기간을 조절하는 세(稅)테크가 필요하다. 또 경매 대출을 받을 경우 그에 따른 금융비용도 고려해야 한다. 경매로 부동산을 취득하는 경우 최소한 6개월 정도의 매매기간을 예상해야 하므로 대출이자의 계산이 중요한 요소이다.

3. 장기보유 후 매매가 목적

장기보유 후 매매를 목적으로 한다면 경매차익에 향후 예상되는 개발이익을 더한 높은 수익률을 기대할 수 있다. 이 경우 경매물건에 대한 가치분석이 중요하며 가치분석에 따라 예상 수익률이 달라지므로 부동산 안목이 있는 전문가의 도움이 필요하다. 장기보유 투자방식은 자금 회수 기간이 장기이므로 같은 자금으로 다른 재테크 상품에 투자했을 때 예상되는 수익률과의 비교도 필요하다.

 경매의 대상

경매의 대상은 부동산과 동산(유체 동산)으로 나눌 수 있다.

부동산은 토지와 그 정착물(건물 등)을 말하며, 부동산과 연속적 관계에 있는 권리(광업권, 지상권 등 부동산과 분리하여 존재할 수 없는 권리)도 경매 대상이 된다. 동산(유체동산)경매는 채무자의 주소지나 영업장소를 집행 장소로 하여 가재도구나 기계·기구 또는 상품 등 유체동산에 대한 강제 집행을 말한다.

1. 건물

기둥, 벽, 보를 갖추어야 건물로 인정된다. 미등기 부동산이라도 채무자의 부동산임이 입증되면 채권자의 신청에 의해 경매신청기입등기 전에 소유권보존등기(소유권보존등기는 원칙적으로 소유자 자신이 하는 것이 원칙이다. 그러나 소유자가 보존등기를 하지 않아 채권자의 강제집행이 불가능할 경우 채권자가 소유자나 채무자를 대신하여 등기신청을 할 수 있다)를 하고, 후에 경매기입등기를 경료하는 방법으로 강제집행이 가능하므로 미등기 부동산도 경매의 대상이 된다.

건물은 토지로부터 독립된 부동산으로 취급된다. 따라서 독립적인 경매대상이 되지만 아파트같은 집합건물은 원칙적으로 토지와 분리해서 경매할 수 없다(집합건물소유에 관한 법률 제13조 참조).

단, 신도시 아파트의 경우 대지권 미등기로 건물만 경매되는 경우도 있어 법률적으로 난해함이 있다.

※ 건물 및 토지의 공유지분, 구분소유권도 독립된 경매 대상이 된다.

2. 토지

토지에 정착된 공작물 중 담장, 구거 등 독립된 부동산으로 취급할 수 없는 것이 있다. 수목은 토지와 함께 하나의 부동산으로 취급하나 독립적으로 경매의 대상이 되지 못한다.

그러나 「입목에 관한 법률」에 의하여 소유권보존등기가 된 입목은 독립된 부동산으로 취급이 가능해 경매 대상의 된다. 경매진행 시 감정평가서에 임목이 포함된 경우에는 제시 외 물건이 포함된 경우와 안 된 경우를 반드시 확인하여야 한다.

토지의 공작물(돌담, 교량, 도랑 등), 고가의 정원수, 채무자소유의 미등기 수목 등은 부합물로 취급되어 독립하여 경매가 불가능하다.

단, 별도의 권원(지상권, 임차권, 명인방법, 입목)에 기하여 식재한 수목은 별개이므로 독립하여 경매가 가능하다. 미분리과실(과수열매, 뽕잎 등)도 경매가

가능한데, 수확기 1개월 내에는 유체동산 경매로 별도 진행한다.

3. 공장재단, 광업재단

　　공장저당에 의한 공장재단, 광업재단저당법에 의한 광업재단은 하나의 부동산으로 취급되어 경매 대상이 된다. 즉, 공장재단, 광업재단을 구성하는 기계, 기구 등은 동산이라 하더라도 유체 동산에 대한 집행이 될 수 없다. 그 저당권의 목적물인 토지, 건물, 광업권 등과 함께 부동산에 대한 강제집행 대상이 된다.

4. 광업권, 어업권

　　광업권, 어업권은 법률상 부동산으로 취급하므로 경매의 대상이 된다.
토지소유권과는 별개이다.

5. 소유권보존등기가 된 입목

　　수목은 토지와 함께 하나의 부동산으로 취급하므로 독립적으로 경매 대상이 되지 못한다. 그러나 「입목에 관한 법률」에 의하여 소유권보존등기가 된 입목은 독립된 부동산으로 취급되어 경매대상이 된다.

6. 지상권

부동산을 목적으로 하는 지상권은 경매의 대상이 된다.

7. 자동차, 중기 및 항공기

자동차, 중기, 항공기는 동산임이 분명하지만 등록된 자동차, 중기는 민사
소송규칙에 규정된 경우를 제외하고는 부동산경매와 동일한 절차에 의한다.
등록된 항공기는 선박에 대한 강제집행절차에 의하여 경매대상이 된다.

chapter 04

경매 물건의 선정

최근 강남을 필두로 경기침체의 늪에서 조금씩 벗어나는 추세이다. 지역적으로 개발기대감이 커짐에 따라 부동산가격상승이 예상되는 곳이 늘어나고 있다. 따라서 부동산이 우수한 투자처로 각광받고 있다. 더욱이 법원경매를 통한 부동산 구입은 투기억제구역 · 토지거래허가구역 등의 부동산투기억제정책에 영향을 받지 않기 때문에 인기가 높다.

초보자라면 가급적 권리분석이나 시세파악 등이 간단한 아파트 물건이 유리할 것이다. 시세는 전국적으로 매주 발표되고, 유료사이트를 활용하면 낙찰가격과 시세와의 차이에서 수익률을 쉽게 따져볼 수 있다.

주택임대차보호법의 보호대상이 되는 임차인이 전입해 있는 주택(아파트, 연립, 빌라 등은 물론 무허가 · 미등기건물)을 낙찰 받으려 하는 경우 임대차관계를 확인하는 것이 중요하다.

세입자의 세대별 전입일자를 주민등록등본과 등기부등본을 통해 살펴보고, 말소기준이 되는 최선순위채권자보다 우선순위세입자가 있는지 확인해야 한다. 우선순위세입자가 임차보증금 전액을 배당받지 못하면 낙찰자가 이를 추가로 부담해야 하기 때문이다.

우선 주택의 종류와 관련내용을 알아보자.

다가구주택과 다세대주택 둘 다 연면적이 660㎡(약 200평) 이하 4개층(다가구는 3개층 이하) 이하로 2가구 이상 건축할 수 있다. 아파트와 달리 저층인 점, 세대수가 19세대 이하로 구성된다는 점에서 공통점을 지니고 있다.

비록 건축법상 다가구주택은 3개층 이하로 규정하고 있지만 반지하까지 포함하거나 1층에 필로티(기둥)를 세우면 사실상 4층까지 건축이 가능하다는 점에서 다세대주택과 비슷하다. 난방시설, 굴뚝 설치기준도 같다.

다가구주택은 분양이 불가능하기 때문에 임대를 해야 한다. 다세대주택은 각 세대별로 방, 부엌, 현관 등을 갖추었기 때문에 독립된 생활을 할 수 있다. 이에 다세대는 개별 세대의 분양과 소유가 가능하다.

다가구주택은 단독주택으로, 다세대주택은 공동주택으로 분류된다. 따라서 다가구주택은 구분등기가 불가능하지만 다세대주택은 구분등기가 가능하다.

다세대주택은 개별등기가 가능하므로 5가구 이상일 경우 주택임대사업자로 등록할 수 있다. 그러나 다가구주택은 1가구로 등기되므로 주택임대사업자가 될 수 없다.

연립주택은 4개층 이하이며 연면적(층의 총 합계 면적)이 660㎡를 초과하는 주택으로 일반적인 규모로 봤을 때 다세대주택보다 연립주택이 더 크다.

tip 현행법에서 규정하고 있는 주택종류와 관련 내용

주택구분	주택명	층수 규정	세대수 규정	연면적 규정	특 징
단독주택	단독주택	3층 이하	1≦19세대	호당 330㎡ 이하	1인 소유주거 형태
	다중주택	3층 이하	-	330㎡ 이하	독립된 주거형태가 아닐 것
	다가구 (건축법)	3층 이하	19세대 이하	660㎡ 이하	단독주택에 속함 가구별구분등기불가
공동주택 (세대당 297㎡ 이하)	다세대	4개층 이하	세대수 무관	660㎡ 이하	공동주택에 속함 세대별 구분등기
	연립주택	4개층 이하	세대수 무관	660㎡ 초과	다세대주택과 대동소이
	아파트	5개층 이상	세대수 무관	무관	20세대 이상이면 사업승인대상

1. 단독주택을 경매로 낙찰 받기 위해 알아야할 사항

법원경매시장에서 크게 관심을 끌지 못하는 종목이 바로 단독주택이다. 다른 물건에 비해 처분하기 어렵기 때문에 실수요자가 아닌 경우 투자하지 않는 것이다. 단독주택은 권리관계가 복잡할 것이라 생각하거나, 혹은 낙찰 후에도 세입자와의 치열한 감정싸움과 혹독한 노력 끝에 집을 넘겨받을 것이란 선입관도 크다. 무엇보다 단독주택은 수익성이 없을 것으로 생각한다. 그러나 단독주택이 골치 아프거나 수익성이 떨어진다고 생각하는 것은 잘못된 것이다.

단독주택은 아파트나 상가와 같은 집합건물과 달리 함정이 있으므로 초보자 수준에서는 건물과 대지가 일괄 입찰되는 물건을 고르는 게 좋다.

대지와 건물이 분리 입찰되는 물건은 '법정지상권 성립여지 있음' 등으로 재산권 행사를 자유롭게 할 수 없다.

최근 단독주택을 낙찰 받는 사람들의 성향을 보면 낙찰 받은 뒤 구옥을 철거하고 연립·다세대 건축을 목적으로 하는 경우가 종종 있다.

세입자 문제나 권리관계가 복잡해 초보자들이 꺼리는 경우가 많지만 제대로만 고르면 그야말로 '대박' 이다. 게다가 다가구주택은 세입자가 많아 명도처리가 어렵다는 등의 이유로 다른 물건에 비해 1~2차례 유찰은 보통이다. 경쟁률도 비교적 낮아 낙찰가격이 전세가격을 밑도는 경우도 있다.

먼저 인근 부동산중개업소를 통해 정확한 거래시세를 파악해야 한다. 감정가격이 시세보다 비싸게 결정되는 경우도 있기 때문이다. 임대를 목적으로 한다면 해당물건의 입지여건을 꼼꼼히 따져봐야 한다. 역세권이나 대학가·공단 주변에 위치한 물건이라면 임차인을 구하기도 쉽고 임대료도 높게 받을 수 있다.

대상물건의 임차관계도 꼼꼼히 확인해야 한다. 특히 선순위세입자 중 확정일자 등을 받아두지 않아 낙찰대금 배당 대상이 되지 못하는 세입자가 있는지 여부를 반드시 확인해야 한다.

법령정비로 다가구주택도 다세대주택처럼 분할등기를 할 수 있게 됨에 따라 요즘 경매시장에서 다가구주택을 찾는 사람이 부쩍 늘고 있다. 다만 서울 등 조례로 금지하는 지역도 있으니 사전에 확인이 필요하다.

다가구주택을 경매로 낙찰 받아 원룸으로 리모델링하거나, 빌라같은 다세대 주택으로 새로 지어 임대사업을 하려면 무엇보다 임대가 잘 나가도록 지하철역에서 5~10분 이내의 역세권을 선택하여야 한다.

특히 학교 인근이나, 주변에 공단 또는 사무실이 밀집되어 독신자들, 신혼부부가 많은 곳이 좋다. 그리고 주변에 재래시장이나 할인매장, 체육시설, 공원, 학원 등의 생활편의 시설이 밀집되어 있는 곳이 좋다.

낙찰가와 전세 값 차이가 거의 없는 주택을 낙찰 받아 곧바로 임대하면 큰 돈을 들이지 않고 임대주택사업을 시작할 수도 있다.

그러나 다가구주택은 다른 물건에 비해 권리관계가 복잡하기 때문에 대항력을 가진 세입자가 몇 명인지, 추가로 부담해야 할 인수금액이 얼마인지, 누가 소액에 해당하는지, 명도대상자는 누군지 등의 철저한 권리분석이 필요하다.

2. 연립·다세대주택을 경매로 낙찰 받기 위해 알아야할 사항

최근 아파트 전세난이 이어지면서 연립주택과 다세대주택의 인기가 수도권 경매시장에서도 높아지고 있다.

부동산경매정보 전문업체인 지지옥션은 2010년 1월 수도권에서 경매에 붙여진 연립주택과 다세대주택의 낙찰가율은 88.7%로 전달 대비 3.6%포인트 상승했다고 밝혔다.

낙찰가와 경쟁률이 높았던 물건들은 대부분 뉴타운과 재개발 등 개발호재가 있는 지역이거나 역세권인 것으로 나타났다.

지지옥션은 최근 아파트 전세 값이 오르면서 적은 돈으로 취득이 가능하고 대출규제에서도 벗어나는 다세대에 대한 관심이 높아지고 있다고 설명했다.

연립·다세대주택은 미래가치를 보고 투자하는 경우가 많다. 향후 뉴타운 사업이나 재개발 추진방향에 따라 투자 수익률에 상당한 차이가 생길 수 있다. 특히 최근에는 재개발 또는 뉴타운 지정이 어려운 지역까지도 개발에 대한 기대감만으로 무분별한 투자가 이루어지고 있기에 상당한 주의가 필요하다.

재개발 지역의 연립·다세대주택에 투자할 때에는 사업추진 가능성이 높은지의 여부를 지자체나 탐문을 통해 지역분석을 하여 이를 확인한 후에 접근해야 부동산투자로 인한 리스크를 최소화할 수 있다.

최근 서울의 재개발에 따라 뉴타운 투자에 기대감이 커지고 있다. 정부와 서울시가 재개발·뉴타운 용적률을 올려주기로 했기 때문이다. 뉴타운은 빠르면 2010년 4월부터 기준 용적률을 20%포인트 올릴 수 있게 된다. 사업이 마무리 단계인 시범뉴타운을 제외한 2~3차 뉴타운 대부분이 혜택을 볼 수 있을 것으로 전망된다.

늘어나는 용적률은 전용 60㎡ 이하의 소형으로 지어 모두 일반분양할 수 있다. 용적률이 20%포인트 오르면 건축 연면적은 10%정도 늘어난다. 건축 연면적이 10만㎡ 정도인 동작구의 한 뉴타운의 경우 소형아파트를 100여 가구 더 지을 수 있다. 뉴타운을 제외한 재개발구역의 용적률은 올해 중 법정상한선(1종 200%, 2종 250%, 3종 300%)까지 허용될 것으로 전망된다. 지난해 정비구역으로 지정된 관악구의 한 재개발 구역(3종)은 250% 이내인 지금의 용적률을 법정 상한선인 300%까지 올리면 일반분양 물량이 지금보다 150여 가구 내외로 늘어날 것으로 예상된다.

그러나 지역별 높이제한, 일조권, 도로폭 사선제한 등의 건축법에 의한 규제 때문에 용적률 상한선까지 높일 수 없는 경우도 많다. 정부와 서울시에서 모든 재개발구역의 용적률을 법정상한선까지 보장하는 것이 아니기 때문에 주의해야 한다.

첫째, 재개발 가능성이 있는 곳에 투자해야 한다.

재개발을 하지 않으면 안 될 정도로 주거 환경이 열악한 곳이어야 한다. 재개발 구역 지정이 임박했거나 구역 지정이 된 상태일 때 사면 적은 돈으로 큰 투자 수익을 올릴 수 있다.

둘째, 비례율이 높은 지역을 선택해야 한다.

비례율이 높으면 조합원의 추가부담이 적어 조합원에게 돌아가는 이익이 많아진다. 일반적으로 비례율이 높은 곳은 시유지(국유지)보다 사유지의 비율이 높은 지역, 대지면적에 비해 조합원 및 세입자가 적은지역, 기타 생활 편의 시설 등이 많은 지역이다.

셋째, 세금 절약을 위해서는 재개발사업의 사업시행인가일 이전에 투자해야 한다.

원조합원과 승계조합원의 취득/등록세 납부 기준이 다르기 때문이다.

넷째, 대지 면적이 넓은 지분을 구입해야 유리하다.

대지지분이 작은 평수는 초기투자비용이 적어 프리미엄이 높은 편이나 토지소유 및 점유면적의 감정평가사 매입가격과는 상관없기 때문에 상대적으로 프리미엄이 적게 형성된 넓은 평수의 대지가 유리하며 평형배정에도 넓은 필지 소유자가 적은 곳이 대형 평형을 배정받을 확률이 높다.

다섯째, 개발 전에 사라.

재개발 투자로 가장 큰 돈을 벌려면 구역 지정 전에 구입하는 것이 좋다. 설사 재개발의 시기를 어느 정도 놓쳤다 해도 매력 있는 지역이라면 초기 투자가 약간 부담이 될 지라도 사업시행인가 직후에 구입하면 투자 금액이 묶이지 않는 장점이 있다. 또 머지않아 이주비가 지급되고 철거가 시작되므로 투자비용이 적어지는 장점이 있다.

투자자가 파는 시기는 대체로 관리처분단계가 좋다. 관리처분인가 전에는 양도소득세와 관련하여 볼 때 종전 토지로 취급하지만 분양가가 확정되면 실거래 가액으로 인정돼 양도세를 많이 내야 하는 문제가 있다.

넷째, 입지여건을 고려해라.

모든 부동산투자와 마찬가지로 재개발사업도 비슷한 조건이라면 학군, 환경 등이 우수한 곳을 택하는 것이 유리하다. 입주 후 교통여건도 집값을 상당히 좌우하는 요소이므로 인근 도로 사정을 치밀하게 분석해야 한다.

구 분	주택 소유여부	최소면적	2003년12월30일	지목여부
토지만 소유한 경우	유주택자	90㎡(약 27.5평) 이상	등기 분할은 이전	관계없음
	무주택자	30㎡(약 9평) 이상	등기 분할은 이전	지목이 도로이면 현황상 이용은 분양자격 없음
건물만 소유한 경우	여러 주택 소유에 관계없음	건물면적이 작아도 등기만 있으면 가능	다가구 등기 분할은 이전(단, 20평형대 이하만 공급)	관계없음
무허가 건축물을 소유한 경우	국공유지 점유자	건물면적이 작아도 구청에 등록되어 있으면 가능	단, 무허가건축물 대장에 올라가 있을 것	관계없음
토지+건물을 소유한 경우 (일반적인 경우)	소유에 관계없음. 단,1가구 다주택 소유한 경우는 1분양자로 봄	관계없음	등기 분할은 이전. 단, 면적 제한 있음 (토지만 소유의 경우에 해당)	대 지

※현재 서울시의 조례에 의하여 작성한 표이므로 다른 시, 도는 별도의 조례를 참고할 것

3. 오피스텔을 경매로 낙찰 받기 위해 알아야할 사항

최근 서울 수도권의 전세가격이 오르면서, 부동산에 대한 거래규제 및 세금이 강화되고 있다. 주택상품과 달리 소형 오피스텔 경매물건은 수익성부동산의 틈새 투자처로 관심이 몰리고 있다.

강남, 서초, 송파와 수도권 신도시의 역세권 인기지역이나 대학가 일대의 중소형 오피스텔은 언제나 수요가 많다. 강남, 마포, 여의도 등 핵심업무지구를 중심으로 한 오피스텔 매매가도 계속 오르고 있는 추세이다.

경매시장에서 1억 원 안팎의 비교적 적은 금액으로 소형 오피스텔의 경매

투자가 가능한데, 임대수요가 넉넉해 투자실패로 이어지는 경우는 드물다.

업무와 주거기능을 함께 갖춘 부동산이 오피스텔이다. 오피스텔은 거주가 가능한 사실상 주택이면서도 건축법상 업무용 시설로 분류돼 주택 관련 규제를 받지 않는다. 전매제한, DTI(총부채상환비율) 규제 등에서도 자유롭다. 오피스텔은 일반 사무실로 사용하면 상가로 취급 받고, 세입자가 전입신고를 하고 그곳에서 살면 주택으로 취급 받는다.

오피스텔은 실 거주 목적보다 임대수익을 노리는 경우가 많으므로 아파트에 비해 적은 금액으로 투자수익을 얻을 수 있다.

오피스텔 투자의 성공 조건

첫째, 오피스텔의 입지선정이 중요하다.

오피스텔이 도심에 위치해 있으면 임대 비율이 높고 공실가능성이 작다. 지방 중소도시에 들어선 나 홀로 오피스텔은 임대를 주기 쉽지 않다. 특히 인근 지역 내 경쟁 업무시설이 들어서면 임대가율이 급격히 떨어진다.

당연히 임대가율(매매가에서 임대가가 차지하는 비율)이 높은 지역일수록 임대수요가 높다.

둘째, 전용면적도 중요하다.

오피스텔의 전용면적은 아파트에 비해 작기 때문에 전용면적이 분양면적 대비 몇 %인지를 확인해야 한다.

셋째, 임대료 수준을 확인해야 한다.

사무실 임대료 상승률이 주변 건물에 비해 하락세인지의 여부를 파악해야

한다. 세입자들은 지은 지 얼마 안 된 오피스텔을 선호한다. 노후화되고 공급
물량이 포화상태가 된 건물 옆에 새로 지은 최첨단 소형오피스텔이 들어선다
면, 기존 오피스텔의 인기는 떨어질 수밖에 없다. 따라서 임대가 수준, 건축년
도, 내부구조와 시설 등을 확인해야 한다.

넷째, 특수권리 및 임차인에 대한 권리분석이 중요하다.

신축, 증축, 개축 등 보수한지 오래되지 않은 오피스텔은 유치권, 법정지상
권 여부를 조사해야 한다. 간혹 오피스텔 전체가 유치권 신고되어 있어 낙찰자
를 곤혹스럽게 만들기도 한다. 만약 세입자가 주거용 오피스텔로 이용 중에 있
다면 세입자는 주택임대차보호법에 적용됨으로 반드시 전입세대 열람을 확인
해야 한다.

다섯째, 관리비 내역을 확인하여야 한다.

소유자나 세입자의 관리비 연체금액도 반드시 확인해야 할 항목이다. 작은
평수의 오피스텔이라 가볍게 봤다가 연체금액이 수 백만 원에 달하여 손해를
보는 경우도 있다. 복도나 계단, 엘리베이터 등과 같이 여러 사람이 함께 사용
하는 공용부분의 관리비는 경매로 오피스텔을 산 사람이 부담해야 하므로 현
장조사에서 미리 확인하여야 한다.

세금	크기(전용면적)	조건 및 감면 내용
종합부동산세	85㎡ 이하	동일 시 · 군내에서 공시가격 3억 원 이하 5채 이상 10년 장기 임대시 종부세 합산 대상서 제외
양도소득세	85㎡ 이하	동일 시 · 군내에서 공시가격 3억 원 이하 5채 이상 10년 장기 임대시 양도세 중과 대상서 제외
취득 · 등록세	60㎡ 이하	2채 이상 5년 이상 임대시 면제(시 · 군 · 구에 따라 면제 여부 다름)
	60~149㎡	20채 이상 10년 이상 임대시 25% 감면
재산세	40㎡ 이하	2채 이상 5년 이상 임대시 면제(시 · 군 · 구마다 면제 여부 다름)
	40~60㎡	2채 이상 5년 이상 임대시 50% 감면
	60~85㎡	2채 이상 5년 이상 임대시 25% 감면

※취득 · 등록세의 경우 주택거래신고지역에선 건설임대만 감면. 그 외 지역에선 매입임대도 감면(자료: 국세청)

4. 상업용 건물을 경매로 낙찰 받기 위해 알아야할 사항

금융위기 이후 부동산투자의 패러다임이 크게 변화하고 있다. 이전 부동산 투자 대부분이 시세차익을 노린 보유 위주였다면, 지금 대부분의 투자자들은 수익성 부동산을 선호하는 경향이 크다.

수익성 부동산의 대표격인 상업용 건물을 낙찰받기 위해 먼저 알아야 할 사항들은 살펴보면,

첫째, 배후지 고객의 질과 양을 검토해야 한다.

배후지란 판매시설을 이용할 잠재고객이 존재하는 지역으로 상권 또는 시장지역이라고도 한다. 상업활동은 고객을 상대로 이루어지는 것이므로 배후지

에 거주하는 고객의 질과 양은 해당 상업지의 유용성을 좌우한다. 배후지는 인구밀도가 높고 지역면적이 큰 곳, 고객의 생활수준이 높은 곳이 좋다.

둘째, 고객의 교통수단과 접근성을 살펴봐야 한다.

상업용지는 유동인구가 많은 지역에 위치해야 한다. 유동인구가 하루 5,000명 내지 6,000명 정도이거나 보행자 교통량과 자동차교통 인구의 합계 합계가 10,000명에서 12,000명인 도로에 인접한 토지는 상업용지로서 가장 적합하다. 물론, 이때 유동인구는 단순한 통과 인구가 아니어야 한다.

셋째, 해당지역의 상업 번영 정도를 점검해야 한다.

무엇보다 장차 어떤 상태로 변화할 것인가를 조사해야 한다. 해당지역의 지가수준이나 임료수준, 교통량, 매상고, 입지경 등을 면밀히 분석하면 번영의 정도를 알 수 있다. 앞으로의 변화를 예측하기 위해서는 과거 해당지역의 발전과정과 도시계획사항들을 조사 · 분석해야 한다.

마지막으로 대체상권의 번영도와 흡입력을 점검해야 한다.

아무리 큰 배후지와 질 높은 고객을 가진 지역이라도 배후지에 거주하는 고객들이 이용할 수 있는 대체상권이 발달되어 대부분의 고객들을 흡수하고 있는 경우, 그 가치는 현저하게 달라질 수 있다.

5. 소형아파트를 경매로 낙찰 받기 위해 알아야할 사항

소형 경매물건은 입찰장에서 경쟁자가 많아 낙찰가율(감정가 대비 낙찰금액

비율)이 다소 높은 편이다. 최근 전세난으로 인해 매매시장에서 강세를 보이는 중소형 아파트로의 관심이 집중되면서 소형아파트 경매물건에 대한 관심으로 이어지는 것도 한가지 이유이다. 또한 소형주택 임대사업자가 많이 몰리고 내 집 마련 실수요자들이 몰려드는 시장이라 인기가 높아서다. 따라서 나름대로 값싸게 낙찰 받으려면 미리 입찰전략을 세워야 한다.

소형 아파트를 싸게 낙찰 받으려면 사람들이 많이 몰리는 인기지역 유명 아파트만 고집하면 안 된다. 수요자가 대거 몰려 경쟁률이 치열한 역세권과 브랜드, 대단지 소형아파트는 낙찰가율이 95%를 넘고 경쟁률도 10대 1을 넘는다. 그러나 주상복합이나 비역세권은 1~2회 유찰 후 낙찰가율이 80% 안팎이다. 이런 아파트를 노리면 시세 대비 20% 저가매입 목표를 달성할 수 있다.

또 입찰하려는 지역 내 유사물건의 최근 낙찰사례를 보면 경매의 인기도를 한 눈에 파악할 수 있다. 얼마 정도에 낙찰되고 몇 명이 입찰하는지를 살필 수 있다. 감정가 수준에서 낙찰되거나 경쟁률이 치열하다면 조급하게 입찰하기보다 타이밍을 늦추고 기다려야 한다.

소형 물건은 교통여건이 양호한 곳이 좋으며 브랜드보다 입지가 중요하다. 준공연도가 오래되지 않으며 주변에 편의시설이 많고 관리비가 적게 드는 지역난방 아파트를 고르는 것이 유리하다.

· **세입자 조사는 철저히** 경매 물건은 곳곳에 함정이 도사리고 있다. 법원의 감정평가서나 현황조사서만 믿었다간 낭패 보기 쉽다. 입찰 전에 해당 아파트를 찾아 임차인 조사를 철저히 하고 대항력이 없는 세입자라도 직접 만나 명도 저항 여부와 이사계획을 확인해야 한다.

· **아파트 감정가의 맹신은 금물**이다. 반드시 인터넷 매물과 비교하고 중개업소에 들러 현지 시장가격을 파악해야 한다. 그 후 쓰고자 하는 입찰 예정가와 시세를 비교한 수익성 분석이 필수이다. 아파트는 대체로 10여 명 정도가 입찰에 참여해 분위기가 과열된다. 적정 기준가격을 미리 정해둬야 분위기에 휩쓸리지 않고 소신껏 입찰할 수 있다.

· **관리비 연체 여부를 반드시 확인**해야 추후 분쟁 소지를 줄일 수 있다. 경매 아파트 연체관리비는 대법원 판례에 따라 복도나 엘리베이터 등 공유부분에 대해서만 부담하는 것이 원칙이다. 그러나 낙찰자가 부담하는 게 관례로 되어 있다. 소형 아파트라도 채무자나 임차인이 수 개월 관리비를 미납해 체납관리비가 수백만 원을 넘는 경우도 있다. 관리사무소와 분쟁을 일으키는 경우를 피하려면 미리 확인해야 한다.

최근 경매 대중화로 소형 아파트 경매의 재미는 예전만 못하다지만 여전히 불황기에 최고의 투자수익률을 내고 있는 곳은 아직도 법원경매 시장이다. 실수요자 입장에서 틈틈이 우량 경매물건을 검색하고, 꾸준히 입찰 계획을 세운다면 경매는 값싸게 내 집 마련의 기회를 가져다주는 매개체가 될 것이다.

6. 상가를 경매로 낙찰 받기 위해 알아야할 사항

현재 시행되고 있는 상가건물임대차보호법에 의해 지역에 따라 일정액 범위 내에서 보상받게 된다는 점을 염두에 두어야 한다. 또 상가를 낙찰 받아 잔금을 융자받고자 하는 경우에도 이전과는 다른 상황이다.

상가는 그 특성상 몇 가지로 구분해서 살펴볼 수 있다.

1) 근린주택에 세 들어 있는 소규모 상가

주거지역에서 10분 내외에 있는 상가를 근린상가라고 한다. 아파트 단지 내 상가도 근린상가의 한 종류이다. 근린주택에는 음식점, 약국, 학원, 슈퍼 등 우리 생활과 밀접한 업종들이 장사를 한다. 근린주택 전부를 낙찰 받는다면 몰라도 그 상가만 낙찰 받는다는 것은 고려해보아야 한다. 경매로 나온 상가는 죽어 있는 경우가 허다하기 때문이다. 권리금도 없고 시세의 절반도 안 될 만큼 싸니까 일단 낙찰 받고 열심히 노력해서 상가를 살린 다음 영업 좀 하다가 권리금 받고 넘기겠다는 생각은 애초에 않는 것이 현명하다. 조금만 잘못해도 모든 수고와 돈, 시간을 허비하고 손을 털어야 하는 수가 있기 때문이다.

그러나 가끔 대학가나 역세권의 먹자골목에 있는 장사 잘되는 상가들이 경매시장에 나오는 경우가 있다. 이런 경우는 채무자의 사정으로 인해 나오는 물건으로 상당한 투자메리트가 있다.

2) 몇 평 안 되는 평수의 상가들이 줄줄이 경매로 넘어오는 경우

대형 상가 중 일부 점포로 수십 개나 수백 개로 쪼개진 몇 평 안 되는 작은 상가들이 줄줄이 경매로 넘어오는 경우이다. 짧게는 1~2년, 길게는 몇 년씩 비어 있는 이런 상가는 아예 쳐다볼 생각을 하지 말아야 한다. 지상 층이라면 그나마 어떻게 해 볼 수 있는데, 대개는 지하층으로 상권이라고는 형성될 가망이 전혀 없는 그야말로 완전히 죽은 상가이다.

7. 토지를 경매로 낙찰 받기 위해 알아야 할 사항

부동산경매물건으로 나오는 것을 보면 크게 아파트 등 주택로와 상가로, 그리고 토지로 및 공장 창고 등 특수물건으로 나누어 볼 수 있다. 토지로 볼 수 있는 것은 전·답·과수원·임야·대지·잡종지·축사(목장용지) 등 일반적인 지목을 가진 땅 뿐 아니라, 도로·유지·구거·주차장·공장용지 등도 간혹 나온다. 농가주택과 전원주택도 토지로 볼 수 있다. 공장·창고·콘도·목욕탕·종교시설 등 주택·상가·토지를 제외한 물건 등은 자주 나오지 않으며, 이는 특별한 용도를 가진 특수물건이라고 볼 수 있다.

토지는 경매물건의 30% 가까이 된다. 또 많은 입찰자들이 관심을 가지는 일반적인 부동산경매물건이다. 그러나 토지는 복잡한 토지공법 규제와 유치권 법정지상권 등 어려운 토지사법이 얽혀 있어 리스크가 크다. 때문에 토지에 대한 기본이 부족한 경매초보자들이 쉽사리 혼자 알기 어려운 면이 있다. 아파트와 상가 입찰에 경험이 많은 아마추어들도 막상 전문가의 도움 없이 정확한 토지권리분석을 어려워한다.

첫째, 토지거래허가구역은 경매를 이용하라.

토지거래허가구역 내 물건을 취득하고자 하는 경우 큰 장점이 있어 수도권 등지의 허가구역 내에서는 많이 이용된다. 허가구역 내 농지 임야의 경우 각기 500㎡와 1,000㎡ 이상 규모의 땅을 구입하려면, 세대주와 전 가족이 토지소재지 시·군·구로 주민등록을 전입하고 영농 영림의 목적을 가진 실수요자만 구입허가를 받을 수 있기에 실거주해야 한다. 또 허가신청 시에는 구입자금의 조달계획서를 제출하고, 취득 후에는 일정기간 허가목적대로 이용해야 할 의무가 있다. 이 의무이용기간 중에는 전매도 금지된다. 예컨대 농지를 구입한 경우에는 허가일로부터 2년, 임야의 경우에는 3년간은 당초 허가받은 목적대로 이용할 의무가 있으며, 이 기간이 지나기 전에는 전매도 할 수 없는 것이다.

그런데 경매로 허가구역 내 농지 임야를 낙찰 받아 취득한 경우에는 이러한 자금조달계획서 제출의무나 전매금지조치가 적용되지 않는 장점이 있다. 그래서 허가구역으로 지정된 서울 인천의 구(區)지역과 파주 · 양주 · 수원 · 화성 · 평택 등 경기도 대부분의 지역에서 농지 임야를 경매로 구입하려는 경우에는 주소를 이전하지 않아도 바로 농지 임야를 취득할 수 있는 강점이 있다. 구입 후 보유기간에 구애받지 않고 단기간 내라도 다시 처분할 수 있다는 것도 또 하나의 장점이라고 할 수 있다.

둘째, 토지경매에 자주 나오는 규제사항을 확인하라.

경매로 나온 토지들의 물건명세서와 토지이용규제확인서 등에 가장 많고 흔하게 나오는 것들로는 단연 지분경매, 맹지와 농지취득자격증명 제출의무 등을 들 수 있다. 또한 유치권, 법정지상권과 분묘기지권 제시외물건 등 사법(私法)상 제약도 적지 않다. 이들을 대표적인 경매의 함정이라고 부르기도 한다. 대상물건의 토지이용규제확인서 상에 나오는 공법(公法)상 규제로는 지목, 면적, 지적도, 임야도 등의 지적사항과, 자연녹지 농업진흥지역 및 보전산지 등의 농림지역, 계획 생산 보전관리지역 등 국토계획법 상의 용도지역이 있다.

특별한 목적의 공법상 규제와 개별법상 용도지역으로 흔히 나오는 것은 토지거래허가구역, 군사시설보호구역 내의 통제보호구역과 제한보호구역, 개발제한구역(그린벨트), 상수원보호구역, 특별대책 1권역 및 2권역, 수변구역, 자연공원구역, 문화재보호구역, 완충녹지 등으로 수도권지역에서 가장 많이 나온다. 이외에도 개별적으로 배출시설설치제한구역, 개발행위허가제한구역, 학교정화구역, 백두대간보호구역, 산지전용제한구역 등이 간혹 나온다. 이런 규제지역인 경우 그 규제목적이 무엇인지, 내가 땅을 사용하려는 목적에 지장을 주는 것은 아닌지를 반드시 알아보아야 할 것이다.

셋째, 지목과 관련된 사항을 검토하라.

지목이 전(밭)으로 되어 있으나 현황은 마을 안 도로라든지, 지목은 임야이지만 토림(토지임야)으로 되어 있는 등 법정지목과 현황지목이 다른 경우도 많이 나온다. 또 지적상 도로는 없으나 현황도로 혹은 관습상 도로가 있는 경우도 있고, 그 반대의 경우도 있다. 간혹 대상 토지가 예정도로 접도구역 혹은 정비하천 하천구역에 맞물리는 경우에는 도로저촉 혹은 하천저촉으로 표시되기도 한다. 이런 경우에는 후일 수용과 보상이 진행될 것이므로 미리 공사 주체와 수용시기 및 수용예상면적을 확인해 두어야 한다.

초지와 축사는 지목 상으로는 목장용지로 표기된다. 초지는 초지법에 의하여 초지조성허가를 받아야만 낙농업용 풀밭이 되므로, 조성한지 25년이 지나지 않았으면 쉽사리 골프장이나 전원주택지 등 타 용도로 전용되는 않는다는 것을 알아 두어야 한다. 축사의 경우 종전에는 농지를 조성하여 축사로 지목변경을 하였으나, 2007년 이후에는 농지전용절차 없이 바로 농지 위에 축사를 신축할 수 있다.

넷째, 규제가 변동되는 경우를 유의해야 한다.

경매물건설명서에 나와 있는 공법상 규제가 입찰시의 현행규제와 일치하지 않는 경우도 가끔 있어 주의를 요한다. 군사시설보호구역 중 통제보호구역으로 지정되어 있던 땅이 제한보호구역으로 좋게 바뀐 경우가 간혹 있다. 요즈음 경기도 북부 연천 파주지역의 경매토지물건에 이런 예가 나온다. 이유는 아래와 같다.

종전에는 군사분계선으로부터 15㎞까지가 통제보호구역, 25㎞까지가 제한보호구역이었다. 2008년 9월 군사보호구역을 축소하여 25㎞ 사이가 제한보호구역으로 바뀌었다. 이에 따라 군사분계선으로부터 15㎞ 사이에 있는 전방 접경지역의 경우에는 경매감정서 상에는 통제보호구역으로 되어 있으나, 현행 토지이용규제확인서 상으로는 제한보호구역으로 되어 있을 수 있다. 토지감정평가 시점이 2008년 9월 이전인 까닭이다. 이런 물건은 그만큼 저평가되어 있을 가능성이 높다.

또 관리지역의 세분화와 농림지역 재조정으로 인하여, 종전 농림지역이 관리지역 혹은 도시지역으로 바뀌어 있는 경우도 간혹 나온다. 토지거래허가구역으로 되어 있으나 지금은 허가구역이 아닌 지역도 있다. 이런 것은 수도권의 강화도, 포천, 의정부, 안성, 안산 등 2009년 2월부터 허가구역에서 풀린 지역에서 나타난다. 규제완화의 시기에는 이런 상황이 반드시 있는 것이기 때문에 경매물건은 경매물건명세서만 볼 것이 아니라 현행 토지이용규제확인서를 반드시 참고하여야 할 것이다.

다섯째, 꼼꼼한 토지현장답사는 필수이다.

경매에 올라온 아파트나 상가의 입찰 전에는 반드시 현장답사를 해야 한다. 땅의 경우에도 마찬가지다. 그러나 땅의 현장답사는 훨씬 볼 것이 많으며, 따라서 관련사항을 주의 깊게 관찰하고 조사해야 한다.

토지현장답사를 반드시 해야 하는 이유는 유치권이나 분묘의 존재 여부 확인, 법정지상권이 있는 물건의 현황을 보려는 것도 있지만 더 중요한 이유가 있다. 우선 대상 토지를 방문하고 돌아오는 길에서 도로현황과 교통상황 및 접근성을 살펴본다.

현장 가까이에서는 현황도로의 유무와 구거, 주변환경 등의 상태를 살펴본다. 현장에 도착해서는 땅의 모양과 방향, 이웃토지와의 경계, 지질, 이용현황, 지상물과 수목의 경작현황을 살펴본다. 이를 종합하여 땅의 장래와 전망을 감안한 그 지역과 입지를 현장에서 검토하고자 함이다. 특히 임야의 경우에는 경사도와 수목의 울창한 정도, 벼랑이나 바위산 등 악산인지의 여부 등을 살펴보는 것도 매우 중요하다. 근처 개발임야를 둘러보고 연접개발제한에 걸릴 가능성이 있는지도 살펴볼 일이다.

여섯째, 입찰대상지역과 입지의 선정요령

입찰하기 전에 가장 고민하는 부분이 입찰대상물건의 선정이다. 입찰물건이 아무리 좋다 해도 우선 내가 가진 돈의 예산에 적합하고 내 능력에 맞아야 한다. 다음으로는 입찰대상지역의 선정이다. 전국 곳곳의 법원관할 내 수많은 입찰대상물건 중에서 어떤 지역을 공략할 것인지가 최대 고민일 수밖에 없다.

토지경매로 땅을 취득할 경우에 대상지역의 선정기준은 순수한 투자냐 아니면 실수요자로서 이용 혹은 개발할 물건을 찾느냐에 따라 다를 것이다. 이는 입찰자의 개인적인 신념과 취향에 따라 다를 수도 있다. 그러나 어느 경우이건 땅의 장래성을 보고 먼 후일 땅값이 오르기를 기대하는 것은 공통적일 것이다. 그렇다면 장차 땅값이 오를 수 있는 땅이 좋은 땅의 공통적인 기준이라고 볼 수밖에 없다.

일곱째, 투자하기 좋은 땅을 고르는 조건을 알아둬라.

땅의 장래성을 보는 대체적인 기준은 우선 단기적으로는 현재 개발 중이거나 장차 개발될 가능성이 있는 지역이거나, 그 인접지역일 것이다. 철도나 도로, 지하철 등이 새로 개통되거나 확장되어 접근성이 좋아지고, 길을 따라 개발될 가능성이 있는 지역도 좋다. 장기적로는 그 지역의 인구가 지속적으로 증가하는 곳이 유망하며, 투자에 실패할 가능성이 작다. 또한 종전의 공법상 규제가 풀리거나 완화되는 지역의 땅도 유리하다. 규제가 풀리면 거래물량이 늘어나 장기적으로 좋은 물건들은 경쟁적으로 값이 오를 수 있기 때문이다.

그리고 이러한 조건을 많이 충족할수록 좋은 장소일 것이다. 모든 조건에서 지역이란 현행 기초자치단체인 2~30개의 시·군·구라고 생각하면 된다. 정부정책과 통계 및 규제 등은 모두 이 지역을 기준으로 하고 있기 때문이다. 입찰대상지역이 정해졌다면 다음에는 그 지역 내에서의 개별적인 입지선정작업에 들어갈 것이다. 구체적인 입지선정에서는 우선 지목과 용도지역 및 특별한 공법상 규제, 땅의 모양 및 방향과 주변환경, 그 일대의 발전가능성, 진입도로의 유무, 적합한 개발용도, 지목 및 용도변경 등 토지 구조 변경의 가능성 등을 종합적으로 검토한다.

여덟째, 토지경매 전에 토지에 대한 기초를 익혀둬라.

위에서 토지경매입찰 전에 꼭 알아두고 검토하여야 할 사항들을 간략히 살펴보았다. 이처럼 땅에 대한 입찰은 그리 간단하지 않을 수 있다는 것을 명심해야 한다. 특히 토지규제는 중첩적인 것이라 한 필지의 토지에 여러 규제가 있는 경우, 그 모든 제한내용에 저촉되지 않아야 한다.

예컨대 경기도 광주시 곤지암 임야같이 자연보전권역, 상수원보호구역, 토지거래허가구역, 그린벨트, 산지관리법 등이 모두 중복되어 규제되는 경우에 그중 어느 하나의 관련법규에 걸린다 해도 개발이 불가능하다는 것을 유의하여야 할 것이다.

그러므로 토지경매입찰을 준비하는 입장이라면 경매에 관한 절차나 초보 이론에 머무르지 말고 토지에 관한 폭넓은 기초지식을 갖추어야 할 것이다. 그런 다음 토지에 관한 입지분석과 권리분석을 하며 대상물건을 고른다면 한결 자신 있고 흥미로운 투자가 될 것이다.

※ 경매물건으로 경매진행 단계 가늠
1) 초기 : 주거용 부동산 - 서민 - 다세대, 연립, 아파트
2) 중기 : 생계형 부동산 - 자영업자 - 구분상가, 음식점
3) 말기 : 수익형 부동산 - 자산가 - 상가건물, 수익형부동산

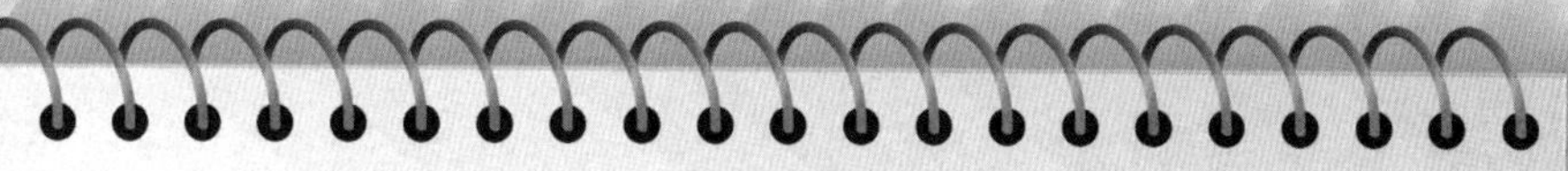

제 **02** 부

경매절차

나 홀로 부동산 경매, 이제 더 이상 어려울 것 없다.

실전에 사용할 수 있도록 체계적으로 상세하게

만들어진 이 책으로 경매절차를 차근차근 익혀보자.

경매절차 3단계

A. 압류단계 – 돈 받을 사람은 모여라!!!
경매신청 및 경매개시결정 → 매각부동산을 압류 →

경매개시결정 사유 등기부 기입 → 채무자에 송달 → 배당요구의 종기 공고

B. 현금화단계 – 경매로 부동산 살 사람 모여라!!!
매각의 순비(부동산현장조사, 감정평가) →

매각 및 매각결정기일의 지정, 공고, 통지 → 매각실시→ 매각허부결정

C. 변제단계 – 좋은 경매물건, 이제 나의 것!!!
대금납부 → 배당절차 → 소유권이전등기의 촉탁 → 부동산 인도명령

법원경매 업무처리 절차

채권자 경매신청
경매비용 예납
신청 각하
즉시항고
신청 취하
2일
경매 개시 결정
경매신청등기
경매결정 송달
집행정지
경매개시 결정 이의
즉시항고
침해행위 방지조치
3일
공과금최고
채권신고최고
청구이의의 소
제3자이의의 소
현황 조사
감정 평가
3일
최저 경매가 결정
물건명세서 작성
신경매
경매 준비
입찰서류 준비
최초 경매일 지정
게시·신문공고
이해관계인 통지
7일
입찰서류 열람
10시 입찰개시
7일
입찰서류열람·입찰표 작성
유찰
입 찰
입찰봉투 투입
7일
11시 10분 입찰마감
불허
낙찰 허부 결정
개찰·최고가 입찰자결정
차순위
입찰신고인
즉시항고
재항고
7일
낙찰 허가 확정
14일 이내
30일 이내
재경매
미납
대금 납부
14일 이내
배 당
배당이의
소유권이전등기 촉탁
5일 이내
등기완료
배당이의의 소
명도소송
인도명령
청구이의의 소
인 도

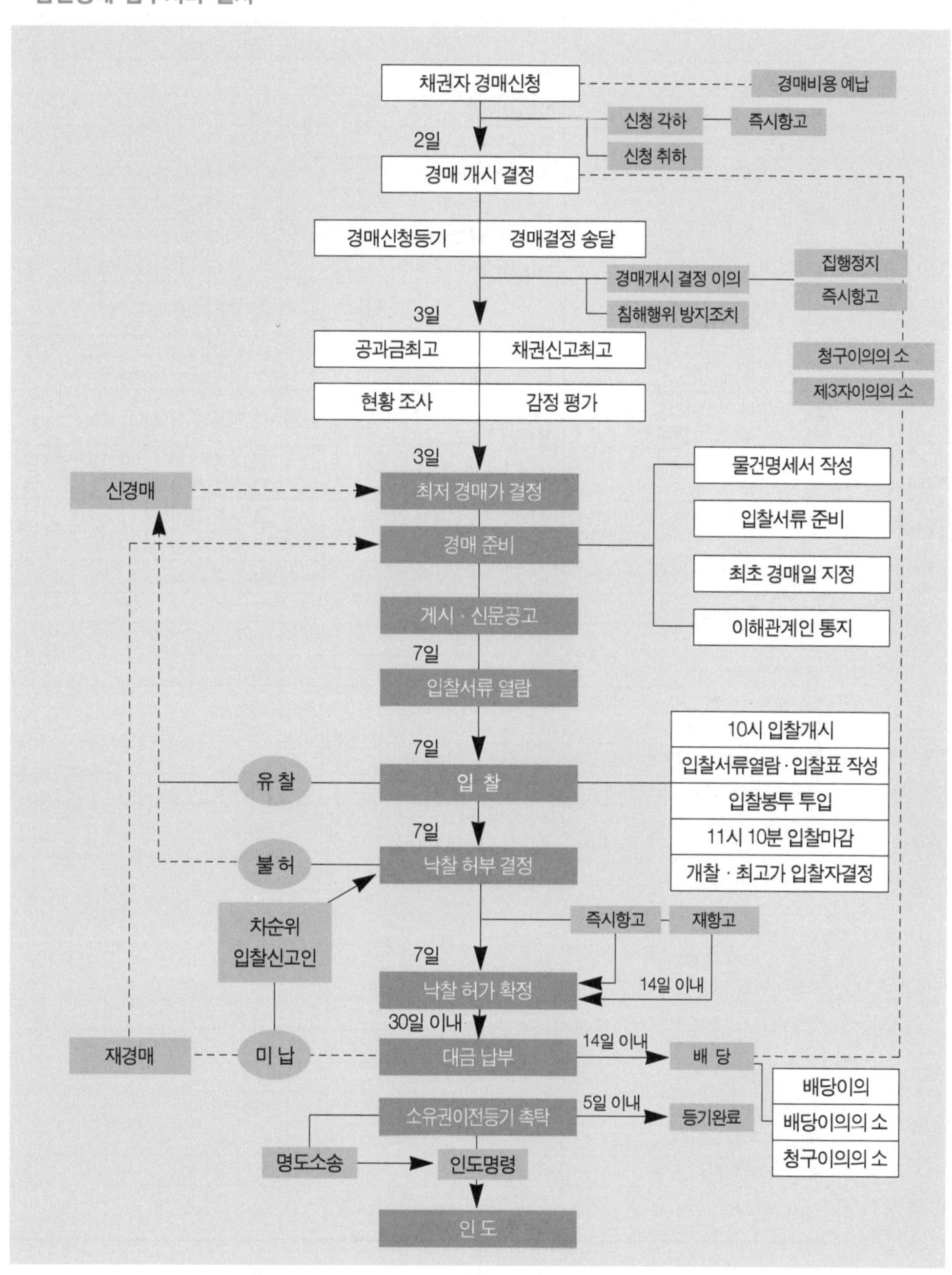

법원경매 종류와 기산일, 기간

종 류	기산일	기 간
경매신청서 접수		접수당일
개시결정 및 등기 촉탁	접수일로부터	2일 이내
채무자에 대한 개시결정의 송달	개시결정일로부터	3일 이내
공과주관공무소에 대한 최고	개시결정일로부터	3일 이내(최고기간 2주 이내)
채권신고의 최고	개시결정일로부터	3일 이내(최초기간 경락기일까지)
현황조사명령	개시결정일로부터	3일 이내(조사기간은 2주 이내
평가명령	등기필증 접수일로부터	3일 이내(평가기간은 2주 이내)
경매물건 명세서의 작성 그 사본 및 현황조사보고서 평가서 사본의 비치		경매기일 1주일 이전까지
최초경매기일		신문공고일로부터 14일 이후, 신문공고 의뢰일로부터 20일 이내
최초경매기일의 지정 게시 및 신문 공고의뢰 이해관계인에의 통지	현황조사보고서 및 평가서의 접수일로부터	3일 이내
최초경매기일		신문공고일로부터 14일 이후 신문공고 의뢰일로부터 20일 이후
신경매 또는 재경매기일	공고일로부터	7일 이후 20일 이내
배당요구의 통지	배당요구일로부터	3일 이내
경매실시		경매기일
경매조서및 보증금 등의 인도	경매기일로부터	1일 이내
경매기일	경매기일로부터	7일 이내
경락허부 결정의 선고		경락기일
차순위배수신고인에대한 경락기일의 지정 이해관계인에의 통지	최초의 대금지급기일후	3일 이내
차순위매수신고인에대한 경락기일	최초의 대금지급기일후	14일 이내
경락부동산관리명령		신청당일
대금지급기일의 지정 및 통지	경락허가결정확정일 또는 상소법원으로 부터 기록송부를 받은 날로부터	3일 이내
대금지급기일	경락허가결정확정일 또는 상소법원으로 부터 기록송부를 받은 날로부터	1개월 이내
경매부동산 인도명령		신청당일
배당기일의 지정소환계산서 제출의 최고	대금납부 후	3일 이내
배당기일	대금납부 후	2주일 이내
배당표의 작성 및 비치		배당기일 3일 전까지
배당표의 확정		배당기일
배당실시 배당조사서의 작성		배당기일
배당액의 공탁 또는 계좌입금	배당기일로부터	10일 이내
경락인에의 소유권이전 등기	배당기일 또는 등록세 납부일로부터	2일 이내
기록인계	경락인에의 소유권 이전등기 등의 완료 후	5일 이내

 돈 받을 사람은 모여라(압류단계)

① 채권자의 경매신청 및 경매개시결정 - ② 매각부동산을 압류 -
③ 경매개시결정 사유 등기부 기입 - ④ 채무자에 송달 - ⑤ 배당요구의 종기공고

일반적으로 처음으로(초보로) 경매에 참여하는 이해관계인 외의 사람들은
①에서 ⑤까지의 과정을 잘 모르고 입찰에 참여하는 경우가 많다. 경매물건에
관한 권리분석이 분명히 이루어지지 않은 상태에서 참여하는 경우가 많다는
것이다. 특히 ⑤의 경우 경매이해관계인으로서 배당신청의 방법을 명확히 알
고 경매로 인한 피해를 최대한 줄어야 할 것이며, 낙찰을 받고자 입찰에 참여하
는 투자자로서는 배당신청의 유무를 확인함으로서 권리분석을 통해 수익을 높
일 수 있을 것이다.

1. 경매신청은 누가 어떻게 하는가(경매의 신청)

1) 신청의 방식

경매신청은 서면으로 해야 한다(법 제4조). 신청서에는 소정의 사항을 기재하고, 소정의 서류 및 소정의 인지(5,000원)를 첨부해야 한다.

2) 신청서의 기재사항

① 강제경매의 경우

　㉠ 채권자·채무자를 특정할 수 있는 성명, 주소

　㉡ 집행법원

　㉢ 경매대상 부동산(특정 필요)

　㉣ 경매의 원인된 채권과 그 청구액

　㉤ 경매의 원인이 된 채권에 관한 집행권원(확정된 판결 등 채무명의)

　㉥ 대리 신청하는 경우 대리인의 성명, 주소

② 임의경매의 경우

　㉠ 채권자, 채무자, 소유자를 특정할 수 있는 성명, 주소

　㉡ 집행법원

　㉢ 담보권실행대상 부동산(특정 필요)

　㉣ 담보권(존재, 유효성), 피담보채권(존재, 금액, 이행지체사실)

　㉤ 신청서제출 연월일

　㉥ 신청인 또는 대리인의 기명날인 또는 서명(서명날인 불필요)

3) 경매 신청시 필요서류

임의경매시 필요서류	강제경매시 필요서류
(1) 경매신청서 (2) 근저당권설정 권리증(전세권설정 권리증) 사본 (3) 금전소비대차약정서(및 차용증서) 사본 (4) 부동산등기부등본 (5) 주민등록등본 및 법인등기부등본 　(채권자 · 채무자 · 소유자 중 일부가 법인인 경우)	(1) 경매신청서 (2) 채무명의(집행력 있는 판결문, 확정된 　지급명령, 민사 조정조서, 약속어음 공정증서) (3) 채무명의에 대한 송달증명 (4) 부동산등기부등본 (5) 주민등록등본 및 법인등기부등본 　(채권자 · 채무자 · 소유자 중 일부가 법인인 경우)

4) 관할법원

강제경매신청의 관할법원은 경매대상 부동산의 소재지의 관할 법원이다.

5) 등기부 표시 예

강제경매

순위번호	등 기 목 적	접　수	등 기 원 인	권 리 자 및 기 타 사 항
4	강제경매개시결정	2008년8월20일 제00000호	2008년8월20일 청주지방법원의 강제경매개시결정(2008 타경00000)	채권자　김00　510720-1****** 서울 종로구 효제동000

임의경매

| 9 | 임의경매개시결정 | 2008년10월17일
제00000호 | 2008년10월17일
청주지방법원의
임의경매개시결정(2008
타경00000) | 채권자　내수새마을금고　150144-0004693
충북 청원군 내수읍마산리 166-1 |

① 경매비용의 예납의무

경매신청을 하는 경우 경매절차진행에 필요한 비용, 즉 부동산의 감정료, 현황조사비용, 신문공고료, 매각수수료 등 각종 수수료, 송달료를 납부해야 한다.

② 예납할 비용과 표준액

　㉠ 감정료 : 청구채권액에 따른 기본감정료에 자료수집비와 여비를 합산하여 산정한다(감정료의 산정기준 등에 관한 예규 제8조).

　㉡ 신문공고료 : 부동산 1필지당 16,500원이다(민사비용법 제10조, 제8조).

　㉢ 부동산현황조사료 : 청구채권액에 따른 집행관수수료에 여비를 합산하여 산정한다(집행관수수료규칙 제15조 등, 법원공무원여비규칙 제10조 내지 제14조).

　㉣ 매각수수료 : 청구채권액을 기준으로 집행관수수료규칙 소정의 산정방법으로 산정한다(동 규칙 제16조, 제17조).

　㉤ 송달료 : (경매신청서상의 이해관계인수 + 3)×10회분 송달료이다.

③ 예납절차

　㉠ 송달료의 경우 : 송달료처리의 특례에 관한 규칙 및 동 규칙의 시행에 따른 업무처리요령에 따라 수납은행에 현금으로 납부한 뒤 송달료 납부서, 송달료 영수증을 교부받아 신청서에 첨부하여 집행법원에 제출한다.

　㉡ 기타 비용의 경우 : 법원보관금취급규칙이 정하는 절차에 따라 납부한다.

예납 종류와 계산방법

종 류	계산방법		
등록세	청구금액의 1/1,000(지방세법 제131조 제1항 제7호)		
교육세	등록세의 20%(교육세법 제5조 제1항)		
인지	건당 5,000원(민사소송 인지법 제9조 제2항)		
증지	부동산1필지당 1,000원		
송달료	이해관계인 + 3 × 22,600(송달료 10회분)(송일 87-4 예규 제7조)		
경매예납금 (민소법 제513조 제1항)	유찰수수료	6,000원	
	신문공고료	부동산1필지당 100,000원(법원마다 차이가 있음)	
	감정료	1천만 원까지 30,000 1천만 원 초과 5천만 원까지 : 15/10,000+15,000 5천만 원 초과 1억 원까지　　　　: 8/10,000+50,000 1억 원 초과 50억 원까지　　　　: 4/10,000+90,000 50억 원 초과 100억 원까지　　: 1/10,000+1,090,000 100억 원 초과　　　　　　　　: 1/10,000+2,090,000 ※20만 원 이하의 경우는 200,000원(미만선) 　※350만 원 이상의 경우는 3,500,000원(상한선)	
	현황조사료	63,260원	
	경매수수료	5천만 원 이하 : 청구금액+2%+3,000원 5천만 원 초과 1억 원 이하 : 5천만 원 초과금액1.2%+1,003,000원 1억 원 초과 5억 원 이하 : 1억 원 초과금액+0.5+1,603,000원 ※청구금액이 5억 원 초과할 때는 5억 원으로 보며, ※10만 원 미만일 때는 10만 원 단위로 함	

7) 경매신청서의 접수

　경매신청서가 법원에 제출되면 접수담당 법원사무관 등은 신청서의 기재 사항이나 첨부서류가 법정요건을 구비하고 있는지, 소정의 인지가 첨부되어

부동산강제경매신청서

채권자　성　명
　　　　　주　소

채무자　성　명
　　　　　주　소

수입인지
5,000원

청구금액 : 원금 ______ 원 및 이에 대한 ____ 년 __ 월 __ 일부터 다 갚을 때까지 연 __ % 비
　　　　율에 의한 금원
경매할 부동산의 표시 : 별지 목록 기재와 같음

경매의 원인된 채권과 집행할 수 있는 채무명의

채무자는 채권자에게 　　　　　　 법원 　　 가 　　　　　　 청구사건의 20
년 월 일 선고한 판결(또는 공증인 　 작성 　 호 공정증서)의 집행력 있는 정본에 기
하여 위 청구금액을 변제하여야 할 것이나 이를 이행하지 아니하므로 위 부동산에 대한
강제경매 절차를 개시하여 주시기 바랍니다.

첨 부 서 류

1. 집행력 있는 정본　　　　　　　　　　　　　　　　　1통
2. 송달증명서　　　　　　　　　　　　　　　　　　　　1통
3. 부동산등기부등본　　　　　　　　　　　　　　　　　1통

년　　　월　　　일

위 채권자　　　　　　　　　(인)

연락처(☎)

지방법원　　　　　　　귀중

☞유의사항
1) 이 신청서를 접수할 때에는(신청서상의 이해관계인+3)×10회분에 해당하는 송달료를 송달료수
　 납은행에 현금으로 납부하여야 합니다.
2) 집행력 있는 정본이 수개이면 그에 상응하는 인지를 붙여야 합니다.

있는지 여부를 검토하여 흠이 있으면 제출자에게 말로 그 흠을 지적, 고지하고 그 보정을 촉구한다.

신청서에 흠이 없거나 흠이 보정된 경우 민사집행사건부에 접수되고, 사건부호 '타경' 및 사건번호가 부여되며 법관에게 사건이 배당된다.

형식적 경매의 신청도 서면에 의해 법원 또는 집행관에게 해야 한다. 즉 경매의 목적재산의 종류에 따라 유체동산처럼 본래의 집행기관이 집행관이면 집행관에게 경매신청을 한다.

이 경우 신청서의 기재사항 중 채권자·채무자·소유자는 신청인·상대방으로, 담보권과 피담보채권의 표시는 경매신청권의 표시 등으로 바꾸어 기재한다.

유치권에 의한 경매신청의 경우 유치권의 피담보채권의 채무자와 경매목적물의 소유자가 다를 때가 있다. 예컨대 강제경매 또는 담보권 실행을 위한 경매절차에서 매수한 부동산에 대해 전소유자에 대한 공사대금채권으로 매수인에 대하여 유치권을 주장하는 경우이다. 이때 매수인은 민사집행법 제91조 제5항에 의거, 유치권자에게 그 유치권으로 담보하는 채권을 변제할 책임이 있으나 인적채무까지 인수하는 것은 아니다(대판 1996.8.23 95다8713).

이러한 경우에는 임의 경매에서 채무자와 소유자가 다른 경우에 준하여, 신청인·상대방·유치권의 채무자로 신청서를 기재하면 된다.

부동산의 형식적 경매 신청서에는 부동산에 대한 경매신청의 예에 의하여 '유치권의 존재 또는 협의의 형식적 경매의 신청권이 있다는 것을 증명하는 서류'를 첨부하여야 한다(민법 제264조, 제274조).

유치권에 의한 경매의 경우 유치권의 존재를 증명하는 서류로는 유치권의 존재에 관한 판결(이유란에 기재된 것이라도 무방할 것이다)이나 공정증서가 가장 확실하다. 이러한 서류가 아니더라도 집행기관에 대하여 유치권의 존재를 증명할 수 있는 서류로 인정될 수 있으면 충분하다고 해석된다. 따라서 이 서류는 사문서라도 무방하다.

협의의 형식적 경매에 있어서도 어떤 종류의 서류라도 경매신청권의 존재를 증명할 수 있는 것이면 충분하다. 다만 법원의 판결 또는 심판에 의하여 형식적 경매의 신청권이 생기거나(예컨대 민법 제269조에 의한 공유물 분할을 위한 경매, 또는 민법 제1013조에 의한 상속재산의 분할을 위한 경매), 또는 형식적 경매의 신청에 법원의 허가를 요하는 경우(예컨대, 민법 제490조에 따른 자조매각)에는 그 판결(공유물의 경매분할을 명한 판결의 당사자는 원고이든 피고이든 해당 판결에 기한 공유물의 경매를 신청할 권리가 있다 함은 대결 1979.3.8. 79마5 참조)이나 심판 또는 허가 결정의 등본을 첨부할 필요가 있다.

또한 청산을 위한 경매(예컨대, 한정승인의 경우에 상속채권자나 수증자에게 변제하기 위한 민법 제1037조에 따른 상속재산의 경매)에 있어서는 신청권 발생의 근거사유를 적절한 서류(예컨대, 한정승인의 신고를 수리한 심판서 등본 및 목적부동산이 상속재산임을 증명하는 등기부등본)에 의하여 증명할 필요가 있다.

파산법상의 파산재단에 속하는 부동산에 관한 물권의 현금화(파산법 제192조)와 별제권의 목적재산의 현금화(파산법 제193조 제1항)에 있어서는 파산선고 결정등본에 의하여 증명해야 한다.

한편, 채권이 변제기에 이르지 않을 때에는 유치권이 성립되지 아니하므로 채권이 변제기에 있다는 것은 유치권에 의한 경매 실체상의 적법 요건이다. 그러나 담보권실행의 경우와 마찬가지로 이것을 증명하는 서류를 신청서에 첨부할 필요는 없다고 할 것이다.

동산의 형식적 경매의 경우에는 동산경매의 예에 따라 실시하게 되므로 신청인이 집행관에게 동산을 제출하거나 그 목적물의 점유자가 압류를 승낙하였음을 증명하는 서류를 제출한 때에 한하여 개시된다(민집 제271조). 신청인은 그 밖에 유치권이나 경매 신청권을 증명하는 서류를 제출하여야 할 의무는 부담하지는 않지만, 경매 신청시에 이들 서류도 함께 첨부하는 것이 편리할 것이다.

2. 경매! 이제 시작하는 거야

경매신청의 요건이 구비되었다고 판단되면 집행법원은 경매절차를 개시한다는 결정을 한다. 이것이 경매개시결정이다. 이때 집행법원은 직권 또는 이해관계인의 신청에 따라, 부동산에 대한 침해행위를 방지하기 위하여 필요한 조치를 할 수 있다. 이와 동시에 집행법원은 그 부동산의 압류를 명하고 직권으로 그 사유를 등기부에 기입할 것을 등기관에게 촉탁한다. 경매개시결정이 채무자에게 송달된 때 또는 경매신청의 기입등기가 된 때에 압류의 효력이 발생하며, 이때부터는 그 부동산을 타인에게 양도하거나 담보권 또는 용익권을 설정하는 등의 처분행위를 할 수 없다.

3. 매각부동산의 압류, 등기부기입, 송달

1) 경매개시결정 기입등기의 촉탁

집행법원이 경매개시결정을 하였을 때에는 그 사유를 등기부에 기입할 것을 등기관에게 직권으로 촉탁하여야 하며, 등기관은 위 촉탁에 의하여 경매개시결정의 기입등기를 하게 된다.

2) 경매개시결정문의 송달

채무자에 대한 개시결정의 송달은 경매절차 진행의 적법유효요건으로 되어 있기 때문에 경매개시결정정본을 채무자에게 송달한다. 임의경매의 경우에는 소유자에게 송달하여야 하나, 실무상은 대개의 경우 소유자와 채무자 모두에게 송달하고 있다.

4. 배당요구의 종기결정 및 공고

민사집행법에서 새로 도입된 제도로, 경매개시결정에 따른 압류의 효력이 생긴 때에는 집행법원은 절차에 필요한 기간을 감안하여 배당요구를 할 수 있는 종기를 첫 매각기일 이전으로 정하여 공고하여야 한다.

1) 배당요구란

강제집행에 있어서 압류채권자 이외의 채권자가 집행에 참가하여 변제를 받는 방법으로 민법, 상법, 기타 법률에 의하여 우선변제청구권이 있는 채권자, 집행력 있는 정본을 가진 채권자 및 경매개시결정의 기입 등기 후에 가압류를 한 채권자는 법원에 대하여 배당요구를 신청할 수 있다.

배당요구는 낙찰기일까지, 즉 낙찰허가결정 선고시까지 할 수 있다. 따라서 임금채권, 주택임대차보증금 반환청구권 등 우선변제권이 있는 채권자라 하더라도 낙찰기일까지 배당요구를 하지 않으면 낙찰대금으로부터 배당받을 수 없고, 그 후 배당을 받은 후순위자를 상대로 부당이득반환청구를 할 수도 없다.

민사집행법이 적용되는 2002년 7월 1일 이후에 접수된 경매사건의 배당요구는 배당요구의 종기일까지 하여야 한다. 따라서 임금채권, 주택임대차 보증금반환청구권 등 우선변제권이 있는 채권자라 하더라도 배당요구종기일까지 배당요구를 하지 않으면 매각대금으로부터 배당받을 수 없고, 그 후 배당을 받은 후순위자를 상대로 부당이득반환청구를 할 수도 없다.

실무) 경매계의 업무 중 70% : 배당

2) 배당요구의 종기 결정

경매개시결정에 따른 압류의 효력이 생긴 때부터 1주일 내에 집행법원은 절차에 필요한 기간을 감안하여 배당을 요구할 수 있는 종기를 첫매각기일 이전으로 정한다. 제3자에게 대항할 수 있는 물권 또는 채권을 등기부에 등재하지 아니한 채권자(임차인 등)는 반드시 배당요구의 종기일까지 배당요구를 하여야 배당을 받을 수 있다. 법원은 특별히 필요하다고 인정하는 경우에는 배당요구의 종기를 연기할 수 있다.

3) 배당요구의 종기 공고

배당요구의 종기가 정하여진 때에는 경매개시결정에 따른 압류의 효력이 생긴 때부터 1주일 내에, 채권자들이 널리 알 수 있도록 하기 위하여 법원은 경매개시결정을 한 취지 및 배당요구의 종기를 공고한다.

4) 배당요구를 하지 아니한 경우의 불이익

배당요구를 하지 않아도 배당을 받을 수 있는 채권자가 아니면 배당요구의 종기까지 배당요구를 하여야 배당을 받을 수 있게 된다. 그때까지 배당요구를 하지 않은 경우에는 선순위 채권자라도 경매절차에서 배당을 받을 수 없게 된다. 뿐만 아니라 자기보다 후순위 채권자로서 배당을 받은 자를 상대로 별도의 소송으로 부당이득반환청구를 하는 것도 허용되지 않는다.

또 첫경매개시결정등기 전에 가압류등기를 마친 채권자의 경우에는 배당요구를 하지 않아도 등기부에 등재된 가압류금액에 따라 배당을 받을 수 있다. 그러나 이미 본안소송에서 가압류금액 이상의 승소판결을 받았다면 위 기간 내에 집행력 있는 정보에 의하여 배당 요구를 할 필요가 있다. 그렇지 않으면 가압류금액을 넘는 부분에 대하여는 전혀 배당에 참가할 수 없게 되는 등 일정한 경우 배당요구를 하지 않아도 배당을 받을 수 있는 채권자에 해당해도 배당요구를 할 필요가 있는 경우가 있다.

tip

※ 배당요구의 종기까지 반드시 배당요구를 하여야 할 채권자

① 집행력 있는 정본을 가진 채권자

② 민법·상법, 그 밖의 법률에 의하여 우선변제청구권이 있는 채권자, 주택임대차보호법에 의한 소액임차인, 확정일자부 임차인, 근로기준법에 의한 임금채권자, 상법에 의한 고용관계로 인한 채권이 있는 자 등

③ 경매개시결정등기 후에 가압류를 한 채권자

  - 이중경매개시결정의 경우에는 먼저 개시결정된 사건이 기준

④ 조세 그 밖의 공과금채권

⑤ 대위변제자의 배당요구

※ 배당요구를 하지 않아도 배당을 받을 수 있는 채권자

첫경매개시결정등기 전에 이미 등기를 경로한 담보권자, 임차권등기권자, 체납처분에 의한 압류등기권자, 가압류권자, 배당요구종기(낙찰기일)까지 한 경매신청에 의하여 2중개시결정이 된 경우 뒤의 압류채권자

※ 첫경매개시결정등기 후에 등기를 경료한 담보권자의 경우에는 배당요구의 종기까지 권리신고를 하면 별도로 배당요구를 하지 않아도 배당에 참가

※ 배당순위 0순위 : 경매비용/민법 제367(필요비·유익비)

        1순위 : 최우선 변제권(소액보증금, 임금채권)

        2순위 : 우선 변제권(근저당권/확정일자/조세채권)

        3순위 : 보통 변제권

chapter 02

경매로 부동산 살 사람 모여라!
(현금화단계)

매각의 준비(부동산현장조사, 감정평가) -

매각 및 매각결정기일의 지정, 공고, 통지 - 매각실시 - 매각허부결정

1. 매각(입찰)의 준비

경매개시결정이 있게 되면, 집행법원은 경매 목적물의 환가(입찰의 방법으로 매각하여 매각대금을 조성함)를 위한 준비를 하게 된다.

1) 현황조사(민사집행법 제85조)

2) 공과를 주관하는 공무소에 대한 최고

3) 이해관계인에 대한 채권신고의 최고

4) 부동산의 평가 및 최저입찰가격의 결정

5) 입찰물건명세서, 현황조사보고서, 감정평가서 비치(입찰기일 7일 전, 법원)

1) 현황조사(민사집행법 제85조)

법원은 경매개시결정을 한 후 지체 없이 집행관에게 부동산의 현상, 점유관계, 차임 또는 임대차 보증금의 수액 기타 현황에 관하여 조사할 것을 명하게 된다. 부동산을 적정한 가격으로 환가하기 위해서는 집행법원이 부동산의 현상, 점유관계 등 사실관계와 권리관계의 현황을 정확히 파악하여 적정, 타당한 매각조건을 결정한다. 일반 원매자에게 그 현황을 공시하여 경매할 부동산에 관한 정보를 제공할 필요가 있기 때문이다.

2) 공과를 주관하는 공무소에 대한 최고

법원은 경매개시결정 후 조세 기타 공과를 주관하는 공무소에 대하여 목적 부동산에 관한 채권의 유무와 한도를 일정한 기간 내에 통지하여 줄 것을 최고하게 된다. 이는 우선채권인 조세채권의 유무, 금액을 통지받아 잉여의 가망이 있는지 여부를 확인함과 동시에, 주관 공무소로 하여금 조세 등에 대한 교부 청구의 기회를 주기 위한 것이다. 민사집행법의 규정이 적용되는 사건은 배당요구의 종기까지 조세채권의 유무를 법원에 신고하여야 배당을 받을 수 있다.

3) 이해관계인에 대한 채권신고의 최고

법원은 경매개시결정일로부터 3일 내에 등기부에 기입된 부동산 위의 권리자 등에 대하여 자신의 채권의 원금, 이자, 비용 기타 부대채권에 관한 계산서를 낙찰기일 전까지 제출할 것을 최고하게 된다. 가등기담보권자에 대하여도 최고한다. 이 역시 우선채권의 유무, 금액 등을 신고 받아 잉여의 가망이 있는지의 여부를 확인하고, 적정한 매각조건을 정하여 배당요구의 기회를 주는 의미가 있다. 민사집행법의 적용을 받는 사건의 이해관계인에게는 배당요구의 종기일까지 그 채권의 유무와 금액을 신고할 것을 최고한다.

4) 부동산의 평가 및 최저입찰가격의 결정

집행법원은 등기관으로부터 기입등기의 통지를 받은 후 3일 내에 평가명령을 발하여 감정인이 경매부동산을 평가하게 하고, 그 평가액을 참작하여 최저입찰가격을 정한다. 최저입찰가격은 낙찰을 허가하는 최저의 가격으로 그 액에 미달하는 응찰에 대하여는 낙찰이 허가되지 않는다.

5) 입찰물건명세서의 작성, 비치

① 부동산의 표시

② 부동산의 점유자와 점유의 권원, 점유할 수 있는 기간, 차임 또는 보증금에 관한 관계인의 진술

③ 등기된 부동산에 관한 권리 또는 가처분으로서 낙찰에 의하여 그 효력이 소멸하지 않는 것

④ 낙찰에 의하여 설정된 것으로 보게 되는 지상권의 개요 등을 기재한 입찰물건명세서를 작성

이를 입찰기일의 1주일 전까지 법원에 비치하여 일반인이 열람할 수 있도록 하게 된다. 현황조사보고서 및 감정평가서의 사본도 함께 비치한다.

2. 물건 검색(법원경매정보 확인 방법)

대상물건은 법원경매 14일 전에 일간신문 공고, 법원 게시판, 대법원경매 인터넷사이트(www.courtauction.go.kr), GG옥션(www.ggi.co.kr), 굿옥션 (http://www.goodauction.co.kr), 스피드옥션(http://www.speedauction.co.kr), 태인(http://www.taein.co.kr), 경매뱅크(www.koreaab.com) 등의 유료 정보지를 참고해 선정한다. 신문에 공고되는 내역은 해당 경매물건이 어디에 있고, 가격이 얼마 정도라는 개략적인 정보만 있을 뿐 권리관계 등에 대한 중요한 정보는 거의 없다.

1) 사건내역서

① ㉠ 경매신청자　　　㉡ 경매신청자가 청구한 금액

　　㉢ 경매사건의 진행, 정지여부를 꼭 확인

② 기본내역, 물건내역, 기일내역, 송달내역 페이지로 구성

2) 매각 물건 명세서

① 임차인과 인수권리 확인하기

② 소멸되지 않는 등기부상의 권리 확인하기

　－ 예고등기, 가등기, 가처분, 지역권, 지상권, 환매등기, 전세권

③ 법정지상권 성립여부 확인하기

④ 유치권이나 기타 사항 확인하기

3) 현황조사서

① 임대차관계 및 실제거주자를 확인할 수 있다.

② 요약정리, 점유관계조사서, 임대차관계조사서, 부동산표시목록 등으로
구성되어 있다.

4) 감정평가서

① 대지지분을 꼭 확인하라 - 소유권/대지권 항목에 기재되어 있음

대지지분율 계산하기: 대지지분÷건물전용면적

예) 대지지분이 $33.252\,\text{m}^2 \div 59.84\,\text{m}^2$ = 55%(대지지분율이 높을수록 좋다)

5) 등기부 등본

등본상의 소유자와 사건내역서상의 경매부동산 소유자와 일치하는가 확인

등기부등본 보는 법

㉠ 갑구 확인

　- '등기목적' 란에 경매신청여부, '접수' 란에 접수일

　- '등기원인' 란의 법원경매개시결정의 사건번호

　- '권리자 및 기타사항' 란에 경매신청자 확인

　　⇨ 경매신청 접수일 및 예고등기, 가등기 성립여부를 꼭 확인

㉡ 을구 확인

　- 최초 근저당 설정일을 반드시 확인하기

　　⇨ 최초근저당 접수일과 현재 거주자 임차인의 전입일과 비교해서 선
　　순위 임차인 존재 여부를 확인할 것

6) 토지대장

① 지목, 면적, 개별공시지가 확인하기

7) 건축물 관리대장

㉠ 토지대장, 건축물 관리대장, 등기부 내용과 비교해 미등기 부분이 있는
  지 확인하기

㉡ 위법건축물 여부, 건축면적이 감정평가된 면적과 일치하는가 확인

㉢ 제시 외 부분은 꼭 현자확인을 통해 파악할 것

8) 토지이용 계획 확인원

경매로 토지를 살 때 토지이용계획확인서를 통하여 해당토지가 어떤 용도지역으로 지정되어 있는지, 그리고 해당 지역의 토지이용과 규제사항, 도로편입 계획 등을 확인한다.

9) 시세 및 입지확인하기

① 부동산 시세 확인

  ㉠ 국민은행 홈페이지 방문

    부동산 → 시세매물통계 → 시세검색

  ㉡ 해당 주소지 주변 부동산을 방문해서 시세를 확인한다.

② 관할 동사무소 방문해서 세대별 전입세대를 열람한다.

  ㉠ 신분증 및 사건내역서 사본 준비하기

  ㉡ 매각물건명세서 및 현황조사서에서 빠져 있는 임차인과 세대주 전입

일자와 세대원 중 최초 전입자의 전입일자를 꼭 확인할 것

※상가건물의 경우 관할세무서를 방문하여 등록사항 등의 열람신청을 통
하여 임대차 내용에 대한 등록사항 등을 확인할 수 있다.

③ 해당 구청을 방문해서

　　㉠ 건축물 관리대장　　㉡ 토지대장　　㉢ 개별공시지가

　　㉣ 토지이용계획 확인원 열람하기

④ 아파트 관리 사무소 방문하기

　　㉠ 아파트 물리적 하자여부 확인하기

　　　- 육안으로 외양을 살펴본 뒤 가능하면 내부 인테리어나 시설을 확인

　　　- 관리 사무소에서 임차인이나 채무자가 수리를 요청한 사실이 있는지

　　　　알아본다.

　　㉡ 관리비 또는 공과금 체납여부 확인하기

⑤ 소유자와 만나보기 – 채무변제 가능여부 확인하기

주민등록 전입세대 열람신청서

※신청인께서는 굵은 선 안쪽의 사항만 기재합니다.

열 람 대 상 물 건 소 재 지				
용 도 및 목 적				
입 증 자 료				
개 인 신 청 인	성 명	서명 또는 인	주민등록번호	
	주 소		전 화 번 호	
법 인 신 청 인	기 관 명		사업자등록번호	
	대 표 자	서명 또는 인	주민등록번호	
	소 재 지		전 화 번 호	
	방 문 자	성명( ), 주민등록번호(-), 직위( )		

주민등록법시행규칙 제12조의2 규정에 의하여 주민등록 전입세대 열람을 신청합니다.

20   년   월   일

시장 군수 구청장 읍 면 동장 및 출장소장 귀하

<열람시 유의사항>

1. 열람사항을 출력하여 줄 수는 있으나 증명 날인하여 줄 수는 없습니다.

2. 경매참가자는 경매일시 해당물건지가 나타나 있는(신문)공고문, 신용정보업자는 신용정보조사 의뢰서, 감정평가업자는 감정평가 의뢰서, 금융기관은 담보주택 근저당설정 관계서류(근저당설정계약서 또는 대출약정서 등)를 첨부하여야 하며, 물건 소유자 및 임차인 등은 그 사실을 입증하여야 합니다.

3. 전입세대 열람권한은 타인에게 그 권한을 위임할 수 없습니다.

4. 법인의 경우에는 "서명 또는 인"란에 사용인감계 날인도 가능하며, 방문자는 사원증(또는 재직증명서)과 주민등록증 등 신분증명서를 제출하여야 합니다.

------------------절----------취----------선------------------

주민등록 전입세대 열람신청 접수증

접 수 번 호 :   접수일자 : 20   .   .   .

신청인 성명 :

동장   인

<table>
<tr><td colspan="6" align="center">등록사항 등의 열람(제공) 요청서</td><td align="center">처리기간</td></tr>
<tr><td colspan="6">접수번호</td><td align="center">즉시</td></tr>
</table>

요청인	상호(법인명)		사업자등록번호			
	성명 (대표자)		주민등록번호 (법인등록번호)			
	주소 또는 본점소재지		전화 번호	휴대전화	사업장	주소지
	이해관계자 해당사유	1. 임대인　2. 임차인　3. 근저당설정권자 등 4. 기타 이해관계자(　　　　　　　　)				

요청내용	열람(제공)범위	임차인 전부,　일부 임차인		
	건물소재지(건물명, 동, 열, 층, 호수까지 구체적으로 기재)			
		임대인		임차인	
	구분	사업자 등록번호	주민등록번호 (법인등록번호)	사업자등록번호	주민등록번호 (법인등록번호)
	등기부상 소유자				
	사용용도				
	구분	1. 열람　　　　2. 제공			

상가건물임대차보호법 제4조의 규정에 의하여 위 상가건물의 임대차 내용에 대한
등록사항 등의 열람(제공)을 요청합니다.

20　년　월　일

요청인　　　　　　　　　　　　　(서명 또는 인)

세무서장 귀하

구비서류
1. 요청인의 신분을 확인할 수 있는 서류 1부(주민등록증 등 신분증의 제시로 갈음할 수 있음)
2. 근저당설정권자 등이 요청하는 경우에는 등기부등본 1부
3. 그 밖의 이해관계인인 경우에는 이해관계를 입증 할 수 있는 서류 1부
4. 요청인의 대리인이 요청하는 경우에는 위임장 1부(요청인의 인감증명서가 첨부되어야 함)

유의사항 : 등록사항 등의 열람 또는 제공은 상가건물임대차보호법 제4조의 규정에 의해 이해관계인에게만 허용됩니다.

대법원 법원경매정보의 활용

경매공고

경매공고는 공지사항, 매각공고, 배당요구종기공고로 구성되어 있다.

- 공지사항은 법 개정이나 웹사이트 서비스 중단안내 등을 보여준다.

- 매각공고는 법원별로 매각기일과 그 기일에 해당하는 매각물건 공고내역을 보여준다.

- 배당요구종기공고는 채권자가 배당요구가 가능한 기한을 법원별, 경매계별로 보여준다.

경매물건

경매물건은 경매물건 검색, 매각결과 검색, 경매사건 검색으로 구성된다.

- 경매물건 검색은 경매물건의 기일별, 종합검색을 제공한다.

- 매각결과 검색은 매각기일 바로 다음날부터 낙찰, 유찰여부를 보여준다.

- 물건사건검 색은 경매사건의 기본내역, 물건내역, 기일내역, 송달내역 등
  을 보여준다.

경매지식

경매지식은 경매절차안내, 경매용어해설, 경매서식, 입찰참여안내, 세금정
보로 구성되어 있다.

- 경매절차는 경매신청에서부터 매각, 매각 후의 과정까지를 상세하게 설명

- 경매용어해설은 가, 나, 다 색인 등을 제공하여 검색 및 용어설명

- 경매서식은 경매에 필요한 서식일체를 조회 및 다운로드 가능

- 입찰참여안내는 실제 입찰에 참여할 때의 사항을 사진과 더불어 자세히
  설명

- 세금정보는 국세청 세금사이트를 연결

나의경매

나의경매는 관심사건조회와 관심물건조회로 구성되어 있다.

- 관심사건조회는 경매물건이나 사건 검색시 관심사건으로 지정한 사건을
  보여준다.

- 관심물건조회는 관심조건으로 등록한 물건에 대하여 조회할 수 있다.

원하는 지역의 법원을 선택하거나 지역을 선택하면 자신이 원하는 지역을 기준으로 경매물건을 찾을 수 있다.

용도별물건정보

아파트, 빌라, 대지, 전, 근린생활시설, 답, 임야, 단독주택, 다세대주택, 도로, 판매시설 등 원하는 부동산 종류를 기준으로 경매물건을 찾을 수 있다.

인기관심물건

현재 가장 인기 있는 물건을 기준으로 경매 물건을 찾을 수 있다.

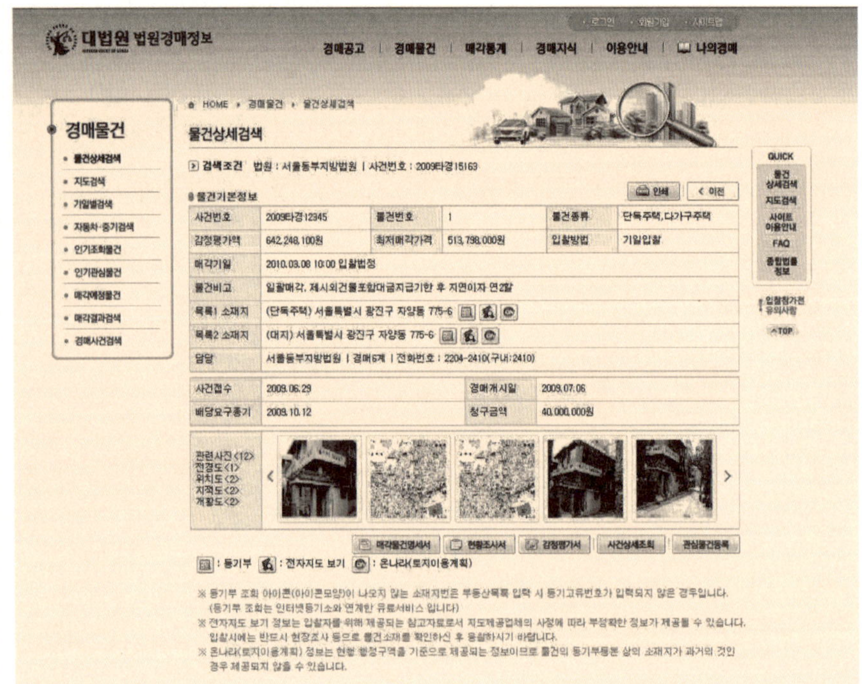

1. **사건번호** : '2009-12345'는 2009년 경매 개시가 결정된 사건으로 접수번호가 12345호인 것을 의미한다. 사건번호는 각 경매법원마다 부여된다. 사건번호를 검색하면 여러 법원의 진행사건도 검색된다.

   따라서 컨설팅을 의뢰하거나 문의를 하는 경우에는 어느 법원의 사건번호 몇 번이라는 것을 밝혀야 한다.

2. **물건번호** : 해당 매각부동산이 여러 개의 부동산과 함께 일괄 매각되는 경우에는 물건번호가 부여된다.

입찰표에는 반드시 물건번호를 기재하여야 한다.

3. **물건종류** : 단독주택, 다세대, 빌라, 아파트, 공장, 토지 등 물건의 종류가 표시된다.

4. **감정평가액** : 당해사건의 매각부동산에 대한 감정평가액을 기초로 한 첫 매각기일에 입찰에 부쳐질 최저매각대금이 표시된다.

5. **최저매각가격** : 첫 매각기일에는 감정평가액과 일치하나 유찰이 거듭되면 20-30%씩 저감된 금액으로 표시된다.

6. **입찰방법** : 기일입찰인지 기간입찰인지 알 수 있다.

7. **매각기일** : 기일입찰이나 기간입찰의 기일이 표시된다. 기일입찰인 경우 입찰에 참여하려면 지정된 일자와 시간에 입찰법정에 출석하여 입찰표와 입찰보증금을 제출하여야 한다.

8. **경매개시일** : 경매개시결정등기가 등기부에 기재된 날을 표시한다.

9. **배당요구종기** : 배당을 신청해야 채권액을 회수하는 채권자들이 법원에 배당을 신청해야 하는 최종날짜가 표시된다.

10. **청구금액** : 경매를 신청한 채권자가 매각대금에서 받고자 하는 청구금액이 표시된다.

2-1. 사건내역에 대한 이해

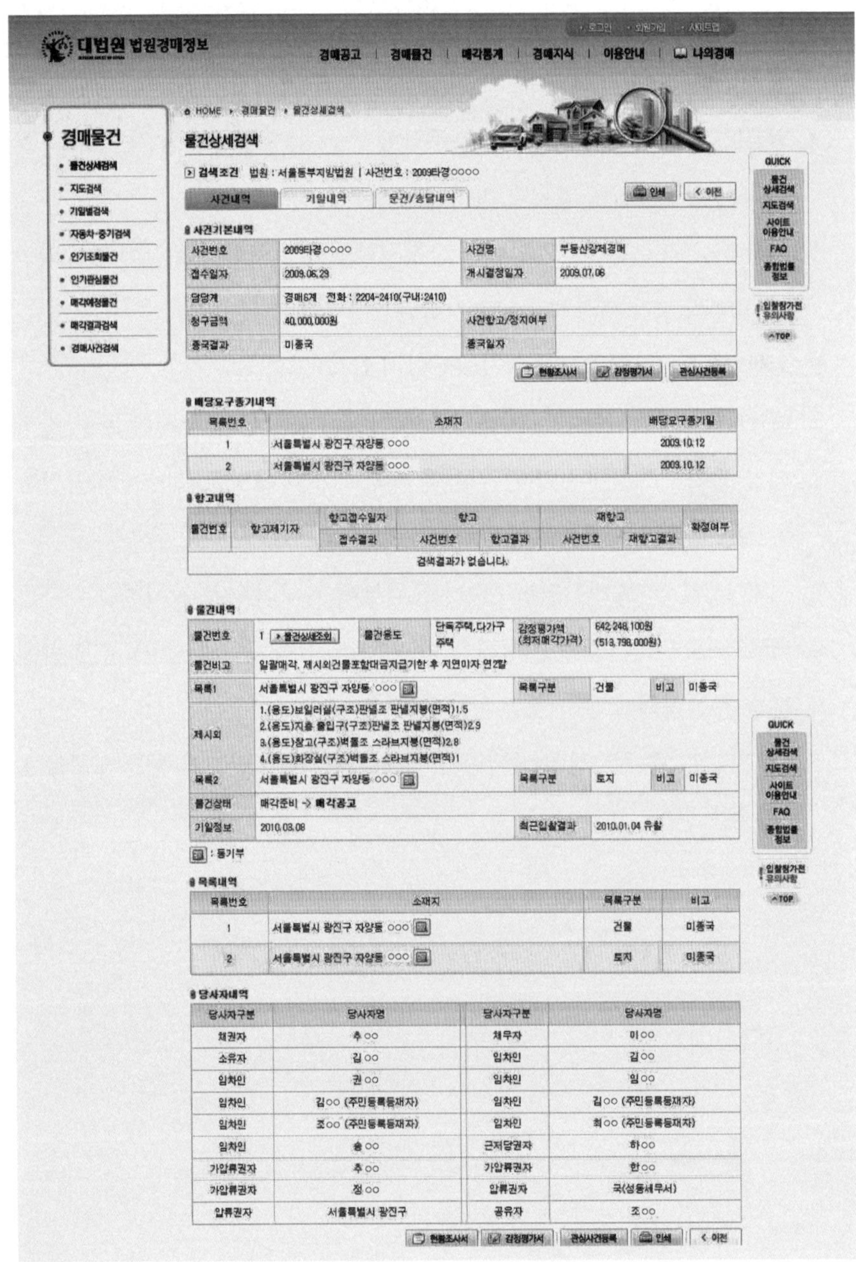

1. **사건기본내역** : 사건번호, 사건명(부동산강제경매), 접수일자, 개시결정일
   자, 담당계 연락처, 청구금액 등을 알 수 있다.

2. **배당요구종기내역** : 배당요구 종기일이 기록되어 있다.

3. **항고내역** : 항고가 있을 경우 항고제기자, 항고접수일자, 항고 및 재항고
   사건번호 및 항고결과 등을 알 수 있다.

4. **물건내역** : 물건번호, 물건용도, 감정평가액, 목록 및 목록구분, 제시 외
   물건 등의 내용이 기록되어 있으며, 현재 물건의 진행상태 및 최근입찰
   결과를 알 수 있다.

5. **목록내역** : 건물과 토지의 소재지가 기록된 목록내역이다.

6. **당사자내역** : 이해당사자인 채권자, 채무자, 소유자, 임차인, (가)압류권자
   근저당권자, 공유자 등의 내역이 명기되어 있다.

매각예정물건 검색

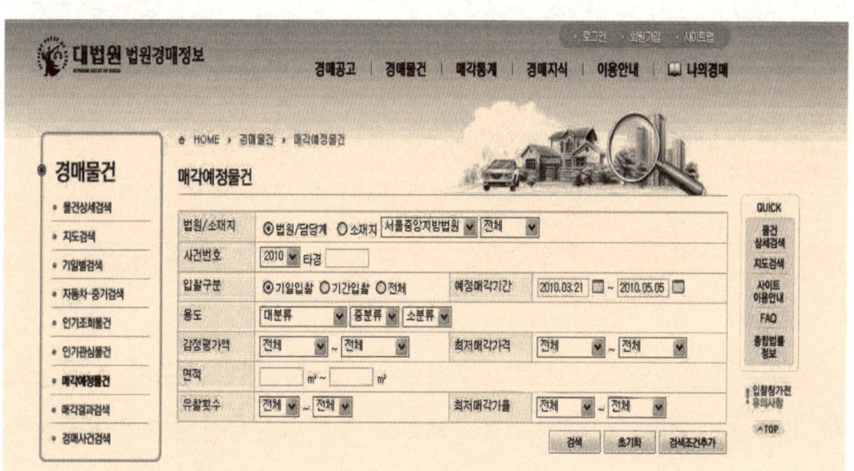

채권자에 의해 경매 신청된 물건은 경매개시결정등기가 등기부에 기재되고 현황조사 및 감정평가 등의 절차를 거쳐 4~6개월 후에 경매를 진행하게 되는데 이같이 아직 입찰공고를 하지 않고 대기 중인 경매예정물건도 법원별, 조건별 검색이 가능하다.

2-2. 매각물건명세서에 대한 이해

매각물건 명세서　　　　　　　　　　　　　　　　🖨 인쇄

사건	**2008타경** ○○○○○ 부동산임의경매 2009타경 ○○○○○ (중복)	매각물건번호	1	담임법관(사법보좌관)	서○○
작성일자	2009.12.27	최선순위 설정일자	2006.11.14. 근저당권		
부동산 및 감정평가액 최저매각가격의 표시	부동산표시목록 참조	배당요구종기	2008.11.17		

부동산의 점유자와 점유의 권원, 점유할 수 있는 기간, 차임 또는 보증금에 관한 관계인의 진술 및 임차인이 있는 경우 배당요구 여부와 그 일자, 전입신고일자 또는 사업자등록신청일자와 확정일자의 유무와 그 일자

점유자의 성명	점유부분	정보출처 구분	점유의 권원	임대차 기간 (점유기간)	보증금	차임	전입신고일자, 사업자등록신청일자	확정일자	배당요구 여부 (배당요구일자)
이○○	2층 방1칸	권리신고	주거 임차인	2008.3.30. 부터 2010.3.29. 까지	20,000,000	200,000	2008.8.20.	2008.8.20.	2009.02.20

〈 비고 〉

※ 최선순위 설정일자보다 대항요건을 먼저 갖춘 주택.상가건물 임차인의 임차보증금은 매수인에게 인수되는 경우가 발행할 수 있고, 대항력과 우선 변제권이 있는 주택.상가건물 임차인이 배당요구를 하였으나 보증금 전액에 관하여 배당을 받지 아니한 경우에는 배당받지 못한 잔액이 매수인에게 인수되게 됨을 주의하시기 바랍니다.

※ 등기된 부동산에 관한 권리 또는 가처분으로 매각허가에 의하여 그 효력이 소멸되지 아니하는 것

해당사항 없음

※ 매각허가에 의하여 설정된 것으로 보는 지상권의 개요

해당사항 없음

※ 비고란

법원은 부동산의 표시, 부동산의 점유자와 점유의 권원, 점유할 수 있는 기간, 차임 또는 보증금에 관한 관계인의 진술, 등기된 부동산에 관한 권리 또는 가처분으로서 매각으로 효력을 잃지 아니하는 것, 매각에 따라 설정된 것으로

보게 되는 지상권의 개요 등을 기재한 매각물건명세서를 작성하고, 이를 매각기일의 1주일 전까지 법원에 비치하여 누구든지 볼 수 있도록 했다. 경매에 참가하는 사람이라면 미리 알고 있어야 하는 중요한 문서로 민사집행법 제121조에 의거 매각물건명세서의 중대한 하자가 발생한 경우에는 매각허가에 대한 이의 신청사유가 된다.

실무) 1. 신문 공고, 매각물건명세서 : 공신력 있다.
　　　　(하자 ⇒ 항고, 불허가의 사유임)
　　　2. 매각물건명세서의 하자는 법원이 책임진다.

2-3. 경매정보 검색의 여러 가지 방법

경매정보 검색은 사이트별로 그 검색 위치가 다를 수 있지만 일반적으로 법원별 검색, 조건별 검색, 일자별 검색으로 대별할 수 있다.

1) 법원별 검색

법원별 검색은 전국의 지방법원과 지원별로 해당 법원에서 진행되었거나 앞으로 진행할 경매정보를 검색할 수 있다. 따라서 일정한 지역 내에서 경매정보를 검색하고 할 때에는 법원별 검색을 이용한다.

지 역	법원명	관할구역
서울지역	중앙법원	강남구, 관악구, 동작구, 서초구, 성북구, 종로구, 중구
	동부법원	강동구, 광진구, 성동구, 송파구
	서부법원	마포구, 서대문구, 용산구, 은평구
	남부법원	강서구, 구로구, 금천구, 양천구, 영등포구
	북부법원	강북구, 노원구, 도봉구, 동대문구, 중랑구
경기 서부지역	인천법원	인천광역시, 강화군, 백령도, 옹진군
	부천지원	부천시, 김포시
경기 남부지역	수원법원	과천시, 군포시, 수원시, 안양시, 오산시, 용인시, 의왕시
	성남지원	광주시, 성남시, 하남시
	안산지원	광명시, 시흥시, 안산시
	여주지원	양평군, 여주시, 이천시
	평택지원	안성시, 평택시
경기 북부지역	의정부지원	가평군, 구리시, 남양주시, 동두천시, 양주군, 연천군, 의정부시, 포천시, 철원군
	고양지원	고양시, 파주시
강원지역	춘천법원	양구군, 인제군, 홍천군, 춘천시, 화천군
	강릉지원	강릉시, 동해시, 삼척시
	속초지원	고성군, 속초시, 양양군
	영월지원	영월군, 정선군, 태백시, 평창군
	원주지원	원주시, 횡성군
청주지역	청주법원	괴산군, 보은군, 진천군, 청원군, 청주시
	영동지원	영동군, 옥천군
	제천지원	단양군, 제천시
	충주지원	음성군, 충주시

2) 조건별 검색

조건별 검색은 검색하고자 하는 조건을 입력하여 그 조건에 맞는 경매정보를 검색하는 방법으로 소재지별, 용도별, 금액별, 사건번호별, 유찰회수별, 특수물건별 검색이 가능하다.

부동산의 용도별 분류

용 도	세부용도
주거용	아파트, 주택, 근린주택, 연립, 다세대, 다가구주택, 주상복합(아파트)
업무 및 영업용	사무실, 건물, 오피스텔, 공장, 창고, 아파트상가, 점포, 상가, 근린상가, 시장, 아파트형공장, 빌딩, 목욕시설, 주상복합(상가)
동산 및 무형자산	차량, 중기, 선박, 광업권, 어업권
특수물건	주유소, 병원, 숙박, 축사, 종교시설, 염전, 양어장, 과수원
토 지	대지, 임야, 전답, 전, 답, 구거, 유지, 잡종지
특수토지	공장용지, 학교용지, 체육용지, 철도용지, 종교용지, 목장용지, 유원지 도로, 하천, 제방, 묘지
기 타	콘도, 주차장, 종교시설, 기타부동산, 대형판매시설

특수물건

유치권, 법정지상권, 재매각, 토지별도 등기, 지분매각, 예고등기, 맹지, 선순위 전세권, 선순위 가처분, 선순위 가등기, 분묘기지권 등

일자별 검색은 달력과 같이 해당 월에 요일과 일자별로 각 날짜에 경매가
진행되는 법원이 모두 표시되어 그 날짜에 입찰에 붙여지는 경매물건에 대한
정보를 법원별로 모두 검색해 볼 수 있도록 되어 있다.

경매기일표(예) (2010년 0월)

월	화	수	목	금
3 인천21계 수원4계 울산1계 대구9계	4 인천4계 여주1계 부산1계 통영2계	5 중앙21계 인천3계 평택4계 강릉3계	6 중앙7계 고양2계 부천5계 안산8계	7 인천4계 여주1계 부산1계 통영2계
10 중앙6계 서부3계 울산5계 상주2계	11 고양3계 대전8계 영동1계 상주1계	12 의정부12계 수원6계 여주2계 거창2계	13 남부8계 의정부16계 수원7계 창원10계	14 남부6계 인천15계 동부산7계 정읍3계
17 동부4계 북부2계 목포7계 제주5계	18 중앙6계 서부3계 울산5계 상주2계	19 중앙9계 인천1계 울산6계 대구1계	20 고양3계 대전8계 영동1계 상주1계	21 인천10계 수원14계 거창1계 영덕2계
24 논산3계 목포4계 남원2계 전주7계	25 중앙1계 서부4계 충주2계 영월2계	26 남부5계 의정부5계 수원9계 대구6계	27 중앙8계 서부2계 부천3계 통영3계	28 남부5계 의정부5계 수원9계 대구6계
29 수원3계 청주7계 울산8계 정읍4계	30 동부2계 남부1계 북부3계 밀양2계			

조건별 검색에서 빈번하게 검색하는 조건을 하나의 검색메뉴로 독립하여 검색할 수 있도록 한 것으로 아파트, 재개발 지역, 재건축 지역, 뉴타운지역, 역세권 검색 등이 있다.

① 아파트 검색은 소재지, 금액, 유찰회수, 면적별, 평당가격, 준공년도, 브랜드, 단지규모, 주거환경(학교, 공원 인근 등), 시세와 최저가 차액비교 등으로 검색이 가능하다.

② 뉴타운지역 검색은 소재지, 용도, 금액, 뉴타운명 등으로 검색이 가능하다.

③ 재개발, 재건축지역 검색은 소재지, 용도, 금액, 추진단계, 지구명, 동별로 검색이 가능하다.

④ 역세권 검색은 지역별, 노선별, 역명별, 용도별, 금액별 검색이 가능하다.

2-4. 경매물건의 감정평가

1) 감정평가의 대상

'감정평가' 라 함은 토지 등(동산, 부동산, 기타재산)의 경제적 가치를 판정하여 그 결과를 가액(화폐액)으로 표시하는 것을 말한다.

부동산 가격공시 및 감정평가에 관한 법 제2조 제1항에 의하면 '토지등' 이라 함은 토지 및 정착물, 동산 기타 대통령령이 정하는 재산과 이들에 관한 소유권 이외의 권리를 말한다.

① 동산

　　㉠ 일반동산(상품, 원재료, 반제품, 제품, 재공품, 생산품 및 기타 동산)

　　㉡ 유가증권(상장 및 비상장주식, 채권)

② 부동산

　　㉠ 단일부동산[토지(28개 지목), 건물, 등기된 입목, 농작물(판례)]

　　㉡ 복합부동산(토지와 건물, 임지와 입목)

　　㉢ 의제(준)부동산 : 의제부동산이란 준부동산이라고도 하며, 그 재화의 성격 면에서 볼 때에는 동산과 부동산의 집합으로 구성되어 객관적으로 볼 때에는 부동산으로 볼 수 없다. 그러나 그것이 경제사회에서 점하고 있는 가치가 크기 때문에 하나의 부동산으로 간주하여 경제가치가 큰 부동산과 같은 제도적 장치에 의해 관리하는 것이 보다 가치 있고 능률적이며 바람직한 사회현상을 구현할 수 있다고 생각되는 것이다. 자동차, 건설기계, 선박, 항공기 및 공장재단과 광업재단 등을 말하며 권리의 이전이나 취득에 있어 등기 또는 등록을 필요로 한다.

　　일반적으로 협의의 부동산이라 함은 단일부동산과 복합부동산을 말하나 광의로는 의제부동산까지 부동산으로 본다.

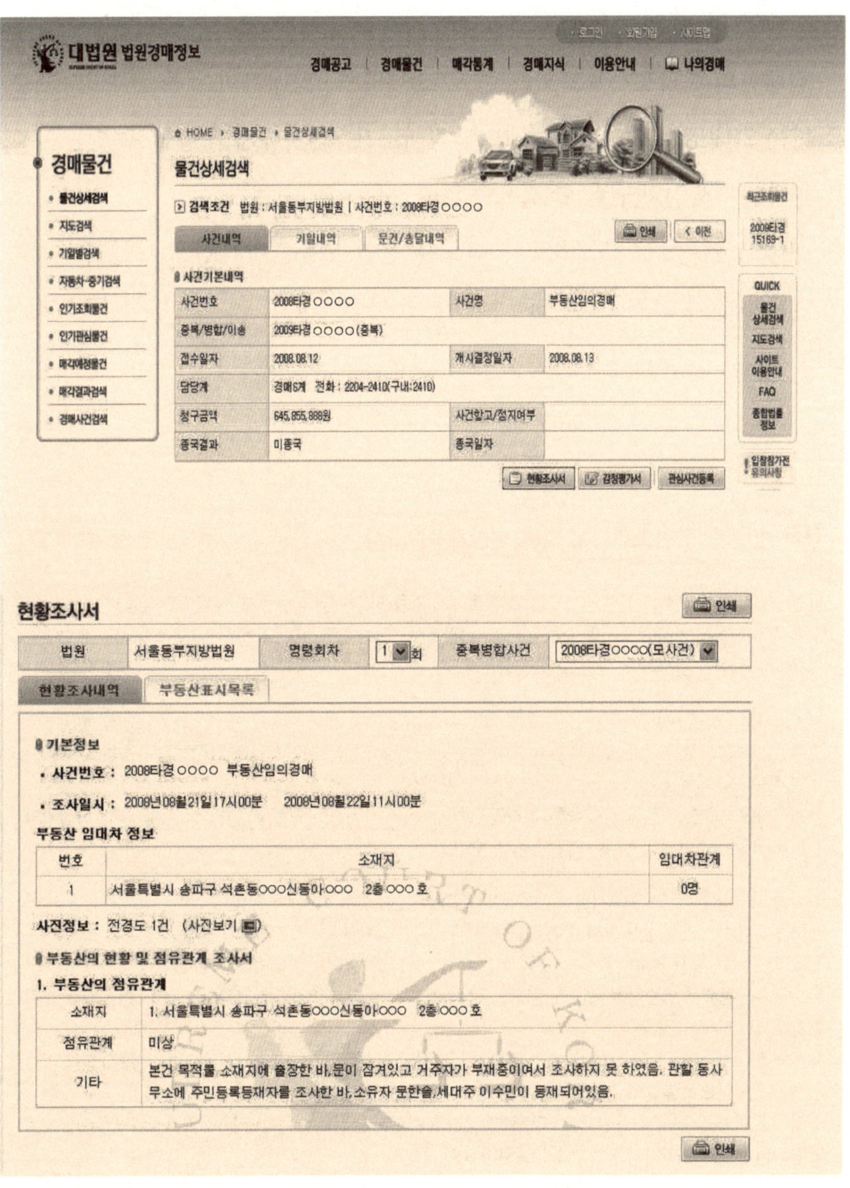

현황조사서에서 얻을 수 있는 경매정보는 어느 정도 신뢰성이 있는가?

집행관의 현황조사보고서는 현실로 존재하는 임대차의 실체(관계인의 진술)를 있는 그대로 보고하면 족하고 그 임대차가 제3자에게 대항할 수 있는지 여부에 대한 법률적 판단을 할 필요는 없다.

부동산 현황조사보고서를 참고로 응찰 부동산에 대한 정보를 수집하는 데 단서를 찾아 그것으로부터 정확한 조사를 하여 응찰여부를 결정해야 한다.

---

tip 집행관의 현황조사에 따른 현황조사보고서

법원은 경매개시결정을 한 후 지체 없이 집행관에게 부동산의 현상, 점유관계, 차임 또는 임대차 보증금의 수액 기타 현황에 관하여 조사할 것을 명한다. 현황조사보고는 집행관이 그 조사내용을 집행법원에 보고하기 위하여 작성한 문서이다.

현황조사보고서를 통하여
▷부동산이 현상 및 점유관계에 대한 사항(부동산의 위치 및 현상, 부동산의 내부 구조 및 사용용도, 부동산의 점유자와 점유근원)
▷임대차에 속하는 사항(임차목적물, 임차인, 보증금, 임대차기간, 주민등록 전입 여부 및 일자, 확정일자인을 받았는지 여부 및 그 일자 등) 등을 알 수 있다.

하지만 법원의 현황조사보고서를 그대로 믿고 입찰에 참여했다간 낭패를 당할 수 있다. 특히 집행관이 작성하는 임대차 조사는 완벽하지 않아 선순위 임차인이 누락되거나 전입신고일이 잘못된 경우가 발생할 수도 있다. 특히 "임차관계미상" "동사무소확인 안됨" 등 다소 불명확한 내용이 기록돼 있다면 반드시 동사무소의 주민등록을 열람하여 세입자 문제를 세심하게 따져본 뒤 입찰참가를 결정하는 것이 좋다.
현황조사보고서는 공신력이 인정되지 않으므로 사실과 다르다고 해서 법원에 그 책임을 물 수 없다. 집행관의 임대차현황조사와 사실이 부합하지 않은 경우 낙찰 주택의 인도과정에서 예기치 못한 대항력 있는 임차인의 출현으로 불측의 손해를 입게 되는 경우가 발생할 수 있다.
그러므로 현황조사보고서 등은 참고자료로 활용하고 반드시 현장을 방문하고 동사무소에 가서 주민등록을 열람하여 전입자를 파악하고 입찰에 참여하여야 한다.

2-6. 토지이용계획 정보의 확인

토지이용계획의 자세한 내용은 토지이용규제정보서비스 사이트(http://
luris.mltm.go.kr/)에서 확인 할 수 있다. 메인 화면에서 상단의 토지이용계획을
선택, 토지이용계획열람 화면에서 원하는 주소를 택하여 열람하면 해당 토지
의 이용계획을 확인할 수 있다.

토지이용규제정보사이트에서【토지이용계획】→【토지이용계획열람】

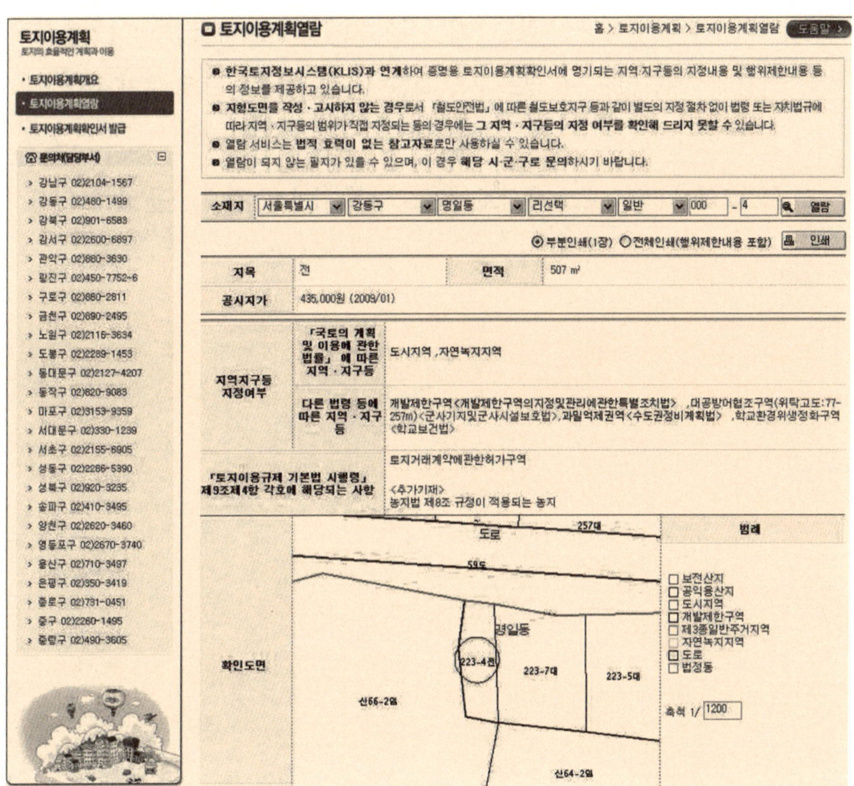

1) **지목** : 해당토지의 쓰임새를 알 수 있다.

2) **면적** : 해당토지의 면적을 알 수 있다

3) **공시지가** : 해당토지의 공시지가를 알 수 있다.

4) **지역 · 지구 등 지정여부** : 「국토의 계획 및 이용에 관한 법률」 등에 의하여 지정된 용도지역, 용도지구, 용도구역을 알 수 있는 곳으로 토지이용계획확인서에서 가장 중요한 부분이다.

5) **토지이용규제 기본법 시행령 제9조 제4항 각 호에 해당되는 사항** : 토지거래허가구역이나 그 밖에 나라에서 일반 국민에게 알리려는 내용 기재, 위 사례는 특별한 내용이 없는 '해당사항 없음' 상태이다. 토지이용계획확인서에 '해당없음' 이 많을수록 제한이 없다는 뜻이므로 투자가치가 높을 수 있다.

6) **확인도면** : 대략적으로 해당토지의 모양과 위치 및 경계 등을 알 수 있다.

<table>
<tr><td colspan="5" align="center">토 지 이 용 계 획 확 인 (신 청) 서</td><td colspan="2">처리기간
1일</td></tr>
<tr><td>신청인</td><td>성 명</td><td colspan="2">주 소</td><td>우</td><td colspan="2">(전화:)</td></tr>
<tr><td rowspan="2">대
상
지</td><td colspan="3" align="center">토 지 소 재 지</td><td rowspan="2">지 번</td><td rowspan="2">지 목</td><td rowspan="2">면 적(㎡)</td></tr>
<tr><td>시·군·구</td><td>읍·면</td><td>리·동</td></tr>
<tr><td></td><td></td><td></td><td></td><td></td><td></td><td></td></tr>
</table>

<table>
<tr>
<td rowspan="20">확

인

내

용</td>
<td rowspan="8">1</td>
<td rowspan="8">도시관리
계획</td>
<td>용 도 지 역</td>
<td colspan="2">(제1종전용·제2종전용·제1종일반·제2종일반·제3종일반·준)주거지역
(중심·일반·근린·유통)상업지역
(전용·일반·준)공업지역
(보전·생산·자연)녹지지역
(보전·생산·계획)관리지역
농림지역
자연환경보전지역</td>
</tr>
<tr>
<td>용 도 지 구</td>
<td colspan="2">(자연·수변·시가지)경관지구
(중심지·역사문화·일반)미관지구
고도지구(m 이상·이하 또는   층 이상·이하)
방화지구·방재지구
(문화자원·중요시설물·생태계)보존지구
(학교·공용·항만·공항)시설보호지구
(자연·집단)취락지구
(주거·산업·유통·관광휴양·복합)개발진흥지구
특정용도제한지구
아파트지구, 위락지구, 리모델링지구
기타(   )</td>
</tr>
<tr>
<td>용 도 구 역</td>
<td colspan="2">개발제한구역, 시가화조정구역, 수산자원보호구역</td>
</tr>
<tr>
<td>도시계획시설</td>
<td colspan="2">도로·공원·기타(   )</td>
</tr>
<tr>
<td>지구단위계획구역</td>
<td colspan="2">(제1종, 제2종)지구단위계획구역
건폐율( ), 용적률( ), 층수( ), 건축물용도( ) (자세한 사항 별도
확인 :   과)</td>
</tr>
<tr>
<td>기 타</td>
<td colspan="2">개발밀도관리구역, 기반시설부담구역, 개발행위허가제한지역,
도시개발구역, 재개발구역, 도시계획입안사항</td>
</tr>
<tr><td colspan="4"></td></tr>
<tr><td colspan="4"></td></tr>
<tr><td>2</td><td>군사시설</td><td colspan="2">군사시설보호구역·해군기지구역·군용항공기지구역(비행안전구역, 기지보호구역)</td><td>해당없음</td></tr>
<tr><td>3</td><td>농 지</td><td colspan="2">농업(진흥·보호)구역</td><td>해당없음</td></tr>
<tr><td>4</td><td>산 림</td><td colspan="2">보전산지(임업·공익)</td><td>해당없음</td></tr>
<tr><td>5</td><td>자연공원</td><td colspan="2">공원구역·공원보호구역</td><td>해당없음</td></tr>
<tr><td>6</td><td>수 도</td><td colspan="2">상수원보호구역·수질보전특별대책지역·수변구역</td><td>해당없음</td></tr>
<tr><td>7</td><td>하 천</td><td colspan="2">하천구역·하천예정지·연안구역·댐건설예정지역</td><td>해당없음</td></tr>
<tr><td>8</td><td>문 화 재</td><td colspan="2">문화재·문화재보호구역</td><td>해당없음</td></tr>
<tr><td>9</td><td>전원개발</td><td colspan="2">전원개발사업구역(발전소·변전소)·전원개발사업예정구역</td><td>해당없음</td></tr>
<tr><td>10</td><td>토지거래</td><td colspan="2">허가구역</td><td>해당없음</td></tr>
<tr><td>11</td><td>개발사업</td><td colspan="2">택지개발예정지구, (국가·지방·농공)산업단지</td><td>해당없음</td></tr>
<tr><td>12</td><td>기 타</td><td colspan="2"></td><td>해당없음</td></tr>
</table>

<table>
<tr><td>국토의계획및이용에관한법률 제132조제1항의 규정에 의하여 귀하의 신청토지에
대한 현재의 토지이용계획사항을 위와 같이 확인합니다.

 년   월   일

시장·군수·구청장 ㊞ </td><td>수 수 료

지방자치단
체의 조례로
정함</td></tr>
</table>

3. 매각 실시

3-1. 매각(입찰)기일의 지정 및 변경

1) 매각조건

경매의 목적부동산을 경락인에게 취득시키기 위한 조건이다. 경매도 일종의 매매라 할 수 있지만 통상의 매매에서는 그 조건을 당사자가 자유로이 정할 수 있는 반면, 강제경매는 소유자의 의사에 반하여 행해지고 이해관계인도 많으므로 법은 매각조건을 획일적으로 정하고 있다.

법원이 경매부동산을 매각하여 그 소유권을 낙찰인에게 이전시키는 조건을 말한다. 다시 말해 경매의 성립과 효력에 관한 조건이다. 매각조건에는 법원에서 경매로 팔 때에는 법에서 정한 매각조건과 법원에서 임의로 정하는 특별매각조건이 있다.

법정매각조건이란 부동산상의 권리의 인수, 소멸원칙, 최저경매가격결정, 보증금의 비율, 대금납부시기, 소유권의 취득시기 등 민사소송법에서 정한 일반적인 조건과 절차를 말한다.

① 이해관계인의 합의에 의한 경우:

최저매각가격 외의 법정매각조건은 이해관계인 전원의 합의에 의해 변경 할 수 있다.

② 사법보좌관의 직권에 의한 경우:

거래의 실정을 반영하거나 매각절차를 효율적으로 진행하기 위해 필요한 경우, 사법보좌관은 배당요구의 종기까지 매각조건을 바꾸거나 새로운 매각조건을 설정할 수 있다.

특별매각조건이란 이해관계인 간의 합의나 법원의 직권에 의해 변경하는 조건으로 재경매시에 입찰보증금을 20%로 한다든지 대금미납부 시 연체 이자를 20%(민사소송법에 정해진 이자는 5%이다)로 한다든지 농지취득 자격증명이 필요하거나 지상에 경매대상물건 이외의 건물이 있다든지 하는 경우에 이러한 조건을 말한다.

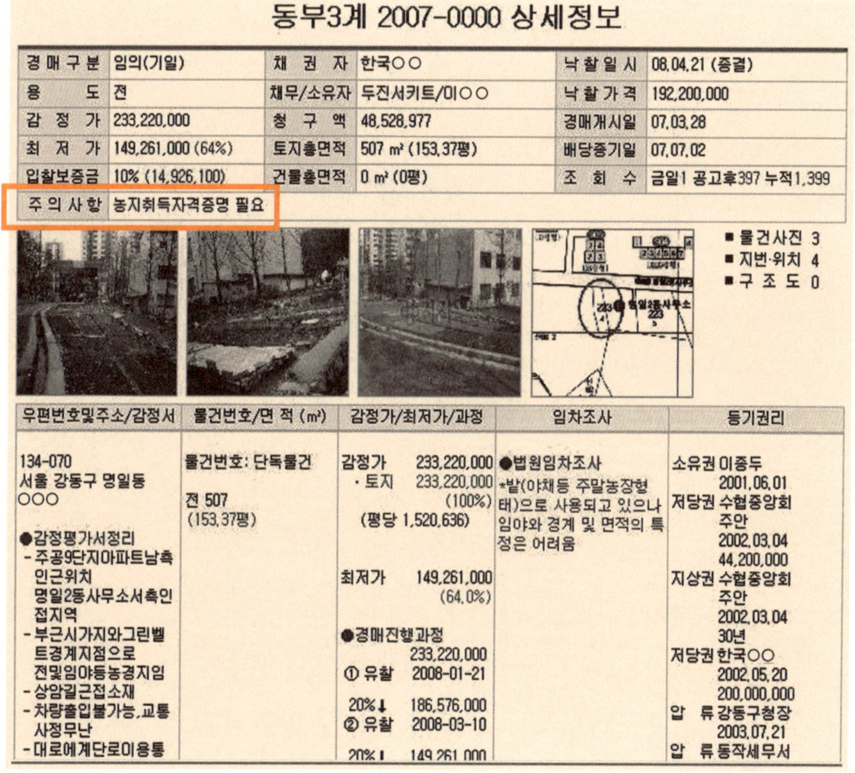

동부3계 2007-0000 상세정보

경매구분	임의(기일)	채 권 자	한국○○	낙 찰 일 시	08.04.21 (종결)
용 도	전	채무/소유자	두진서키트/이○○	낙 찰 가 격	192,200,000
감 정 가	233,220,000	청 구 액	48,528,977	경매개시일	07.03.28
최 저 가	149,261,000 (64%)	토지총면적	507 ㎡ (153.37평)	배당종기일	07.07.02
입찰보증금	10% (14,926,100)	건물총면적	0 ㎡ (0평)	조 회 수	금일1 공고후397 누적1,399
주 의 사 항	농지취득자격증명 필요				

■ 물건사진 3
■ 지번·위치 4
■ 구 조 도 0

우편번호및주소/감정서	물건번호/면 적 (㎡)	감정가/최저가/과정	임차조사	등기권리
134-070 서울 강동구 명일동 ○○○ ●감정평가서정리 - 주공9단지아파트남측 인근위치 명일2동사무소서측인 접지역 - 부근시가지와그린벨트경계지점으로 전및임야등농경지임 - 상암길근접소재 - 차량출입불가능,교통사정무난 - 대로에계단로이용통	물건번호: 단독물건 전 507 (153.37평)	감정가　233,220,000 ·토지　233,220,000 　　　　　(100%) (평당 1,520,636) 최저가　149,261,000 　　　　　(64.0%) ●경매진행과정 　　　233,220,000 ① 유찰　2008-01-21 20%↓　186,576,000 ② 유찰　2008-03-10 20%↓　149,261,000	●법원임차조사 *밭(야채등 주말농장형태)으로 사용되고 있으나 임야와 경계 및 면적의 특정은 어려움	소유권 이종두 2001.06.01 저당권 수협중앙회 주안 2002.03.04 44,200,000 지상권 수협중앙회 주안 2002.03.04 30년 저당권한국○○ 2002.05.20 200,000,000 압 류 강동구청장 2003.07.21 압 류 동작세무서

농 지 취 득 자 격 증 명

농지취득자 (신청인)	성 명		주민등록번호	
	주 소			
	연락처		주민등록번호	

취득농지의 표지	농지소재지		지 목	면 적(㎡)

증명발급 또는 신청서 반려	증명발급
신청서 반려사유	
취 득 목 적	증명발급

귀하의 농지취득자격증명 신청에 대하여 농지법 제 8조 및 동법 시행령 제 10조 제 2항의 규정에 의거 위와 같이 농지취득자격증명을 발급합니다.

년   월   일

시장 · 구청장 · 읍장 · 면장

〈유의사항〉
○ 귀하께서 당해 농지의 취득과 관련하여 허위 기타 부정한 방법에 의하여 이 증명서를 발급받은 사실이 판명되면 농지법 제 61조의 규정에 따라 3년 이하의 징역이나 1천만 원 이하의 벌금에 처해질 수 있습니다.
○ 귀하께서 취득한 당해 농지를 취득목적대로 이용하지 아니 할 경우에는 농지법 제 11조 제 1항 및 제 6조의 규정에 따라 당해 농지의 처분명령 및 이행강제금이 부과될 수 있습니다.

· 농지취득자격증명 발급절차(처리기간 : 접수일로부터 4일)

신청 : 농지취득자격 증명을 발급 받고자 하는 자는 신청서와 농업경영계획서를 작성하여 당해 농지
　　　의 소재지를 관할하는 시 · 구 · 읍 · 면장에게 발급 신청(주말 · 체험영농 목적은 농업경영계
　　　획서를 작성하지 않음)

첨부 서류

▷ 농지취득자격증명신청서
▷ 농업경영계획서[농지를 농업경영목적으로 취득하는 경우에 한함]
▷ 법인인 경우 법인 등기부등본
▷ 농지취득인정서(법 제6조 제2항 제2호의 규정에 해당하는 경우)

실무) 농취증 발급 가능 여부를 사전에 확인하라(시 · 군 · 구 · 읍 · 면사무소 - 담당계)

▷ 발급요건, 신청자격과 그 외의 조건이 적격한 것으로 예측되고, 발급 가능한 사유일것으로 예상되
　더라도 해당기관에 공식적인 의견문의서(질의서) 제출을 통해 발급가능여부를 재확인하는 것도
　있어서는 안된다. 간혹 당연히 발급 가능할 것으로 예상된 물건에 대해서도 발급 불가가 되어 입
　찰보증금을 날릴 수 있기 때문이다. 그 외에도 토지를 취득할 때 에는 주의를 기울여야 하는데 원
　하는 물건을 낙찰 받았다 하더라도 예상치 못한 법률규제 또는 지차체 권한 사항으로 인하여 특정
　구역에 포함되어 제약사항에 저촉되어 최초 계획한대로 사업추진을 할 수가 없어 곤란을 겪을 수
　있기 때문이다.

농지매매증명 발급기준에 대하여 당시 법령에 그 확인 기준에 대한 명확한 규정은 없다. 1988. 11. 3 농지개혁법 제51조의 개정으로 농지취득 시

· 농지소재지에 전세대원주민등록이전 및 실제 6개월 이상 거주 요건 명문화 됨

· 농업인에게 농지를 분배한 농지개혁의 목적에 따라 매수인이 자경이 가능한지 여부

· 농지소유상한인 30,000㎡ 초과 여부

· 농지소재지와 매수인의 거주지가 동작이 가능한 거리인 20km이내 여부, 등을 확인하여 적합한 경우에 발급하도록 하였다.

※토지거래허가구역에서 매매, 판결, 공매인 경우는 토지거래허가 대상이다(농지취득자격증명을 발급 받지 않음).

- 면적에 따른 발급요건

▷1,000㎡ 이상 : 농업경영목적으로 농지를 취득하고자 할 때, 공유로 취득하고자 할 때에도 각각의 지분은 1,000㎡ 이상이어야 함

▷1,000㎡ 이하 : 농업인이 아닌 개인이 주말, 체험농장으로 운영 하고자 할 때

▷330㎡ 이상 : 비닐하우스를 운영하고자 할 때

- 신청자격

▷농업인 또는 농업인이 되고자 하는 자

▷농업법인

▷초중등교육법 및 고등교육법에 의한 학교 및 규칙 별표1에 규정된 공공단체 등(농림부장 관으로부터 농지취득인정서를 발급받은 경우)

▷주말 · 체험영농을 하고자 하는 농업인이 아닌 개인

▷농지전용허가를 받거나 농지전용신고를 한 자(당해 농지를 취득하는 경우에 한함)

▷농업기반공사 및 농지관리기금법 제24조 제2항의 규정에 의한 농지의 개발사업지구 안에서 농업기반 공사가 개발하여 매도하는 다음 각 목의 1에 해당하는 농지를 취득 하는 자

　⇒ 도 · 농간의 교류촉진을 위한 1천 500㎡ 미만의 농원부지

　⇒ 농어촌관광휴양지에 포함된 1천 500㎡ 미만의 농지

▷한계농지등의 정비사업시행자로부터 1천 500㎡ 미만의 농지를 분양받는 자

농지취득자격증명신청서

농지취득자격증명신청서		처리기간	접수*	. . .제 호
		5일	처리*	. . .제 호

농지 취득자 (신청인)	①성명 (명칭)		②주민등록번호 (법인등록번호)		⑥취득자의 신분			
	③주소	시 도 시·군	구 읍·면 리	동 번지	농업인	신규 영농	법인등	주말체 험영농
	④연락처		⑤전화 ⑪농지구분					

취득 농지의 표시	⑦소재지			⑧지번	⑨지목	⑩면적 (㎡)	진흥 구역	보호 지역	진흥 지역밖
	시·군	구·읍·면	리·동						

⑫취득원인						
⑬취득목적	농업경영		농지전용	시험·연 구·실습 용등		주말 체험영농

확인방법 : 항목별로 확인결과를 기재하고 기명날인합니다.

농지법 제8조 제2항 및 동법시행령 제10조 제1항의 규정에 의하여

위와 같이 농지취득자증명의 발급을 신청합니다.

년   월   일

농지취득자(신청인)   서명(인)

시장·구청장·읍장·면장귀하

	수수료
구비서류 1. 주민등록등본(농지의 소재지와 거주지가 다른 경우에 한하고, 법인의 경우에는 법인등기부 등본을 말한다). 2. 별지 제 2호 서식의 농지취득인정서(법 제6조 제2항 제2호의 규정에 해당하는 경우에 한한다). 3. 별지 제 6호 서식의 농업경영계획서(농지를 농업경영 목적으로 취득하는 경우에 한한다). 4. 농지임대차계약서 또는 농지사용대차계약서(농업경영을 하지 아니하는 자가 취득하고자 하는 농지의 면적이 영 제10조2항 제5호 각목의 1에 해당하지 아니하는 경우에 한한다). 5. 농지전용허가(다른법률에 의하여 농지전용허가가 의제되는 인가 또는 승인 등을 포함한다)를 받거나 농지전용신고를 한 사실을 입증하는 서류(농지를 전용 목적으로 취득하는 경우에 한한다).	300원

2) 매각기일(입찰기일) 및 매각결정기일의 지정

매각기일이 지정이 되면 법원은 이를 공고한다. 법원이 목적부동산에 대하여 실제 매각을 실행하는 날로 매각할 시각, 매각할 장소 등과 함께 매각기일 14일 이전에 법원게시판에 게시함과 동시에 일간신문에 공고할 수 있다. 또한 집행법원은 매각기일지정과 동시에 매각결정기일을 지정·공고한다. 매각결정기일은 일반적으로 매각기일로부터 7일 후로 결정 된다. 매각기일과 매각결정기일의 지정은 원칙적으로 입찰을 실시할 때마다 해야 하나, 3~4회 정도의 기일을 일괄 지정할 수도 있다.

3) 매각기일 및 매각결정기일 통지

법원이 매각기일과 매각결정기일을 지정하면 이를 이해관계인에게 통지하는 절차를 말한다. 위 통지는 집행기록에 표시된 이해관계인의 주소에 등기우편으로 발송하여 할 수 있다.

※이해관계인으로서 통지를 받지 못했다면 이의신청 할 수 있는 사유가 될 수 있고, 기타 이해 관계인으로 경매절차상의 하자를 이유로 이의신청을 할 수 있다.

다음(이해관계인 여부 판결사례)과 같이 통지를 받기 위해서는 집행관의 현황조사의 결과 임차인으로 조사·보고되어 있는지 여부와는 관계없이 스스로 집행법원에 권리를 증명하여 신고하지 아니한 이상 이해관계인이 될 수 없다.

4) 매각기일의 변경

지정된 매각기일 및 입찰기간 등은 법원이 필요하다고 인정할 경우에는 변경(연기)할 수 있다.

또 매각기일의 지정은 법원이 재량으로 하는 것이나, 신청채권자 또는 채무자가 신청채권자의 동의서를 첨부하여 변제에 관한 협의가 진행 중이라는 등의 사유로 매각기일의 변경(연기)을 신청하는 경우에는 2회 정도(법원이나 경매계에 따른 차이가 있을 수 있음)에 한하여 이를 허용하는 것이 보통이다.

□ 이해관계인 여부 판결 사례

【판시사항】

집행관의 현황조사보고서에 임대차관계가 누락되고 경매법원으로부터 경매절차 진행사실을 통지받지 못한 주택임대차보호법상의 대항요건을 갖춘 임차인이 낙찰허가결정 이후에 권리신고를 한 경우, 낙찰허가결정에 대하여 즉시항고를 제기할 수 있는 이해관계인에 해당하는지 여부(소극)

【결정요지】

민사소송법 제607조 제4호 소정의 이해관계인이라고 하여 경락허가결정이나 낙찰허가결정에 대하여 즉시항고를 제기하기 위해서는 경락허가결정이나 낙찰허가결정이 있을 때까지 그러한 사실을 증명하여야 하고, 경락허가결정이나 낙찰허가결정이 있은 후에 그에 대하여 즉시항고를 하면서 그러한 사실을 증명한 자는 그 제4호 소정의 이해관계인이라고 할 수 없으므로 그 즉시항고는 부적법한 바, 주택임대차보호법상의 대항요건을 갖춘 임차인이 경매 목적 부동산 위의 권리자라고 하더라도 그러한 사실만으로 당연히 이해관계인이 되는 것이 아니고 경매법원에 스스로 그 권리를 증명하여 신

3-2. 기일입찰표의 작성

1) 입찰기일

민사집행법은 부동산의 매각을 다음 세 가지 방법으로 하도록 규정하고 있다.

① 매각기일에 하는 호가경매

② 매각기일에 입찰 및 개찰하는 기일입찰

③ 입찰 기간 내에 입찰하게 하여 매각기일에 개찰하는 기간입찰

입찰은 통상 기일입찰과 기간입찰 등 두 가지 방법으로 실시된다. 기일입찰은 매각기일에 매수희망자가 입찰가격을 기재한 입찰표를 제출하면 개찰을 하여 최고 입찰가격을 기재한 입찰자를 최고가매수신고인으로 결정한다.

① 진행여부 확인

입찰 당일 응찰하기 전에 대법원이 운영하는 법원경매사이트(www. courtauction.go.kr)로 접속하면 대한민국 모든 법원에서 진행되고 있는 경매사건에 관해 실시간으로 상세한 정보를 무료로 제공받을 수 있다. 즉 경매부동산의 진행 여부를 확인할 수 있으며 취하, 취소, 연기되었을 경우에는 법원에 갈 필요가 없는 것이다.

② 당일 진행 확인

오전 10시에 경매 입찰법정이 문이 열리면 우선 입찰법정 게시판에서 해당 경매물건의 사건번호를 확인하여 진행여부(변경, 연기, 취하 등)를 알아본 뒤 입찰에 응한다.

③ 입찰시 준비물

구 분	내 용
개인이 입찰에 직접참여시	1. 신분증(주민등록증 또는 운전면허증) 2. 도장 3. 입찰보증금
대리인이 입찰참여시	1. 대리인 신분증(주민등록증 또는 운전면허증) 2. 대리인 도장 3. 위임장(인감날인) 4. 인감증명서 5. 입찰보증금
법인인 경우 (법인소유로 응찰할 경우)	1. 대리인 신분증(주민등록증 또는 운전면허증) 2. 대리인 도장 3. 위임장(인감날인) 4. 인감증명(법인인감), 인감도장 5. 법인등기부등본 6. 입찰보증금
공동 입찰시	1. 공동입찰자 전원의 신분증, 도장 2. 입찰보증금 3. 공동입찰허가원(법정에서 무료배부) 4. 공동입찰자목록(법정에서 무료배부)

④ 입찰안내 방송 청취

집행관이 입찰을 실시하기 전, 또는 도중에 입찰절차에 대한 안내를 방송으로 하게 된다. 모든 법정의 공통사항으로 처음 응찰하는 경우에만 이용하고 나머지 시간은 자료를 계속해서 분석하는 것이 좋다.

⑤ 입찰기록 최종 확인

경매 집행관이 경매개시 선언과 함께 물건명세서를 열람할 수 있는데 초보자는 이때 무엇을 체크해야 하는지 우왕좌왕하게 되는 경우가 많다. 이때 반드시 확인해야 하는 것은 다음과 같다.

첫　째, 채무자와 보증인에게 적법하게 송달되었는가?

둘　째, 신고 된 선순위 채권금액은 얼마인가?

셋　째, 선순위 임차인의 채권액 및 배당신청여부는?

넷　째, 조세채권(일반국세)이 배당요구를 했는가?

다섯째, 선순위 임차인의 전입일은 정확한가? 등이다.

또한 채무자가 채무 일부를 변제하였는지 여부, 제3자가 대위변제하여 채권의 순위변동이 있는지를 등기부등본과 대위권리신고서 등을 살펴서 권리변동 여부를 살펴봐야 한다. 그러나 응찰에서 너무나 중요한 권리분석의 기초판단 자료가 되는 위의 사항들을 현재의 민사집행법하에서는 상세기록을 열람시키지 않고 있다. 규정을 고쳐서라도 낙찰자들이 사전에 확인하고 난 후에 응찰할 수 있도록 하여야 한다고 본다.

⑥ 입찰표 작성 및 투입

㉠ 입찰표의 기재

마음에 드는 부동산을 경매 받으려면 경매 당일 경매법정에 가서 자신이 마음먹은 경매물건의 가격을 써 넣어야 한다. 이때 가격을 써 넣는 용지를 입찰표라고 부른다. 입찰표는 입찰법정에 비치되어 있다.

법원은 부동산 매수희망자들이 제출한 입찰표를 근거로 부동산의 새 주인을 선정하게 되므로 입찰표 작성에는 세심한 주의가 요구된다.

ⓐ 사건번호 : 사건번호는 당일 경매에 붙여지는 수백 건의 물건 중 자신이 응찰하고자 하는 물건을 특정하는 것이므로 꼭 기재해야 한다.

ⓑ 물건번호 : 물건번호는 하나의 경매사건에서 2개 이상의 물건을 개별적으로 입찰에 부친 경우에 각 물건을 특정하는 것이다. 따라서 입찰사건목록 또는 입찰공고에 물건번호가 별도로 기재되어 있는 경우에는 사건번호 외에 응찰하고자 하는 물건의 번호도 반드시 기재해야 한다. 물건번호가 없는 경우에는 기재하지 않는다.

ⓒ 입찰자 및 대리인의 인적사항 : 입찰자가 법인인 경우에는 본인의 성명란에 법인의 이름과 대표자의 지위 및 성명을, 주민등록번호란에는 법인의 등록번호를 기재한다. 주소는 주민등록상의 주소를, 법인은 등기부상의 본점 소재지를 기재한다. 대리인이 입찰하는 때에는 입찰자란에 본인 및 대리인의 인적사항을 모두 기재한다. 다만, 날인은 대리인의 도장만 날인하면 된다. 날인란에는 반드시 도장을 날인해야 한다. 무인(손도장)은 인정되지 않는다.

ⓓ 입찰가액 및 보증금액 : 입찰가액은 법원이 공고한 최저입찰가액 이상이어야 한다. 보증금액은 원칙적으로 입찰가액의 1/10이다. 다만, 입찰공고문에 '보증금 2할' 이라고 기재 된 사건은 입찰가액의 2/10에 해당하는 보증금액을 기재해야 한다. 이때 안내방송에서도 누차 설명하고 있듯 다른 사항과 달리 금액은 정정하면 무효가 되므로 금액을 잘못기재 했을 경우는 새로운 입찰용지에 처음부터 다시

ⓔ 보증금반환란 : 금액기재란 밑의 보증금반환란은 입찰에서 떨어진 사람이 보증금을 돌려받을 때 영수증 대신 기재하는 것이므로 미리 기재하면 안 된다.

ⓕ 기재장소 : 입찰표의 기재는 입찰법정 안의 입찰표기재대를 이용하는 게 좋다. 이곳에는 칸막이가 되어 있어 입찰표 기재의 비밀을 유지할 수 있을 뿐만 아니라, 입찰표 및 입찰봉투의 견본, 필기도구, 풀, 호치키스 등이 비치되어 있어 실수를 줄일 수 있기 때문이다.

ⓖ 주의사항 : 입찰표는 응찰하고자 하는 물건마다 1장의 용지를 사용하여야 한다. 1장의 입찰표에 수개의 사건번호나 물건번호를 기재하면 무효로 처리된다. 일단 제출된 입찰표는 취소, 변경이나 교환이 불가능하다. 입찰개시 후 약 1시간이 경과하는 11시 10분까지 입찰서류를 작성해 투찰함에 넣어야 한다. 하지만 관할법원 집행관의 요구 및 입찰당일사정에 따라 투찰마감시간이 달라질 수 있다.

기 일 입 찰 표

서울 중앙 지방법원 집행관 귀하		입찰기일	2010년 3월 15일

사건번호	2007타경 *****호	물건번호	1

<table>
<tr><td rowspan="5">입찰자</td><td rowspan="3">본인</td><td>성 명</td><td colspan="2">박 승 일 ㉑</td><td></td><td></td></tr>
<tr><td>주민등록번호</td><td colspan="2">721204-*******</td><td>전화번호</td><td>572-****</td></tr>
<tr><td>주 소</td><td colspan="4">서울 강남구 도곡동 000번지</td></tr>
<tr><td rowspan="2">대리인</td><td>성 명</td><td colspan="2">이 호 중 ㉑</td><td>전화번호</td><td>535-****</td></tr>
<tr><td>주 소</td><td colspan="4">서울 강남구 대치동 000번지</td></tr>
</table>

입찰 가격	천 억	백 억	십 억	억	천 만	백 만	십 만	만	천	백	십	일		보증 금액	백 억	십 억	억	천 만	백 만	십 만	만	천	백	십	일	
				2	3	1	0	0	0	0	0	0	원					2	1	0	0	0	0	0	0	원

보증의 제공방법	□ 현금·자기앞수표 □ 보증서	보증금을 반환받았습니다. 입찰자:　　　　㉑

(주의사항)

1. 입찰표는 물건마다 별도의 용지를 사용하십시오. 다만 일괄입찰시에는 1매의 용지를 사용하십시오.
2. 한 사건에서 여러 개의 물건을 개별적으로 입찰하는 경우에는 사건번호 외에 물건 번호를 기재하십시오.
3. 입찰자가 법인인 경우에는 본인의 성명 란에 법인의 이름과 대표자의 지위 및 성명을, 주민등록번호란 에는 법인의 사업자등록번호를 기재하고 대표자의 자격을 증명하는 문서를 제출하여야 합니다.
4. 주소는 주민등록상의 주소를, 법인은 등기부상의 본점소재지를 기재하시고, 신분확인 상 필요하니 꼭 주민등록을 지참하십시오.
5. 금액의 기재는 수정할 수 없으므로 수정을 원할 경우에는 새 용지를 사용하십시오.
6. 대리인이 입찰할 때에는 입찰자란에 본인 및 대리인의 인적사항은 모두 기재하는 외에 본인의 위임장과 인감증명을 제출하십시오(다만 날인은 대리인의 도장만 하면 됨).
7. 위임장, 인감증명 및 자격증명서(법인의 등기부 등, 초본)는 이 입찰표에 첨부하십시오.
8. 일단 제출된 입찰표는 취소, 변경이나 교환이 불가능합니다.
9. 공동으로 입찰하는 경우에는 공동입찰신고서를 입찰표와 함께 제출하고, 입찰표 본인 란에는 '별첨 공동입찰자목록 기재와 같음' 이라고 기재한 다음, 입찰표와 공동 입찰신고서사이에는 공동입찰자 전원이 간인하십시오.
10. 입찰자 본인 또는 대리인 누구나 입찰보증금을 반환받을 수 있습니다.
11. 보증의 제공방법(현금·자기앞수표 또는 보증서)중 하나를 선택하여 □ 표를 기재 하십시오.

위 임 장

대리인	성 명		직업	
	주민등록번호	–	전화번호	
	주 소			

위 사람을 대리인으로 정하고 다음 사항을 위임함.

다   음

지방법원   타경   호 부동산

경매사건에 관한 입찰행위 일체

본인1	성 명	(인감인)	직 업	
	주민등록번호	–	전 화 번 호	
	주 소			
본인2	성 명	(인감인)	직 업	
	주민등록번호	–	전 화 번 호	
	주 소			
본인3	성 명	(인감인)	직 업	
	주민등록번호	–	전 화 번 호	
	주 소			

* 본인의 인감 증명서 첨부
* 본인이 법인인 경우에는 주민등록번호 란에 사업자등록번호를 기재

○○지방법원 귀중

흰색 작은 봉투

(앞면)

서울지방법원

입 찰 보 증 금 봉 투

사건번호	2007타경*****호
물건번호	1
제 출 자	박 승 일 ㉑

(뒷면)

㉑   ㉑   ㉑

1. 입찰보증금을 넣고 봉한 후 날인의 표시가 있는
   부분에 꼭 날인하시기 바랍니다.
2. 입찰표와 함께 입찰봉투(황색 큰 봉투)에 넣으십시오.

（앞면）

입찰자용 수취증

주의: 이 부분을 잘 보관하다가 보증금을
반환받을 때 제출하십시오.
분실 시에는 보증금을 반환받지 못할
수가 있으니 주의하십시오.

서울민사지방법원(연결번호　번)

집행관　㊞　　절　　　취　　　선

[ ]　←　봉투를 반으로 접어서 이곳을 호치키스로 찍으십시오.　→　[ ]
서울지방법원(연결번호　　　　번)

접　　　는　　　선

입

찰

접　　는　　선

사　건 번　호	2007타경*****호
물　건 번　호	1
제출자 성　명	박 승 일

봉

투

1. 입찰보증금봉투와 입찰표를 넣고 봉하십시오.

2. 입찰자용 수취증의 절취선에 집행관의 날인을 받으십시오.

3. 사건번호를 타인이 볼 수 없도록 접어서 입찰함에 넣으십시오.

경매부동산을 매수할 의사로 매수신고를 할 때 통상 매수신고가격(민사집행법의 적용을 받는 사건은 최저매각가격)의 10분의 1에 해당하는 현금 또는 유가증권을 집행관에게 보관시킨 사람이다. 매수신고인은 다시 다른 고가의 매수허가가 있을 때까지 그 신고한 가격에 구속을 받고 매수신고를 철회할 수가 없다.

실무) 매수신고인이 결정된 이후 이해관계인으로 취급받게 되어 민사집행사건기록을 열람할 수 있으므로 반드시 잔금결제 전에 열람하여 경매물건 처리에 대한 좋은 단서를 알아보자.

구 분	비 교
매각기일 이후	최고가 매수신고인
매각결정기일 이후	매수인
대금지급 이후	소유자

3-3. 차순위 매수신고인에 대한 이해

최고가 매수신고인 이외의 입찰자 중 최고가 매수신고액에서 보증금을 공제한 액수보다 높은 가격으로 응찰한 사람은 차순위 매수신고를 할 수 있다. 차순위 매수신고를 하게 되면 매수인은 매각대금을 납부하기 전까지는 보증금을 반환받지 못한다.

그 대신 최고가 매수신고인에 국한된 사유로 그에 대한 매각이 불허 되거나 매각이 허가되더라도 그가 매각대금 지급의무를 이행하지 아니할 경우 다시 매각을 실시하지 않고 집행법원으로부터 매각 허부의 결정을 받을 수 있는 지위에 있는 자이다.

3-4. 공유자 우선매수청구에 대한 이해

공유물지분의 경매에 있어서 채무자 아닌 다른 공유자는 매각기일까지, 최저매각가격의 10분의 1에 해당하는 금원을 보증으로 제공하고 최고매수신고가격과 같은 가격으로 채무자의 지분을 우선 매수하겠다는 신고를 할 수 있다. 이러한 다른 공유자의 권리를 우선매수권이라고 한다. 이 경우에 법원은 다른 사람의 최고가매수신고가 있더라도 우선매수를 신고한 공유자에게 매각을 허가하여야 한다.

이때 최고가매수신고인은 원할 경우 차순위매수신고인의 지위를 부여 받을 수 있다.

공유자의 지분우선 매수신고서

사건번호

채 권 자

　　　ㅇ시 ㅇ구 ㅇ동 ㅇ번지

소유자(공유자)

　　　ㅇ시 ㅇ구 ㅇ동 ㅇ번지

　위 사건에 관하여 공유자는 다음과 같이 민사집행법 제140조에 따라서 공유자지분우선매수권행사 신고를 합니다.

다　　음

1. 우선매수신고대상 매각목적물

ㅇㅇ지방법원　　타경　호 부동산강제(임의)경매사건의 목적물 번호 제 번 토지 시 　구 　동 　번지 대 　㎡ 위 토지에 대한 지분

2. 위　항 목적물에 대하여 공유자　　은 위 목적물에 대한(지분 %의) 공유자인 바, 최고매수신고가격과 동일한 가격으로 우선 매수할 것을 신고합니다.

3. 보증의 선제공에 관하여 최고매수신고가격을 금　　　원으로 예상하고 민사소송법에 따라서 보증금으로 그 가격의 분의 에 해당하는 금　　　원의 현금 또는 자기앞수표를 집행관에게　년 월 일 보관하였습니다.

첨 부 서 류

1. 집행관보증금보관영수증　　　1통
1. 등기부등본　　　　　　　　　1통
1. 주민등록표등본　　　　　　　1통(공유자의 것)

년　　월　　일

우선매수신고인 공유자　　　　　(인)

연락처(☎)

지방법원　　　　　　귀중

☞유의사항

공유자는 매각기일까지 신고할 수 있습니다.

청주1계 2007-00000[2] 상세정보

경매구분	강제(기일)	채 권 자	정리금융공사	낙 찰 일 시	08.03.19 (종결)
용 도	답	채무/소유자	이○○/이○○외3	낙 찰 가 격	26,777,000
감 정 가	32,760,000	청 구 액	173,820,935	경매개시일	07.07.02
최 저 가	26,208,000 (80%)	토지총면적	546 m² (165.16평)	배당종기일	07.10.04
입찰보증금	10% (2,620,800)	건물총면적	0 m² (0평)	조 회 수	금일1 공고후196 누적196
주 의 사 항	· 지분경매 · 농지취득자격증명요함				

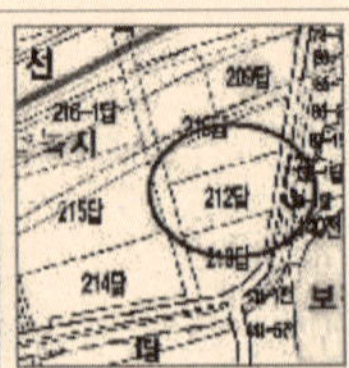

- 물건사진 2
- 지번·위치 2
- 구 조 도 0

우편번호및주소/감정서	물건번호/면 적 (m²)	감정가/최저가/과정	임차조사	등기권리
361-460 충북 청주시 흥덕구 평동○○○ ●감정평가서정리 - 평동마을남서측인근 - 경지정리된답이주를이룬시가지변경지정리지대 - 차량통행및접근가능 - 대체로사다리형평지 - 동측6m도로접함 - 생산녹지지역,토지거래허가구역 - 비행안전구역(제3구역) 07.10.30 표준공시지가 : 30,000 감정지가 : 60,000	물건번호 : 2번 (총물건수 5건) 2)답 546/2182 (165.16평) (1/4 이○○지분) 농취증필요	감정가 32,760,000 최저가 26,208,000 (80.0%) ●경매진행과정 32,760,000 ① 유찰 2008-02-12 20%↓ 26,208,000 ② 낙찰 2008-03-19 26,777,000 (81.7%) - 응찰 : 1명 - 낙찰자:박○○ 종결 2008-09-12	●법원임차조사 *제시외5번 목록 지상에(반남박씨 현감공파 대종중 소유, 임차인 박○○점유), 소유자 이○○을 만날 수 없어 점유관계 확인 할 수 없음.6-7번목록은소유자들이 공동으로점유함	강 제정리금융공사 2007.07.03 열람일자 : 2008.01.29 *평동 212 등기

4. 매각결정기일 및 매각허가결정

1) 매각결정기일(낙찰기일)

입찰을 한 법정에서 최고가 입찰자에 대하여 낙찰허가 여부를 결정하는 날로 입찰법정에서 선고한 후 법원게시판에 공고만 할 뿐 낙찰자, 채권자, 채무자, 기타 이해관계인에게 개별적으로 통보하지 않는다(입찰 기일로부터 통상 7일 이내).

2) 매각허가결정(낙찰허가결정)

매각허가결정이 선고된 후 1주일 내에 이해관계인이(낙찰자, 채무자, 소유자, 임차인, 근저당권자 등) 항고하지 않으면 낙찰허가결정이 확정된다. 그러면 낙찰자는 법원이 통지하는 대금납부기일에 낙찰대금(보증금을 공제한 잔액)을 납부하여야 한다. 대금납부기일은 통상 낙찰허가결정이 확정된 날로부터 1개월 이내로 지정한다.

제90조(경매절차의 이해관계인)
경매절차의 이해관계인은 다음 각 호의 사람으로 한다.
① 압류채권자와 집행력 있는 정본에 의하여 배당을 요구한 채권자
② 채무자 및 소유자
③ 등기부에 기입된 부동산 위의 권리자
④ 부동산 위의 권리자로서 그 권리를 증명한 사람

5. 매각허가에 대한 즉시항고

매각허가결정에 대하여 항고를 하고자 하는 모든 사람은 보증으로 매각대금의 10분의 1에 해당하는 금전 또는 법원이 인정한 유가증권을 공탁하여야 한다. 이것이 항고보증금인데, 이를 제공하지 아니한 때에는 원심법원이 항고장을 각하하게 된다.

채무자나 소유자가 한 항고가 기각된 때에는 보증으로 제공한 금전이나 유가증권을 전액 몰수하여 배당할 금액에 포함하여 배당하게 된다. 그 이외의 사람이 제기한 항고가 기각된 때에는, 보증으로 제공된 금원의 범위 내에서, 매각허가결정에 대하여 항고를 하고자 하는 모든 사람은 보증으로 매각대금의 10분의 1(낙찰자가 써낸 돈의 10%인 '낙찰 대금' 의 10%)에 해당하는 금전 또는 법원이 인정한 유가증권을 공탁하여야 한다(민사집행법 제130조 제3항). 이것이 항고보증금인데, 이를 제공하지 아니한 때에는 원심 법원이 항고장을 각하하게 된다(동조 제4항).

채무자나 소유자가 한 항고가 기각된 때에는 보증으로 제공한 금전이나 유가증권을 전액몰수하여 배당할 금액에 포함하여 배당하게 된다. 그 이외의 사람이 제기한 항고가 기각된 때에는, 보증으로 제공된 금원의 범위 내에서, 항고를 한 날부터 항고기각결정이 확정된 날까지는 연 20%에 해당하는 금액에 대하여는 돌려받을 수 없다(동조 제6항, 제7항).

※입찰 보증금은 이미 정해져 있는 '최저가(최저 매각 가격)의 10%' 인 것과 비교 하여 알아 둘 필요가 있다.

6. 최고가매각불허가결정

입찰일 최고가 매수신고인에 대하여 1주일 후 법원에서 최종 최고가매각결정을 하게 되는데, 이 때 아래와 같은 여러 사유 중 하나가 될 때는 법원에서 최고가 매각 불허가 결정을 하고, 다시 입찰하게 된다.

  1) 최고가 입찰 신청인이 매수 능력이 없는 경우

  2) 최고가 입찰 신청인이 타인의 매수 신청을 방해한 경우

  3) 강제집행을 허가할 수 없거나 집행을 속행할 수 없는 경우

  4) 경매기일 공고가 법률 규정에 위반된 경우

  5) 법률상 매각조건에 위반하여 매수하거나 이해관계인의 합의 없이 법률상 매각조건을 변경한 경우

  6) 최저 경매가의 결정, 물건명세서 작성의 중대한 하자가 있는 경우

  7) 매수가격의 신고를 독촉한 후 1시간을 경과하지 않고 경매을 종결하거나 최고가 매수신고인과 차순위 입찰신고인 선정에 문제가 있는 경우

  8) 매수 가격의 1/10에 해당하는 매수 신청 보증금을 받지 않고 최고가 입찰 신고인을 정한 경우

7. 새매각과 재매각의 차이, 그리고 저감율

1) 새매각(신경매)

① 의의 : 새매각이란 적법한 경매절차를 통하여 입찰에 부쳐졌으나 매수인이 결정되지 않은 경우에 새로운 매각기일을 지정하여 다시 경매를 실시

하는 경우에 이를 새매각이 한다.

② 새매각 가격 : 새매각(신경매)은 보통 약 한달 후에 전 회의 최저 감정가격에서 20~30% 저감된 가격으로 다시 경매가 시작된다.

새매각의 특징은 저감율이 적용되어 종전 입찰가격보다 낮아진 가격으로 다시 경매를 시작한다는 데 있다.

③ 새매각 사유

㉠ 매수신고가 없는 경우 즉 응찰자가 없어 유찰된 경우

㉡ 이의에 의하여 매각이 불허된 경우

㉢ 경매목적물의 훼손에 의한 매각 불허 · 취소된 경우

2) 재매각(재경매)

① 의의 : 매수인이 대금납부일까지 잔대금을 납부하지 않고 차순위 신고도 없는 경우' 법원의 직권으로 다시 실시하는 경매를 재매각이라 한다.

② 재매각 가격 : 앞서 실시한 경매를 동일조건으로 다시 실시하는 것이므로 재매각의 경우 최저 경매가격과 기타 매각조건은 이전 경매와 같다. 즉, 저감이 되지 않는다. 재매각의 특징은 경매가격은 저감되지 않으나 입찰보증금이 20-30% 이다

3) 저감율

1회 유찰시마다 직전 최저경매가 대비 감가되는 비율을 저감율이라 한다.

최저경매가격은 무한정 저감되는 것이 아니고 잉여주의 원칙에 의하여 경매 신청채권자보다 선순위 채권자들의 채권합계액을 하한선으로 한다.

중앙7계 2008-00000 상세정보

경매구분	임의(기일)	채 권 자	하나은행	경매일시	종결물건
용 도	아파트	채무/소유자	안○○	다음예정	종결(종결)
감 정 가	3,300,000,000	청 구 액	508,042,736	경매개시일	08.07.03
최 저 가	2,112,000,000 (64%)	토지총면적	111 ㎡ (33.58평)	배당종기일	08.09.05
입찰보증금	20% (422,400,000)	건물총면적	200 ㎡ (60.5평)[66평형]	조 회 수	금일1 공고후322 누적2,927
주의사항	·재매각물건				

■ 물건사진 12
■ 지번·위치 2
■ 구 조 도 2

우편번호및주소/감정서	물건번호/면적 (㎡)	감정가/최저가/과정	임차조사	등기권리
135-280 서울 강남구 대치동 503 우성○동 ○층 ○○호 ●감정평가서정리 - 대치초등교서측인근 - 인근아파트와근린시 설,양재천과학고등 소재 - 차량접근가능,제반교 통여건양호 - 중앙난방시설에의한 난방 - 등고평탄한거의부정 형토지 - 등고평탄한거의부정 형토지 - 사방으로차량통행가 능 - 북서측남부순환로접 합 - 3종일반주거지역 - 지구단위계획구역 - 대공방어협조구역 - 상대정화구역,절대정 화구역 08.07.11 재우감정	물건번호: 단독물건 대지 111.11/51768.6 (33.61평) 건물 200.29 (60.59평) 방6 15층-83.12.27보존 ●현장보고서 열람 GO	감정가 3,300,000,000 · 대지 990,000,000 (30%) (평당 29,481,834) · 건물 2,310,000,000 (70%) (평당 38,181,818) 최저가 2,112,000,000 (64.0%) ●경매진행과정 3,300,000,000 ⑰ 유찰 2008-10-02 3,300,000,000 ① 유찰 2008-10-02 20%↓ 2,640,000,000 ② 유찰 2008-11-06 20%↓ 2,112,000,000 ③ 낙찰 2008-12-11 2,455,000,000 (74.4%) - 응찰 : 3명 - 낙찰자:홍○○ 허가 2008-12-18 대납 2009-03-26 종결 2009-04-02	●법원임차조사 장병애 전입 2001.02.26 배당 2008.07.30 (보) 1,000,000,000 점유 2005.12.10- 전세권자 *소유자점유,2회 방문하 였으나 폐문부재이고방문 한 취지 및 연락처를 남겼 으나 아무런 연락이 없으 므로 주민등록 전입된 세 대만 임차인으로 보고 -------------------- 총보증금:1,000,000,000 총보증금:1,000,000,000 ●지지옥션세대조사 전입 1988.08.22 안○○ 전입 2001.02.26 장○○ 동사무소확인:08.09.22	저당권 하나은행 대치동 1996.06.01 650,000,000 소유권 안○○ 1996.10.25 압 류 강남구 2000.03.07 가압류 삼삼종합금융 2000.06.07 1,000,000,000 저당권 안○○ 조 ○○외1 2006.08.28 1,500,000,000 2006.08.28 1,500,000,000 전세권 장○○ 2006.08.28 1,000,000,000 존속기 간:2008.12.10 압 류 삼성세무서 2008.03.21 임 의 하나은행 2008.07.03 *청구액:508,042,736원 등기부채권총액 4,150,000,000원 열람일자 : 2008.07.16

1. 매각대금의 납부

매각기일에 최고가매수인으로 선정된 1주일 후 매각이 결정되고, 즉시항고
기간 7일이 경과하거나 항고기각판결이 나면 매각허가가 확정된다. 매각허가
확정일 다음날, 법원에서는 매각결정일로부터 1개월 기간으로 대금지급기한
을 정하여 낙찰자에게 이 기한까지 매각대금을 납부하도록 대금지급기한통지
서를 보낸다.

예를 들어 2월 1일이 매각기일이면 2월 8일이 매각결정기일, 2월 15일이 매
각확정일, 2월 16일~3월 18일을 대금납부기한으로 정하여 대금지급기한통지
서를 발송한다.

매각허가확정일 이후 법원해당경매계를 찾아가 납부해도 된다.

매각허가확정일 이후 법원해당경매계 직접 납부

1) 담당 경매계를 찾아가서 '법원보관금 납부명령서' 를 받는다.
2) 법원 내 은행에 가서 이 명령서와 함께 매각대금을 납부하고 법원보관금영수증서(납부자용)와 법원보관금영수필통지서(법원제출용)를 받는다. 납부할 때 은행이나 법원에 따라 '법원보관금 납부서' 를 작성하기도 한다.
3) 매각대금완납증명원을 2부 작성한다. 하나는 제출용이고, 다른 하나는 교부용이다. 제출용은 매각대금완납증명원, 매각부동산의 목록, 은행에서 받은 법원보관금영수필통지서(법원제출용)의 순서로 배열하여 철하고, 매각대금완납증명원에는 500원 인지 1매를 붙인다. 교부용은 매각대금완납 증명원, 매각부동산의 목록을 철한다.
4) 이와 같이 2부를 작성하여 경매계에 제출하면, 경매계장은 '위사실을 증명합니다' 라는 도장을 찍어 1부를 교부해 주는데, 이것이 '매각 대금 완납증명서' 이다.

매각 대금 납입 신청서

매각 대금 납입 신청서

사건번호　　타경　　　호
채 권 자
채 무 자
소 유 자
매 수 인

　위 사건에 관하여 매수인은　　년　월　　일에 대금지급기일 지정을 받았으나 사정에 의하여 지정일에 납입하지 못하였으므로 다음과 같이 매수잔대금, 지연이자 및 진행된 경매절차의 비용을 합산하여 대급납입을 신청합니다.

매수금액 :
보 증 금 :
잔 대 금 :
지연이자 : (잔대금×경과일수/365×25%)

년　월　일

매수인　　　　　　　　(인)
연락처(☎)

지방법원　　　　　　귀중

매각대금완납증명원

<table>
<tr><td>사 건　타경　　호</td><td style="border:1px solid black; text-align:center;">수입인지
500원</td></tr>
</table>

채 권 자

채 무 자

소 유 자

매 수 인

　위 사건의 별지목록기재 부동산을 금　　　　원에 낙찰 받아　．　．　．에 그 대금전
액을 납부하였음을 증명하여 주시기 바랍니다.

년　월　일

매수인　　　　　　　（인）

연락처(☎)

지방법원　　　　　　　귀중

☞유의사항

1) 매각부동산 목록을 첨부합니다.

2) 2부를 작성합니다(원본에 500원 인지를 붙임).

　　낙찰자는 배당받을 채권자의 승낙이 있을 경우 낙찰대금한도 내에서 낙찰
대금납부 대신 채무인수가 가능하며, 배당받을 채권자가 동시에 낙찰자인 경
우에는 본인 수령 배당액과 낙찰대금 배당액에서 상계할 수 있다.

　　다만, 채권자와 낙찰자가 동일한 경우 상계신청은 매각허가기일 끝날 때까

<**〈청주 6계 2008-00000 청주 상당구 물건, 세입자 낙찰 후 상계 신청〉**>

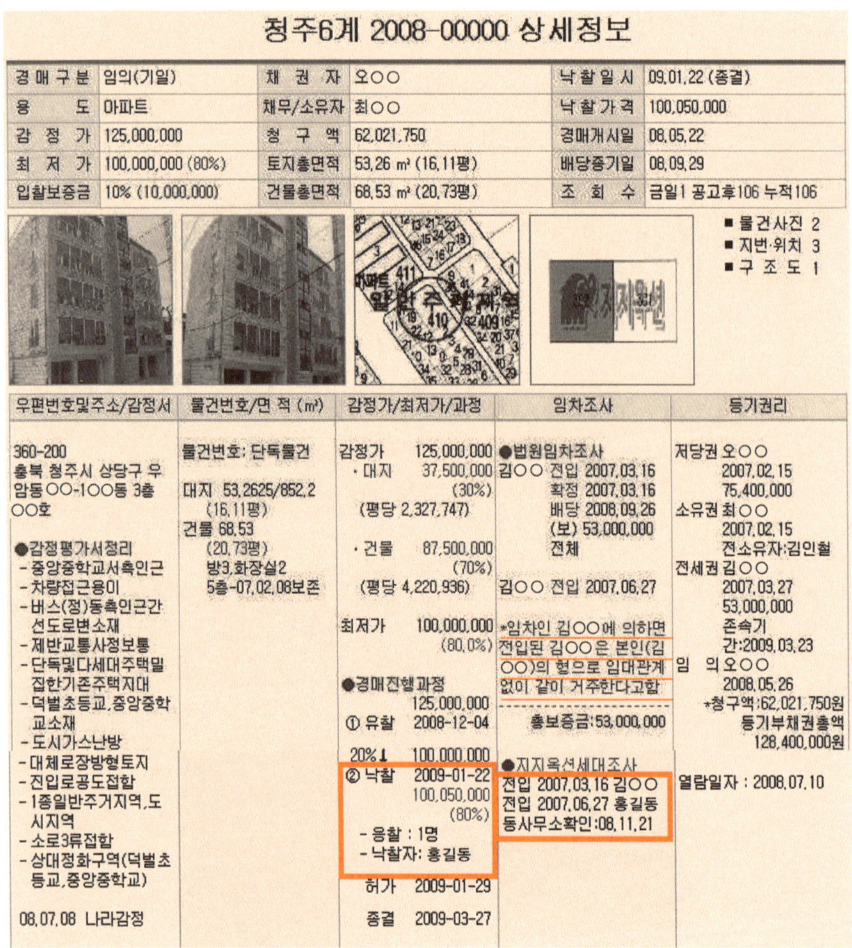

청주6계 2008-00000 상세정보

경매구분	임의(기일)	채권자	오○○	낙찰일시	09.01.22 (종결)
용 도	아파트	채무/소유자	최○○	낙찰가격	100,050,000
감정가	125,000,000	청구액	62,021,750	경매개시일	08.05.22
최저가	100,000,000 (80%)	토지총면적	53.26 m² (16.11평)	배당종기일	08.09.29
입찰보증금	10% (10,000,000)	건물총면적	68.53 m² (20.73평)	조회수	금일1 공고후106 누적106

■ 물건사진 2
■ 지번·위치 3
■ 구조도 1

우편번호및주소/감정서	물건번호/면적(m²)	감정가/최저가/과정	임차조사	등기권리
360-200 충북 청주시 상당구 우암동○○-100동 3층 ○○호 ●감정평가서정리 - 중앙중학교서측인근 - 차량접근용이 - 버스(정)동측인근간선도로변소재 - 제반교통사정보통 - 단독및다세대주택밀집한기존주택지대 - 덕벌초등교,중앙중학교소재 - 도시가스난방 - 대체로장방형토지 - 진입로공도접합 - 1종일반주거지역,도시지역 - 소로3류접합 - 상대정화구역(덕벌초등교,중앙중학교) 08.07.08 나라감정	물건번호: 단독물건 대지 53.2625/852.2 (16.11평) 건물 68.53 (20.73평) 방3,화장실2 5층-07,02,08보존	감정가 125,000,000 ·대지 37,500,000 (30%) (평당 2,327,747) ·건물 87,500,000 (70%) (평당 4,220,936) 최저가 100,000,000 (80.0%) ●경매진행과정 125,000,000 ① 유찰 2008-12-04 20%↓ 100,000,000 ② 낙찰 2009-01-22 100,050,000 (80%) - 응찰 : 1명 - 낙찰자: 홍길동 허가 2009-01-29 종결 2009-03-27	●법원임차조사 김○○ 전입 2007.03.16 확정 2007.03.16 배당 2008.09.26 (보) 53,000,000 전체 김○○ 전입 2007.06.27 *임차인 김○○에 의하면 전입된 김○○은 본인(김○○)의 형으로 임대관계 없이 같이 거주한다고함 ------------------------ 총보증금:53,000,000 ●지지옥션세대조사 전입 2007.03.16 김○○ 전입 2007.06.27 홍길동 동사무소확인:08.11.21	저당권 오○○ 2007.02.15 75,400,000 소유권 최○○ 2007.02.15 전소유자:김인철 전세권 김○○ 2007.03.27 53,000,000 존속기 간:2009.03.23 임 의 오○○ 2008.05.26 *청구액:62,021,750원 등기부채권총액 128,400,000원 열람일자 : 2008.07.10

채권상계신청서

사건번호　　타경　　　호
채 권 자
채 무 자

　위 사건에 관하여 매수인이 납부할 매각대금을 민사집행법 제143조 제2항에 의하여 매수인이 채권자로서 배당받을 금액한도로 상계하여 주시기 바랍니다.

년　　월　　일

매수인 겸 채권자　　　　　　　　(인)
연락처(☎)

지방법원　　귀중

☞유의사항

1) 채권자가 매수인인 경우에 그 채권의 배당액이 매입대금을 지급함에 충분한 때에는 매입대금의 상계로 채권이 소멸될 수 있습니다.
2) 이미 배당기일이 정해져 있는 경우에는 상계신청으로 인하여 배당기일은 새로 지정될 수 있습니다.

지 법원에 신고하여야 한다. 낙찰대금액이 배당액보다 클 경우 상계한 잔액을 현금으로 납부해야 한다. 채무인수 또는 상계를 위하여 미리(가능하면 대금 납부기일이 지정되기 전에 하는 것이 좋음) 법원에 신청서를 제출하여야 한다.

낙찰자는 낙찰대금을 완납한 때에 권리를 확정적으로 취득하게 된다. 이에 따라 차순위입찰신고인은 낙찰자 대금납부 후 즉시 보증금을 반환받을 수 있다. 만약 낙찰자가 지정된 대금 지급기한까지 낙찰대금을 지급하지 않고, 차순위 매수(입찰)신고인이 있을 경우 법원은 차순위 매수(입찰)신고인에 대한 낙찰 허부를 결정하게 된다.

차순위 매수(입찰)신고인에 대하여 낙찰허가 결정이 내려진 때에는 종전 낙찰자는 입찰보증금의 반환을 청구하지 못하며 입찰보증금은 배당에 포함된다. 차순위입찰신고인에 대한 낙찰기일을 다시 지정하여 낙찰허가결정을 하고, 대금지급기일을 지정하게 되는데 새로 정해진 대금지급기일에도 대금납부를 하지 않으면 재입찰을 하게 된다.

2. 배당 및 소유권이전등기촉탁

법원은 미리 작성한 배당표 원안을 배당기일에 출석한 이해관계인과 배당요구 채권자에게 열람시켜 의견을 듣고, 즉시 조사할 수 있는 증거서류를 조사한 다음 배당표원안에 추가/정정하여 배당표를 완성, 확정한다. 낙찰자의 대금완납으로 낙찰 부동산에 대한 소유권을 낙찰자가 취득하므로, 등기와 말소비용을 낙찰자가 부담하여, 주민등록등본, 등록세 영수필통지서 및 영수필확인

서, 국민주택채권매입필증 등 첨부서류가 제출되었을 때 법원은 소유권이전
등기를 촉탁하게 된다.

경매배당의 우선순위

순위	배당채권	근거법령
1	강제집행에 필요한 비용(경매수수료 등) 제3취득자의 비용상환청구권	민사집행법 제53조 민법 제3367조
2	주택임대차보호법상 소액보증금 중 일정범위 상가건물임대차보호법상 소액보증금 중 일정범위 근로기준법에서 정한 최종 3월분의 임금과 최종 3년간의 퇴직금, 재해보상금	주택임대차보호법 제8조 상가건물임대차보호법 제14조 근로기준법 제37조
3	국세 및 지방세 중 경매 부동산에 대하여 부과된 국세와 가산금 및 지방세와 가산금	국세기본법 지방세법 제31조
4	우선변제권을 갖춘 채권(저당권, 주택임대차보호법상 우선변제권 등) : 채권 상호간의 우선순위에 따라 배당	민사집행법 제92조 외
5	근로기준법에 의한 임금 · 퇴직금 · 재해보상금 기타 근로관계로 인한 채권	근로기준법 제37조
6	국세 및 지방세	국세기본법 제35조, 지방세법 제31조
7	국민건강보호법에 의한 건강보험료와 징수금 국민연금법에 의한 연금보험료와 징수금 산업재해보상보험법에 의한 보험료와 징수금	국민건강보험법 제73조 국민연금법 제81조 산업재해보상보험법 제76조
8	우선변제권이 인정되지 않는 일반채권	민사집행법 제91조 외

출처 : 강병기, 김학환, 이창석 공저 《부동산거래사고사례 및 분석과 예방》 형설출판사, 2002, p236

(경매 ○계)   낙찰에 의한 등기촉탁신청서
(○○○○타경 ○○○○○○호)

첨 부 서 류

o 낙찰허가결정정본   1통, o 부동산등기부등본   1 통
o 토지대장등본   1통, o 건축물관리대장등본   1 통
o 공시지가확인원   1통, o 주민등록표   1 통
o 납부서   1통

20○○년 ○○월   ○○일

낙찰인 겸 촉탁신청인   ○   ○   ○

○○지방법원 ○○○지원 민사신청과 귀중

낙찰에 의한 등기촉탁신청서

낙찰대금   **원정**

1) 소유권이전
   등록세 :   원,   교육세 :   원,   합계 금: 원정
2) 말소 ○건
   등록세 :   원,   교육세 :   원,   합계 금: 원정
3) 법원 증지대 :   원정(이전 :   원정, 말소 :   원정)
4) 주택채권
   토지 : ○○○○평방미터 X 공시지가 ○○○○○○○원정
       과세표준금액 :   원
       채권(25/1000) : 금   원정
   건물 :(○○년 신축, 분류번호 ○○번,   조)
       ○○○○○○평방미터 X   원
       건물합계과세표준금액 :   원
       채권 금(35/1000) :   원정

       주택채권 합계금 :   **원정**

3. 인도명령과 명도소송

3-1. 인도명령

낙찰인은 낙찰대금 전액을 납부한 후에는 채무자에 대하여 직접 자기에게 낙찰부동산을 인도할 것을 구할 수 있다. 그러나 채무자가 임의로 인도하지 아니하는 때에는 대금을 완납한 낙찰인은 대금을 납부한 후 6월 내에 집행법원에 대하여 집행관으로 하여금 낙찰부동산을 강제로 낙찰인에게 인도하는 내용의 인도명령을 신청하여 그 명령의 집행에 기하여 부동산을 인도 받을 수 있다.

1) 신청인 및 신청기간
① 신청인 : 신청권자는 낙찰자 및 낙찰자의 일반 승계인(상속인)에 한한다.
② 기   간 : 매각대금 납부 후 6개월 이내에 신청해야 한다.

2) 상대방
인도명령의 상대방은 채무자, 소유자 또는 부동산 점유자이다.

3) 인도범위
인도하여야 할 부동산의 범위는 매각으로 인하여 취득한 부동산의 범위로 매각허가결정에 적힌 부동산과 동일성이 인정되는 범위 내에서 그 소유권의 효력이 미치는 범위이다.

4) 인도명령 신청
경락인은 잔금납부 후 담당재판부로부터 낙찰(매각)대금완납증명서를 발부

부동산인도명령신청

사　　건　2007타경　　　　호 부동산강제(임의)경매
신 청 인　박 승 일
피신청인　홍 길 동

　　위 사건에 관하여 매수인은 0000. 0. 0.에 낙찰대금을 완납한 후 채무자(소유자, 부동산 점유자)에게 별지(이때 별지는 낙찰 받은 부동산 목록을 사본하여 첨부하면 된다) 매수부동산의 인도를 청구하였으나, 채무자가 불응하고 있으므로, 귀원 소속 집행관으로 하여금 채무자의 위 부동산에 대한 점유를 풀고 이를 매수인에게 인도하도록 하는 명령을 발령하여 주시기 바랍니다.

년　　월　　일

신청인(매수인)　　박 승 일(인)
주소 :

서울중앙지방법원 귀중

유의사항
- 낙찰인은 대금완납 후 6개월 내에 채무자, 소유자 또는 부동산 점유자에 대하여 부동산을 매수인에게 인도할 것을 법원에 신청할 수 있다.
- 신청서에는 1,000원의 인지를 붙이고 1통을 집행법원에 제출하여 인도명령 정본 송달료 납부하셔야 합니다.

서울중앙지방법원

결   정

사 건   2007타경 00000 부동산인도명령

신 청 인   박 승 일

　　　　　서울시……

피신청인   홍 길 동

　　　　　서울시

주문 피신청인은 신청인에게 별지목록기재 부동산을 인도하라.

이유 : 이 법원은 2007타경　　호 부동산강제(임의)경매사건에 관하여 신청인의 인도명령

　　　신청이 이유 있다고 인정되므로 주문과 같이 결정한다.

2007년 0월 0일

판사(인)

받은 다음 인도명령신청을 할 수 있는데, 인도명령의 신청은 통상 서면으로 한다. 신청서에는 1,000원의 인지를 붙여야하며(송달료는 2회 기준, 12,080원), 대금 납부 후 6월 내에 신청해야 하고 이후에는 점유자를 상대로 명도소송을 제기해야 한다.

채무자, 소유자 또는 압류의 효력이 발생한 후에 점유를 시작한 부동산 점유자에 대하여는 낙찰인이 대금을 완납한 후 6개월 내에 집행법원에 신청하면 법원은 이유가 있으면 간단히 인도명령을 발하여 그들의 점유를 집행관이 풀

고 낙찰인에게 부동산을 인도하라는 취지의 재판을 한다(이때 인도명령신청을 받은 법원은 채무자와 소유자는 부르지 않고 통상 세입자 등 제3자를 불러 심문하는 경우도 있다). 민사집행법의 적용을 받는 사건에 대하여는 인도명령의 상대방을 확장하여 점유자가 매수인에게 대항할 수 있는 권원을 가진 경우 이외에는 인도명령을 발할 수 있도록 개선하였다.

3-2. 명도소송

인도명령과는 달리 명도소송은 제기할 수 있는 종기의 제한이 없다.

1) 명도소송의 관할법원

부동산 소재지의 지방법원이 관할법원이다.

2) 명도소송시 주의할 점

명도소송 전에 반드시 점유이전금지가처분부터 해야 하는데 이는 명도소송을 제기하여 명도판결을 받더라도 도중에 점유자가 바뀌면 명도집행은 불가능하고 새로운 점유자를 상대로 다시 소송을 해야 하는 번거로움이 있기 때문이다.

3) 명도소송 관련 판례

① 대항력과 우선변제권 있는 임차인의 명도시기

임차인은 낙찰인에 대하여 배당표가 확정될 때까지 임차주택의 명도를 거부할 수 있으며 배당표가 확정된 후에야 비로소 임차인이 낙찰인에 대하여 명도를 거부할 수 있으며 배당표가 확정된 후에야 비로소 임차인이 낙찰인에 대하여 명도의 의무를 가진다(1997.8.29. 97다 11195 판결).

② 임차인이 건물명도 전에 보증금의 일부를 배당 받은 경우

임차인이 법원으로부터 배당을 받기 위해서는 낙찰인의 명도확인서가 필요하지만 대항력 있는 임차인이 보증금 전액이 아닌 소액보증금만을 배당 받기 위해서는 낙찰자의 명도확인서가 필요 없다. 이유는 소액보증금은 임차인의 대항력 유무와 관계없이 일정한 요건만을 갖추면 배당 받을 수 있기 때문이다.

tip 인도명령과 명도소송의 비교

구 분	인도명령	명도소송
신청시기	대금납부 후 6월 이내	대금납부 후 바로
신청대상	소유자, 채무자, 대항력 없는 점유자	대항력 있는 점유자, 인도명령대상자로 대금납부 6월 지난 경우
신청방법	인도명령 신청(담당 경매계)	명도소송의 소 제기(관할법원) 점유이전금지 가처분 동시 신청
집행과정	소유자 및 채무자(심문 없음) 점유자 (심문 후 명령 하는 경우도 있음)	소제기에 의한 심문 후 판결 (입증자료, 증인신청 등)
구비조건	송달, 확정 증명원 - 집행문 부여	집행력 있는 정본 - 집행문부여 (판결확정증명원 + 송달증명원)
주문형식	피신청인은 신청인에게 별지목록 기재 부동산을 인도하라	피고는 원고에게 피고가 점유하고 있는 별지목록 기재 부동산을 명도하라
소요기간	신청 후 2~3주	명도소송 제기 후 통상 6~8개월 내외
소요비용	인지, 송달료 강제집행수료 등 약 150만 원	인지대, 송달료, 소송경비 및 강제집행 등 약 3~5백만 원
최선책	강제집행보다는 대화를 통한 합의가 최선, 발품이 최고, 당근으로 해결 유도 채찍은 시위용으로만 활동하고 이사비, 주거기간을 탄력적 조절 등을 통해 자진 퇴거 유도	

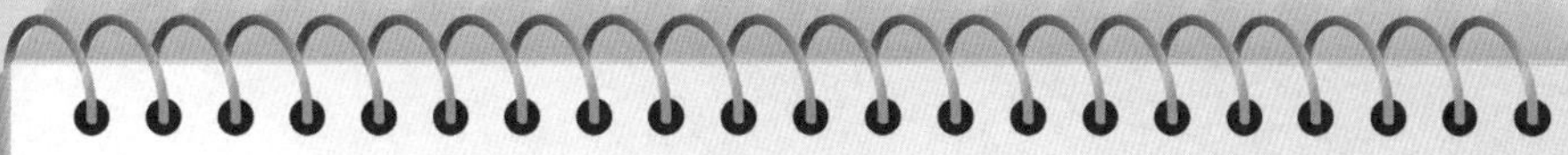

제 **03** 부

권리분석

권리분석의 핵심포인트는

물리적 · 경제적 · 법률적 하자를 확인하는 것이다.

물권별 경매정보지와 등기부등본을 활용하여 완전정복하자.

경매부동산의 분석에는 부동산 자체에 내재하는 물리적 하자(오손, 파손, 내용연수耐用年數)나 경제적인 하자(이용가치를 분석)를 파악하는 물건분석이 있고, 그 물건이 올바르고 합당하게 소유권을 취득하는데 법률적인 하자가 있는지의 여부를 파악하는 권리분석이 있다.

법원경매에서 권리분석은 매우 중요하다. 권리분석을 통해 응찰 여부를 판단하게 되기 때문이다.

우리나라는 본질적으로는 소제주의를 취하기 때문에 낙찰에 의하여 부동산의 모든 부담이 소멸되고 낙찰자가 아무런 부담이 없는 완전한 소유권을 취득하도록 하고는 있다. 하지만 모든 권리문제를 법원에서 해결해주는 것은 아니기 때문에 권리분석이 잘못되면 경제적으로 큰 손실을 당하여 일반 매매물건을 사느니만 못한 경우가 허다하다. 경매의 성공여부는 이 권리분석이 잘되고 못되고에 달려있다고 해도 과언이 아니다.

특히 주택은 임차관계가 복잡하기 때문에 임차관계와 해당주택의 임차금 및 대항력 유무 여부를 사전에 점검해야 한다.

권리분석이란 법원경매투자에 있어서 가장기본이고 출발점이라 할 수 있다. 즉 경매물건에 하자가 발생했을 경우 모든 책임은 입찰자 본인의 책임이지 법원에서 책임을 지지는 않는다. 권리분석은 크게 두 가지로 나누면,

첫째 : 등기부상권리분석

(경매결과 소멸되는 권리와 인수되는 권리의 판단여부)

둘째 : 주택, 상가임차인분석

(임차인의 보증금인수여부, 명도비 및 비용산출 근거)

등기부상 권리분석

1. 부동산 등기부등본 보는 법

1) 등기부동산 권리관계를 알려주는 등기부등본은 표제부와 갑구, 을구로 구성되어 있다. 등기부상 권리의 우선순위는 같은 구의 경우에는 순위번호에 의하고 다른 구의 경우에는 접수번호에 의하여 우선순위가 정해진다.

우리나라 부동산 등기부등본은 많은 사람들이 믿고 부동산에 대한 권리행사 즉 매매, 임대차 등을 하지만 공신력은 없다.

 단지 중요한 증거 자료가 될 뿐이고 등기부등본의 효력은 상실할 수도 있다. 그래서 등기부등본상의 분쟁으로 소송이 진행될 경우 소송이 진행 중이니 조심하라는 의미로 등기소 직권으로 예고등기를 등기부등본에 기재한다.

① 표제부에는 부동산의 소재지와 그 내용을 표시한다.

토지의 경우에는 지번·지목·지적을, 건물인 경우에는 지번·구조·용도·면적 등이 기재된다. 아파트 등 집합건물의 경우에는 전체건물에 대한 표제부와 구분된 개개의 건물에 대한 표제부가 따로 있다.

② 갑구에는 소유권에 관련된 내용이 기재된다.

소유권에 대한 압류, 가등기, 경매개시결정등기, 그리고 소유권의 말소 또는 회복에 관한 재판이 진행 중임을 예고하는 예고등기, 소유자의 처분을 금지하는 가처분등기 등이 모두 갑구에 기재된다.

갑구에서 경매 참여자들이 유의해야 할 권리는 가등기, 가처분, 예고 등기 세 가지다. 이 권리들이 1순위를 차지하면 경매초보자는 경매는 단념해야 한다. 낙찰 받더라도 낙찰자가 이 권리를 인수해야 한다. 가처분의 인수는 소유권의 상실을 뜻하며 지상권 인수는 '사용불가' 판단에 가깝다. 가등기는 소유권, 지상권, 지역권 등 권리의 설정, 이전, 변경, 또는 소멸의 청구권을 보존하려 할 때 설정하는 등기이다.

③ 을구에는 소유권 이외의 권리 즉 지상권, 지역권, 전세권, 저당권, 권리질권에 관한 등기사항이 기재되어 있다.

저당권은 채무자가 채무의 담보로 제공한 부동산을 인도받지 않고서 관념상으로만 지배하고 채무의 변제가 없을 때는 그 부동산으로부터 우선변제를 받는 담보 물권을 말한다.

전세권 인수는 입찰 대금 외에 전세보증금의 추가 부담을 의미한다. 다만 최선순위 전세권의 경우는 약간 다르다. 전세권자가 직접경매를 신청했거나 경매신청일 기준으로 6월 내에 전세기간이 만료 되는 전세권은 비록 최선순위

권리라도 말소된다.

2) 등기순위를 점검한다. 같은 구 내에서는 '순위번호' 가 빠를수록 권리가 앞선다. 그러나 갑구와 을구간 권리순서는 등기소에서 접수순서대로 부여하는 일련번호 성격의 '접수번호' 로 결정된다.

'등기순위' 는 경매에서 대단히 중요한 역할을 하는데 경매참여 여부가 여기에 달려 있기 때문이다.

3) 우선 경매물건의 등기부를 펴놓고 갑구와 을구를 막론하고 기재된 모든 권리를 위에서 언급한 등기순위대로 적는다. 이때 예고등기가 등기부상에 없고, 유치권 신고가 되어 있지 않으면서 저당권이나 가압류가 맨 위에(1순위) 차지하면 안심하고 경매에 참가해도 된다. 낙찰자가 대금을 완납하면 저당권과 가압류는 물론이고 순위가 뒤지는 권리가 말소되기 때문이다.

단, 선순위 임차인이 있는 경우는 별도로 살펴보기로 하겠다.

※ 예고등기와 유치권은 후순위인 경우에도 말소되지 않으며 낙찰자가 인수해야 된다. 따라서
  예고등기, 유치권이 있는 물건은 전문가가 되기 전에는 피하는 것이 좋다.

　부동산 등기부(등본)를 참고로 경매시장에 넘어온 부동산에 입찰할 것인지 아닌지를 결정하는 것을 권리분석이라고 한다. 해당 부동산에 대하여 경매가 진행되고 낙찰이 되어, 법원이 지정한 날에 입찰보증금을 제외한 나머지 90%의 잔금을 납부하고 법원에 소유권이전 촉탁등기신청을 하게 되면 법원은 원칙적으로 등기부상의 모든 제한권리들을 이전과 동시에 말소시켜 주게 된다. 그러나 모든 권리가 전부 말소되는 것이 아니다. 즉 낙찰자에게 소유권이 이전되면서 그 부동산에 관련된 여러 권리들 중 어떤 것은 소멸하게 되는 것이 있고, 어떤 권리는 낙찰자에게 인수되는 것도 있다. 이처럼 경매결과 후의 인수되는 권리와 소멸되는 권리를 일목요연하게 분석하여 어떤 권리는 소멸하고 어떤 권리는 추가로 인수(낙찰금액+추가부담)되는가를 판단해 내는 것을 ‘권리분석’ 이라 한다. 부동산 등기부(등본)를 통해서 1차로 걸러내는 작업을 하게 된다. 법원경매의 성패를 좌우하는 것, 즉 투자를 해도 좋은가 아닌가 하는 것은 권리분석을 통하는데 권리분석이 경매의 전부라고 해도 과언이 아니다. 그러나 이처럼 중요한 권리분석도 그 원리만 제대로 알고 있으면 초보자도 얼마든지 법원경매를 통해 부동산을 취득할 수 있다.

　권리분석이 미비하거나 중요한 사항을 빠뜨려 입찰당시 예상치 못했던 권리를 인수하게 될 경우에는 커다란 재산상의 손실을 입을 수 있다는 점을 명심해야 한다.

　그러나 이 점을 잘 활용한다면 경매부동산에 대하여 낙찰자가 인수해야 할 권리가 있어 추가로 수차례 유찰됨에 따라 인수할 권리에 대한 채무금액보다 더 많은 금액이 떨어진다면 오히려 작은 금액으로도 높은 수익을 가져 올릴 수 있는 방법이 될 수도 있다. 다만 낙찰 후 낙찰자의 소유권을 잃을 수도 있고, 분쟁에 휘말릴 여지가 있는 선순위가등기, 선순위가처분, 소송이 진행 중으로 예고등기가 경료 되어 있는 물건이나, 소유권 취득 후 이용에 제한을 받게 되는 분묘기지권, 지상권, 지역권 등은 가능하면 피하는 것이 초보자에게는 상책일 수 있는 것이다.

권리분석의 핵심은 입찰자가 해당 부동산을 낙찰 받은 후에도 여전히 인수해야 하는 부동산의 권리가 무엇인지, 인수되는 권리에 수반하여 낙찰자가 부담해야 하는 추가적인 금액은 어느 정도인지를 파악하는 것이다.

2. 물권과 채권의 이해

1) 물권

부동산을 지배할 수 있는 권리로서 절대권이며, 물건에 대한 권리이고 배타적인 성격을 갖고 있다. 즉, 특정 물건에 대하여 배타적으로 지배하여 사용, 수익, 처분할 수 있는 권리이다. 외에도 법률 이외에 관습법으로 인정되는 물권으로는 일반적으로 일정 요건을 갖추면 지상권과 같은 효력을 갖게 되는 분묘기지권, 관습법상의 법정 지상권, 양도담보 등이 있다.

물권의 종류로는 8가지가 있는데, 경매투자자는 지상권과 전세권, 그리고 저당권 및 유치권 정도만 숙지한다면 큰 무리는 없을 것이다.

2) 채권

물권을 특정 물건(=부동산)에 대한 배타적이고 독점적인 지배권이라고 한다면 채권은 특정인으로부터 일정한 행위를 청구할 수 있는 청구권에 불과하다.

임대차를 예로 들면 임차인은 임대인에 대하여 보증금을 지급할 의무가 있고, 반면 임차목적물의 명도를 요구할 권리가 있다. 또 임대인은 임차인에 대하여 보증금을 지급받을 권리가 있고, 반면 임차목적물을 임차인에게 명도해 줄 의무가 있다. 이렇듯 임대인과 임차인간의 관계와 같이 특정인에 대하여만 발생되는 청구권이 채권인 것이다.

채권은 물권과 같은 절대권이 아닌 상대방에 대한 청구권이기 때문에 시간의 선후를 떠나서 동등한 지위를 가지게 되어 우선변제권이 없고, 이에 일반채권자들의 지위는 평등하다(=채권자 평등주의).

물권의 종류와 내용

물권의 종류		물권의 내용	비 고
소유권		소유자가 그 소유물을 사용, 수익, 처분할 수 있는 권리	
점유권		소유권과 관계없이 물건을 사실상 지배하고 있는 권리	
용익물권 (사용하기 위한물권)	지상권	타인의 토지에서 건물, 기타의 공작물이나 수목을 소유하기 위해 그 토지를 사용할 수 있는 권리	등기됨
	지역권	타인의 토지를 자기토지의 편익에 이용하는 권리	등기됨
	전세권	전세금을 지급하고 타인의 부동산을 그 용도에 따라 사용, 수익하는 권리	등기됨
담보물권 (담보 제공을 위한 물권)	저당권	채무자 또는 보증인이 채무의 담보로 제공한 부동산 기타의 목적물을 채권자가 질권에 있어서와 같이 제공자로부터 인도 받지 않고서 그 목적물을 다만 관념상으로만 지배해서 채무의 변제가 없는 경우에 그 목적물로부터 우선변제를 받는 권리	등기됨
	유치권	타인의 물건을 점유한 자가 그 물건에 관해 생긴 채권을 가지는 경우에 그 채권의 변제를 받을 때까지 그 물건을 유치할 수 있는 권리	등기되지 않음
	질권	돈은 빌려주면서 물건은 질로 잡고 갚지 않을 때는 그 목적물에서 우선 변제받는 권리	등기됨
관습법상 물권	관습법상 분묘지상 지상권	타인의 토지에 분묘를 설치한 자가 있는 경우, 그 자가 그 분묘를 소유하기 위해 기지 부분의 타인 소유 토지를 사용할 수 있는 권리로서 지상권에 비슷한 성질을 갖는 권리	등기되지 않음
	관습법상 법정 지상권	토지와 건물이 동일인에게 속했다가 그 중 어느 하나가 매매 기타의 일정 원인으로 각각 소유자를 달리하게 된 때에 그 건물을 철거한다는 특약이 없으면 건물 소유자가 관습상 당연히 취득하게 되는 권리	등기되지 않음

3. 권리분석의 시작, 말소기준권리를 찾아라

부동산 경매의 말소기준권리가 될 수 있는 권리는 저당권, 담보가등기, 압류ㆍ가압류, 경매개시결정등기가 있는데, 이 권리 중 등기일자가 가장 빠른 권리가 말소기준권리가 된다.

말소기준권리가 될 수 있는 권리

말소기준권리가 될 수 있는 권리	말소기준권리 인정여부
(근)저당권	항상 말소기준권리임
가등기	담보가등기일 경우만 말소기준권리로 인정됨
(가)압류	말소되는 경우만 말소기준권리로 인정됨
경매개시결정기입등기	항상 말소기준권리임(단, 다른 말소기준권리가 없는 경우)

1) (근)저당권

저당권은 매수인의 매각대금 완납으로 말소된다. 즉 경매신청기입등기보다 후순위인 경우에는 당연히 말소되고, 경매신청기입등기보다 선순위라도 무조건 말소된다.

2) 담보가등기

담보가등기는 매각대금 완납으로 말소된다. 즉 경매신청기입등기보다 후순위인 경우에는 당연히 말소되며, 경매 신청기입등기보다 선순위라도 무조건 말소된다.

3) 압류 · 가압류

체납처분으로 인한 국세나 지방세의 압류등기는 매각대금으로부터 배당받을 수 있으므로 매각대금 완납으로 말소된다. 경매신청기입등기 후에 등기된 가압류는 가압류 채권자가 매수인에게 대항할 수 없으므로 매각대금 완납으로 말소된다. 경매신청기입등기 전에 등기된 가압류는 가압류 채권자가 매각대금으로부터 배당받을 수 있으므로 그 가압류등기는 말소되는 것이 원칙이다.

4) 경매개시결정등기

경매개시결정등기(경매신청기입등기)는 매각대금 완납으로 말소촉탁의 대상이 되어 말소된다.

> 말소기준권리의 대부분(약95%)은 근저당과 가압류이다

권리분석과 관련한 각종 권리

법 률			권리종류	등기부 표시 여부
민법상의 권리	물권	용익물권	지상권	표시
			법정지상권	미표시
			지역권	표시
			전세권	표시
		담보물권	유치권	미표시
			(근)저당권	표시
	채권		환매권	표시
			임차권	표시(미표시 존재)
주택(상가)임대차보호법상의 권리			선순위 임차권	미표시
			임차권등기명령이 된 임차권	표시
절차법상의 권리			가압류등기	표시
			가처분등기	표시
			가등기	표시
			예고등기	표시
공법상의 권리			압류등기	표시
			환지등기	표시

<청주 5계 2008-00000 청주 흥덕구 물건 : 말소기준권리>

청주5계 2008-00000 상세정보

경매구분	강제(기일)	채권자	김○○	낙찰일시	09.03.17 (종결)
용 도	아파트	채무/소유자	이○○	낙찰가격	160,500,000
감 정 가	200,000,000	청구액	108,800,000	경매개시일	08.08.20
최 저 가	160,000,000 (80%)	토지총면적	88.25 ㎡ (26.7평)	배당종기일	08.11.04
입찰보증금	10% (16,000,000)	건물총면적	156.74 ㎡ (47.41평) [55평형]	조 회 수	금일1 공고후76 누적204

- 물건사진 3
- 지번·위치 1
- 구 조 도 1

우편번호및주소/감정서	물건번호/면 적 (㎡)	감정가/최저가/과정	임차조사	등기권리
361-201 충북 청주시 흥덕구 분평동 301-2 ,318-1 보성○○동○층 ○○호 ●감정평가서정리 - 충북고등교북측인근 - 아파트단지,교육시설,근린시설등혼재 - 차량출입용이 - 버스(정)인근,제반교통사정무난 - 가스보일러개별난방 - 2필일단의부정형토지 - 2종일반주거지역,도시지역 - 소로2류접함	물건번호: 단독물건 대지 88,249/8511 (26.7평) 건물 156.74 (47.41평) (55평형) 10층-92,12,28보존 남향,계단식	감정가 200,000,000 최저가 160,000,000 (80.0%) ●경매진행과정 200,000,000 ① 유찰 2008-12-02 20%↓ 160,000,000 ② 변경 2009-01-06 ------------------ 160,000,000 ② 낙찰 2009-03-17 160,500,000 (80.2%) - 응찰 : 1명 - 낙찰자:정○○	●법원임차조사 *소유자점유 ●지지옥션세대조사 전입 2007.02.02 이구섭 동사무소확인:08.11.27	소유권 이○○ 1993.01.18 말소기준 저당권 보은신협 2001.08.17 130,000,000 저당권 보은신협 2007.07.11 70,000,000 저당권 정○○ 2007.10.26 40,000,000 경매개시결정등기 강 제 김○○ 2008.08.20 *청구액:108,800,000원 등기부채권총액 240,000,000원

순위번호	등 기 목 적	접 수	등 기 원 인	권 리 자 및 기 타 사 항
4	강제경매개시결정	2008년8월20일 제00000호	2008년8월20일 청주지방법원의 강제경매개시결정(2008 타경00000)	채권자 김○○ 510720-1****** 서울 종로구 효제동000

소멸과 인수

소멸주의(낙찰로 소멸)	인수주의(낙찰자 부담으로 존속)
1. 저당권(근)	1. 유치권
2. 압류(가) 　*전 소유자를 상대로 설정된(가)압류만 인수됨	2. 예고등기, 법정지상권
3. 말소기준권리 보다 뒤에 설정된 전세권, 지상권, 지역권, 임차권, 가등기, 가처분, 환매, 주택임차인 등	3. 말소기준권리 보다 앞에 설정된 전세권, 지상권, 지역권, 임차권, 가등기, 가처분, 주택임차인 등의 권리. 말소기준 권리 보다 빠른 전세권은 인수되기도 하고, 배당 요구 시는 소멸된다.
4. 경매기입등기 보다 늦은 위 3의 권리	
5. 담보가등기	

■ **부동산 경매의 소멸되는 권리(소멸주의 원칙)** : 말소기준권리 이후에 전입신고를 한 임차인이나 권리자들은 매각에 따른 소유권이전등기로 소멸됨으로써, 매수인은 안전하게 부동산 소유권을 취득하게 된다.

1. (근)저 당 권 : 저당권은 매수인의 매각대금 완납으로 무조건 말소
2. (가)압류등기 : 가압류등기와 압류등기는 말소되는 것이 원칙이다. 즉 경매신청기입등기 전에 등기된 가압류는 채권자가 매각대금에서 배당을 받을 수 있으므로 그 가압류등기는 말소되는 것이 원칙이다. 경매신청기입등기 후에 등기된 가압류는 당연히 말소된다.
3. 담보가등기 : 담보가등기는 매수인의 매각대금 완납으로 무조건 말소
4. 경매개시결정등기
5. 위 말소기준권리보다 늦게 설정된 권리 :
　① 용익물권(지상권 · 지역권 · 전세권)
　② 임차권 · 주택의 인도와 전입신고를 마친 임차인의 권리
　③ 가등기 · 가처분등기 · 환매등기

■ 부동산 경매의 인수되는 권리(인수주의 원칙) : 말소기준권리보다 우선하여 취득한 권리는 매각으로 인한 소유권이전이 되더라도 소멸되지 않고 매수인에게 그대로 인수

1. 위 말소기준권리보다 먼저 설정된 권리 :
    ① 용익물권(지상권 · 지역권 · 전세권)
    ② 임차권 · 주택의 인도와 전입신고를 마친 임차인의 권리
    ③ 가등기 · 가처분등기 · 환매등기
2. 유치권 : 유치권은 타인의 물건이나 유가증권을 점유한 자가 그 물건이나 유가증권으로 생긴 채권이 변제기에 있는 경우, 그 채권을 변제받을 때까지 그 물건이나 유가증권을 유치할 수 있는 권리이다. 유치권은 매수인의 매각대금 완납으로 말소되지 않는다. 매수인이 목적물을 인도받으려면 유치권이 있는 자에게 채권을 변제해야 한다.
3. 예고등기 : 예고등기는 등기 원인의 무효나 취소로 인한 등기의 말소 또는 회복의 소가 제기된 경우에 수소법원의 촉탁에 의하여 행해지는 등기이다. 예고등기는 소의 제기가 있었다는 것을 경고하는 효력이 있을 뿐, 물권변동의 효력이나 권리에 대한 공시를 목적으로 하는 등기가 아니다. 그러므로 선순위의 저당권이나 가압류등기가 있더라도 매수인의 매각대금 완납으로 말소되지 않는다.

4. 등기부 권리분석

4-1. 근저당권

1) 근저당권은 담보물권이다.

물권이란 어떤 특정 물건을 직접적으로 지배해서 사용하고 수익하며, 처분할 수 있는 절대적인 권리를 말한다. 따라서 물권은 채권과 달리 우선변제권이라는 권리를 갖는다. 근저당권자는 채무자의 채무불이행에 의해 근저당권을 설정한 담보물건을 처분(=경매신청)하여 후순위 권리자보다 자기 채권을 먼저 회수할 권리를 가진다.

2) 근저당권은 말소기준권리에 해당된다.

경매물건에서 근저당권, 가압류, 담보가등기, 강제경매기입등기일 중에서 부동산등기부상 제일 먼저 설정된 권리가 말소기준권리이다. 이를 기준하여 이보다 먼저 설정된 권리나 전입 신고한 임차인은 낙찰자의 인수사항이 되고, 그 이외에는 낙찰자가 인수하지 않아도 된다.

3) 근저당권은 경매시 매각으로 소멸한다.

근저당권은 경매시 매각으로 소멸한다(=민사집행법 제91조 제2항). 따라서 자기 채권 전액의 회수여부를 떠나서 소멸하기에 낙찰자와 아무런 관계가 없다. 참고로 경매시 매각으로 소멸하는 권리로서는 근저당권, 담보가등기, 압류, 가압류, 말소기준권리 이후의 임차인 등이 해당된다. 어떠한 권리가 소멸 또는 인수되는 것은 그 권리가 배당받을 지위를 가지는지 여부에 따라 결정된다.

4) 근저당권은 주택임차인에 대한 최우선변제금 지급기준이 된다.

주택임대차보호법 제8조 제1항을 보면 "임차인은 보증금 중 일정액을 담보물권보다 우선 변제받을 수 있다. 이를 위해서는 경매신청등기 이전에 동법 제3조 제1항의 요건을 갖추어야 한다"라고 규정되어 있다. 여기에 근저당권자 담보물권자에 해당되는 것이다.

청주2계 2007-00000 상세정보

경매구분	임의(기일)	채 권 자	대한생명보험	낙찰일시	07.12.18 (종결)
용 도	아파트	채무/소유자	박○○	낙찰가격	96,000,000
감 정 가	96,000,000	청 구 액	49,688,053	경매개시일	07.07.16
최 저 가	96,000,000 (100%)	토지총면적	34.53 m² (10.45평)	배당종기일	07.10.25
입찰보증금	10% (9,600,000)	건물총면적	59.99 m² (18.15평)	조 회 수	금일1 공고후78 누적78

- 물건사진 3
- 지번·위치 0
- 구 조 도 0

우편번호및주소/감정서	물건번호/면 적 (m²)	감정가/최저가/과정	임차조사	등기권리
361-270 충북 청주시 흥덕구 복대동 2461 세원느티마을 ○○동○층 ○○호 ●감정평가서정리 - 아파트,주택밀집지대 - 차량통행자유 - 버스(정)인근,제반교통사정양호 - 2종일반주거지역 - 도시계획시설도로접함 - 1종지구단위계획구역 - 건축지정선3m임 07.08.13 대화감정	물건번호: 단독물건 대지 34.5347/18780.1 (10.45평) 건물 59.99 (18.15평) 11층-99.11.01보존 남향,계단식	감정가 96,000,000 최저가 96,000,000 (100.0%) ●경매진행과정 96,000,000 ① 낙찰 2007-12-18 96,000,000 (100%) - 응찰 : 1명 - 낙찰자:유○○ 허가 2007-12-26 종결 2008-03-13	●법원임차조사 *3회에 걸쳐 방문하였으나 폐문으로 정확한 점유 및 임대관계 확인할 수 없으며, 소유자 박○○외 주민등록 전입자 없음 ●지지옥션세대조사 전입 1999.10.19 박○○ 동사무소확인:07.12.06	소유권 박○○ 1999.11.01 저당권 대한생명보험 2002.01.10 44,200,000 저당권 대한생명보험 2005.01.14 15,600,000 저당권 유○○ 2006.03.29 40,000,000 저당권 유○○ 2006.09.05 60,000,000 가압류 충북신용보증재단 2006.12.14 20,000,000

8	근저당권설정	2005년1월14일 제0000호	2005년1월14일 설정계약	채권최고액 금15,600,000원 채무자 박ㅇㅇ 　　청주시 흥덕구 복대동 000. 00 아파트 000동 000호 근저당권자 대한생명보험주식회사 110111-0003204 　　서울 영등포구 여의도동 60

1) 의의

민법상의 이론에서는 물권은 채권에 우선하게 된다. 그러나 민사집행법의 적용을 받게 되는 경매에서 물권이 채권에 우선한다는 논리가 깨지는 경우를 가압류의 권리분석에서 볼 수 있다. 선순위의 가압류는 경매실무에서 말소기준권리로 작용을 한다. 따라서 가압류등기는 경매실무에서 무조건 말소라고 보면 된다. 가압류라 함은 금전채권 또는 금전으로 환산이 가능한 채권에 관하여 집행권원을 얻어 강제집행을 할 수 있을 때까지 그 집행을 보전하기 위한 절차를 말한다. 가압류는 강제집행을 하기 위한 채무(집행)권원를 얻기 위하여 본안소송을 하기 전에 채무자의 부동산 등에 대하여 보전처분을 미리 해 두는 절차이다. 이는 소송에 상당한 시간이 소요되므로 그 기간 중에 채무자의 고의나 불가항력 등으로 인한 재산의 도피·감소 등을 막기 위한 보전조치이다. 즉 가압류는 소송절차 등에서 본안 판결을 받지 않은 이전 단계로서 효력이 있는 것이다.

따라서 가압류권자는 바로 경매를 신청할 수는 없고 피보전채권에 관한 소송절차 등을 통하여 확정 된 집행권원을 받아 강제경매를 경매신청을 할 수 있다. 가압류권자는 등기부에 가압류를 설정하여도 채권자의 지위에 있게 된다.

따라서 가압류권자는 물권자에 주어지는 우선변제권이 없으며, 채권자 평등주의를 적용받게 되어 가압류 등기 후의 권리자들과는 평등한 공동순위를 인정받게 되고, 가압류는 배당절차에서도 단독배당이 아닌 안분배당(비례배당 또는 비율배당)을 받게 된다. 가압류권자는 본안판결이 확정되기 전의 위치에 있는 자이므로 안분 배당한 금액을 즉시 지급받을 수 없다. 법원에서는 직권으

로 공탁을 하며 가압류권자가 본안판결에서 승소하여야 공탁된 안분배당금을
지급받게 된다.

〈청주 5계 2008-00000 청주 흥덕구 가압류 물건〉

청주2계 2008-00000 상세정보

경 매 구 분	강제(기일)	채 권 자	최○○	낙 찰 일 시	09.01.14 (종결)
용 도	아파트	채무/소유자	안○○	낙 찰 가 격	116,235,000
감 정 가	130,000,000	청 구 액	62,344,150	경매개시일	08.06.12
최 저 가	104,000,000 (80%)	토지총면적	46.05 m² (13.93평)	배당종기일	08.09.22
입찰보증금	10% (10,400,000)	건물총면적	84.9 m² (25.68평)[31평형]	조 회 수	금일1 공고후283 누적283

■ 물건사진 3
■ 지번·위치 1
■ 구 조 도 1

우편번호및주소/감정서	물건번호/면 적 (m²)	감정가/최저가/과정	임차조사	등기권리
361-201 충북 청주시 흥덕구 분평동 1386 분평주공7단지○○동○층○○호 ●감정평가서정리 - 대단위아파트단지,근린시설등혼재 - 차량출입가능,제반교통사정보통 - 열병합개별난방 - 3종일반주거지역,도시지역 - 1종지구단위계획구역(분평택지개발지구) - 소로2류,중로2류,중로	물건번호: 단독물건 대지 46.0527/42831.3 (13.93평) 건물 84.9 (25.68평) (31평형) 15층-97.12.22보존 계단식	감정가 130,000,000 ·대지 39,000,000 (30%) (평당 2,799,713) ·건물 91,000,000 (70%) (평당 3,543,614) 최저가 104,000,000 (80.0%) ●경매진행과정 130,000,000 ① 유찰 2008-12-08 20%↓ 104,000,000 ② 낙찰 2009-01-14	●법원임차조사 ＊소유자점유 ●지지옥션세대조사 전입 1998.01.07 안＊＊ 동사무소확인:08.12.01	소유권 안익래 1997.12.22 저당권 청주축협 흥덕 2004.04.26 90,000,000 가압류 국민은행 청주여신관리 2007.12.04 2,410,000 가압류 최○○ 2008.04.07 60,000,000 강 제 최○○ 2008.06.12 ＊청구액:62,344,150원 등기부채권총액

| 6 | 가압류 | 2007년12월4일
제00000호 | 2007년12월3일
청주지방법원의 가압류
결정(2007카단0000) | 청구금액 금2,417,232원
채권자 주식회사국민은행 110111-2365321
서울특별시 중구 남대문로 2가 9-1
(청주여신관리센터) |

2) ‘갑’이 ‘을’에게 차용증을 받고 돈을 빌려주었는데, ‘을’이 ‘갑’에게 돈을 갚지 않을 경우를 가정해 보자. 채권자 ‘갑’은 자기 채권을 확보할 목적으로 채무자 ‘을’ 명의의 부동산 등 재산이 있다면 이에 차용증으로 가압류를 한다. 이후 ‘을’을 상대로 차용금반환청구소송 등의 절차를 밟아 판결문으로 미리 가압류등기를 한 부동산을 강제경매를 신청하여 자기 채권을 회수하는 절차를 밟게 되는 것이다.

3) 채권자가 채무자의 재산에 가압류등기를 하는 이유는 채권자는 채무자 명의의 재산에 대하여 강제집행하여 자기 채권을 회수하게 할 수 있는 판결문 등의 집행권원이 있어야만 채권회수가 가능하다. 만약 집행권원이 없다면 집행권원을 만들기 위해서 채무자를 상대로 소송을 제기하여야 한다. 그런데 소송 도중 채무자가 자기 재산을 다른 사람 명의로 돌려놓는다면 채권회수 측면에서 불리하기 때문에 이를 막기 위함인 것이다. 가압류와 다른 권리들 간의 관계에 대해서 알아보도록 하자.

① 가압류 ⇒ 근저당권

가압류는 채권이고 근저당권은 물권으로서 물권과 채권이 충돌하면 물권 우선주의에 의해 물권이 채권에 우선하나 채권인 가압류가 물권인 근저당권보다 먼저 설정되었다면 동순위의 지위를 가진다. 즉, 가압류는 채권으로서 채권자 공평주의에 의해 우선변제권이 없으며 근저당권은 물권이나 우선변제권은 후순위 권리자들에게만 주장할 수 있다.

따라서 물권인 근저당권보다 먼저 설정된 가압류에 대해서 우선변제권을 주장할 수 없기에 선순위 가압류와 후순위 근저당권은 서로가 우선변제권을 주장할 수 없어서 동순위의 지위를 지니게 되는 것이다.

예로서 가압류의 채권액이 5천만 원이고, 근저당권의 채권액이 1억 원이며, 배당금액이 1억 원일 경우 이들은 동순위이기에 각자 채권액에 비례하여 배당받게 된다. 배당금액은 다음과 같다.

▶ 가압류 : 1억 원 × 5천만 원 / 1억 5천만 원 ≒ 3,333만 원

▶ 저당권 : 1억 원 × 1억 원 / 1억 5천만 원 ≒ 6,666만 원

② '갑' 가압류 ⇒ '을' 근저당권 ⇒ '병' 가압류 또는 근저당권, 확정일자

위와 같은 경우 '갑' 가압류와 '을' 근저당권은 동순위가 되고, '갑' 가압류와 '병' 가압류 또는 근저당권 또는 확정일자는 동순위가 된다. '갑' = '을' 이고 '갑' = '병' 이면, '갑' = '을' = '병' 이 되어 먼저 동순위로서 각자의 채권액에 비례해서 배당된다. 나중에 '을' 근저당권은 후순위 권리인 '병' 가압류 등에 대하여 우선변제권을 가져 '병' 가압류 등이 비례 배당받은 금액을 '을' 근저당권이 자기 채권액을 충족할 때까지 흡수하게 된다. 예로서 '갑' 의 채권액이 4천만 원이고, '을' 과 '병' 의 채권액이 각각 3천만 원이며, 배당금액이 5천만 원이라면 배당은 다음과 같이 진행된다.

㉠ 비례배당

▶ '갑' 가압류 : 5천만 원 × 4천만 원 / 1억 원 = 2천만 원

▶ '을' 저당권 : 5천만 원 × 3천만 원 / 1억 원 = 1천 5백만 원

▶ '병' 가압류 : 5천만 원 × 3천만 원 / 1억 원 = 1천 5백만 원

ⓒ 흡수배당

 '을' 근저당권은 후순위 권리자에 대하여 우선변제권이 있기에 후순위 권리자에 대하여 자기 채권 전액을 만족할 때까지 후순위 권리자의 비례배당금액을 흡수할 수 있다. '을' 근저당권은 '병' 가압류의 비례배당금액인 1천 5백만 원 전액 흡수하여 자기 채권액 3천만 원을 배당받는다.

ⓒ 배당결과
▶ '갑' 가압류 : 2천만 원 배당
▶ '을' 저당권 : 3천만 원 배당

③ 근저당권 ⇒ 가압류

 물권인 근저당권이 채권인 가압류보다 먼저 설정되었다면 근저당권이 자기 채권 전액을 먼저 배당받고, 잔여 금액이 있을 경우에 채권인 가압류가 배당받는다. 만약 잔여 금액이 없을 경우 배당받지 못하고 소멸하게 되어 낙찰자와 아무런 관계가 없게 된다. 예로서 근저당권의 채권액이 5천만 원이고 가압류의 채권액이 5천만 원이며, 배당금액이 다음과 같은 경우를 보자.

ⓐ 배당금 : 8천만 원
▶ 1순위 : 저당권 5천만 원 배당받고 경매로 소멸
▶ 2순위 : 가압류 3천만 원 배당받고 경매로 소멸

ⓑ 배당금 : 5천만 원
▶ 1순위 : 저당권 5천만 원 배당받고 경매로 소멸

▶ 가압류는 잔여 배당금액이 없어 배당받지 못하고 경매로 소멸. 대항할
수 없음

4-3. 가등기

1) 가등기는 장래의 물권변동을 일어나게 할 청구권을 보전하기 위한 청구권보전을 위한 가등기와 채권담보라는 경제적 목적을 달성하기 위하여 가등기의 형식으로 담보가등기로 구분된다. 담보가등기는 말소기준권리보다 후순위인 경우에는 말소가 되며, 선순위의 담보가등기는 경매실무에서 말소기준권리로 작용을 한다. 따라서 담보가등기는 경매실무에서 선순위, 후순위의 구별 없이 무조건 말소가 되는 것이다.

〈청주 6계 2008-0000 청주 홍덕구 가등기 물건〉

【 갑 구 】			(소유권에 관한 사항)
순위번호	등 기 목 적	접 수	등 기 원 인	권 리 자 및 기 타 사 항
1 (전 2)	소유권이전	1997년7월24일 제00000호	1997년2월11일 매매 0	소유자 정00 690424-1****** 인천시 부평구 십정동 358-22 부동산등기법 제177조의 6 제1항의 규정에 의하여 1999년 08월 09일 전산이기
2	소유권이전	1999년10월27일 제00000호	1999년10월22일 매매	소유자 반00 680922-1****** 청주시 홍덕구 가경동 1516 태암수정아파트 000-0000
3	~~압류~~	~~2006년12월19일 제00000호~~	~~2006년12월18일 압류(세무과 241)~~	권리자 ~~청주시홍덕구청~~
4	소유권이전청구권가등기	2008년1월4일 제000호	2007년1월4일 매매예약	가등기권자 안00 630108-1****** 충청북도 청주시 홍덕구 분평동 1255 주은프레지던트아파트 000-000
5	3번압류등기말소	2008년1월8일 제0000호	2008년1월7일 해제	
6	임의경매개시결정	2008년4월14일 제00000호	2008년4월11일 청주지방법원의	채권자 서청주새마을금고 150144-0004742 충청북도 청주시 홍덕구 복대동 31-7

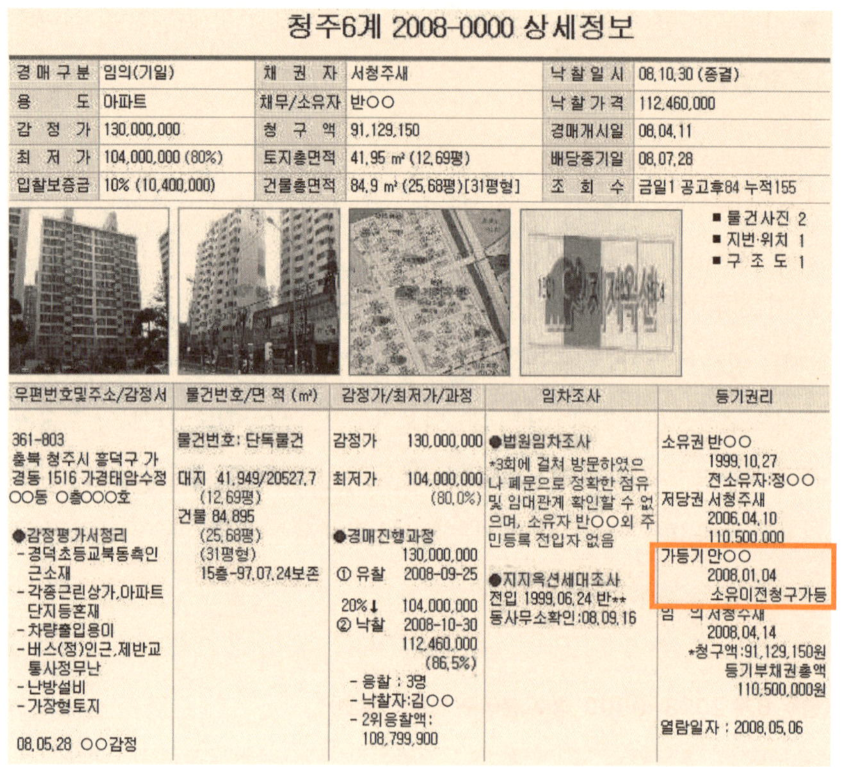

청주6계 2008-0000 상세정보

경매구분	임의(기일)	채 권 자	서청주새	낙찰일시	08.10.30 (종결)
용 도	아파트	채무/소유자	반○○	낙찰가격	112,460,000
감 정 가	130,000,000	청 구 액	91,129,150	경매개시일	08.04.11
최 저 가	104,000,000 (80%)	토지총면적	41.95 ㎡ (12.69평)	배당종기일	08.07.28
입찰보증금	10% (10,400,000)	건물총면적	84.9 ㎡ (25.68평)[31평형]	조 회 수	금일1 공고후84 누적155

- 물건사진 2
- 지번·위치 1
- 구 조 도 1

우편번호및주소/감정서	물건번호/면적(㎡)	감정가/최저가/과정	임차조사	등기권리
361-803 충북 청주시 흥덕구 가경동 1516 가경태암수정○○동 ○층○○○호 ●감정평가서정리 - 경덕초등교북동측인근소재 - 각종근린상가,아파트단지등혼재 - 차량출입용이 - 버스(정)인근,제반교통사정무난 - 난방설비 - 가장형토지 08.05.28 ○○감정	물건번호: 단독물건 대지 41,949/20527.7 (12.69평) 건물 84.895 (25.68평) (31평형) 15층-97.07.24보존	감정가 130,000,000 최저가 104,000,000 (80.0%) ●경매진행과정 130,000,000 ① 유찰 2008-09-25 20%↓ 104,000,000 ② 낙찰 2008-10-30 112,460,000 (86.5%) - 응찰 : 3명 - 낙찰자:김○○ - 2위응찰액: 108,799,900	●법원임차조사 *3회에 걸쳐 방문하였으나 폐문으로 정확한 점유 및 임대관계 확인할 수 없으며, 소유자 반○○외 주민등록 전입자 없음 ●지지옥션세대조사 전입 1999.06.24 반** 동사무소확인:08.09.16	소유권 반○○ 1999.10.27 전소유자:정○○ 저당권 서청주새 2006.04.10 110.500.000 가등기 안○○ 2008.01.04 소유이전청구가등 임 의 서정수새 2008.04.14 *청구액:91,129,150원 등기부채권총액 110,500,000원 열람일자 : 2008.05.06

2) 매수희망자는 실무상 가등기의 유형여부를 먼저 파악해야 한다. 소유권이전 청구권보전을 위한 가등기는 말소기준권리보다 선순위인 경우, 경매가 실행되면 낙찰자에게 인수되므로 소유권을 상실할 위험이 있다. 또 담보가등기는 경매실무에서 저당권과 유사한 것으로 취급을 하고 있다.

3) 경매집행법원에서는 경매절차과정에서 가등기권리자에게 담보가등기 또는 보전가등기에 대한 권리신고여부를 배당요구의 종기일를 정하여 가등기권리자에게 최고하게 된다. 따라서 가등기 권리자는 이 기간 중에 권리신고를 하게 되는데, 실무에서는 가등기권자가 권리신고를 하지 않는 경우도 종종 발

견하게 되므로 매수희망자는 각별히 주의하여야 한다.

4) 따라서, 매수희망자가 가등기를 판단하여 과연 어떠한 가등기인지를 구별하려면 먼저 경매집행법원에 권리신고여부를 매각물건 명세서나 경매사건 기록표를 통하여 확인을 하면 될 것이다. 권리신고를 하지 않은 경우에는 가등기권리자에게 직접 확인하면 된다. 그러나 가등기권리자가 경매집행법원에 권리신고를 하지 않았고, 또한 직접 확인에서도 협조를 하지 않은 경우에 매수희망자는 보전가등기라는 생각을 가지고 권리분석을 해야 할 것으로 생각된다.

5) 담보부동산의 다른 채권자가 경매 신청할 경우 담보가등기는 저당권으로 간주되고(=가등기담보등에 관한 법률 제13조), 따라서 담보가등기가 설정된 날짜를 기준하여 권리관계가 확정된다. 보전가등기의 경우 그 자체만으로는 아무런 효력이 없다. 단지 보전가등기를 한 사람이 정식 등기절차(=본등기절차)를 밟는다면 그때 가서야 본등기의 순위가 가등기한 날로 소급된다. 즉, 보전가등기는 순위보전적인 효력이 있다.

4-4. 가처분

1) 가처분은 말소기준권리보다 선순위이면 인수, 후순위이면 말소되는 것이 원칙이다. 그러나 건물철거의 목적을 위한 가처분과, 토지인도청구를 위해서 건물에 설정한 가처분은 그 성립순위에 관계없이 무조건 매수자에게 인수된다. 진정한 권리에 관한 소유권분쟁 소송제기 전에 소송원고가 처분금지가처분을 경료 시킨 경우 그 가처분은 당해 물건의 경매시에 말소 및 인수여부와 무관하게 가처분을 원인으로 한 본안판결의 결과에 따라서 원고승소판결이 날

경우에 제3자는 권리를 상실할 수도 있다. 가처분은 장래의 집행보전을 위한 보전처분으로서 부동산의 가처분에는 처분금지가처분과 점유이전금지 가처분이 있다. 가처분권리자가 본안소송에서 승소하여 승소판결에 의한 등기를 실행하는 경우 가처분에 저촉되는 등기는 말소되므로 가처분 이후에 기입된 등기는 말소된다.

2) 가처분은 특정 청구권에 대하여 장래 강제집행을 보전할 필요가 있을 때 하는 조치이다. 부동산소유권과 관련하여 분쟁이 발생되었을 경우에 하는 매매·양도금지가처분등기, 경매로 부동산을 낙찰 받은 후 명도대상자에 대해 명도집행을 하기 전에 하는 점유이전금지가처분이 있다.

① 매매·양도금지가처분

경매물건에 말소기준권리보다 먼저 가처분등기가 되어 있으면 이는 경매로 말소되지 않기에 투자대상에서 제외시키는 것이 좋다. 이는 소유권과 관련하여 분쟁이 발생되었을 경우 특정 부동산에 대한 소유권을 주장하는 자가 현재 부동산등기부상의 소유자를 상대로 소송을 제기하기에 앞서 부동산등기부상의 소유자가 그 부동산을 다른 사람에게 매매 등을 하지 말라고 하는 의사표시로서 등기하는 것을 말한다.

② 점유이전금지가처분

낙찰자에게 대항할 수 없는 자가 주택을 비우지 않을 경우 낙찰자는 경매대금 완납일로부터 6개월 이내에 인도명령신청을 해야 한다. 동시에 점유자를 상대로 '점유이전금지가처분신청'을 해야 한다. 그러나 실무에서는 가처분신청을 하지 않는 경향이 있다. 그러나 가처분신청을 하지 않은 상태에서 인도명령신청에 의한 명도집행을 하려고 현장을 가 본 결과 점유자가 다르다면 명도집행시 곤란을 입을 수도 있기에 이 신청을 하는 것도 나쁘지 않다.

청주1계 2005-00000 상세정보

경매구분	임의(기일)	채 권 자	최○○	낙찰일시	08,10,28 (종결)
용 도	임야	채무/소유자	장○○/오○○외2	낙찰가격	132,500,000
감 정 가	62,475,000	청 구 액	200,000,000	경매개시일	05,12,09
최 저 가	62,475,000 (100%)	토지총면적	2975 ㎡ (899,94평)	배당종기일	06,03,20
입찰보증금	10% (6,247,500)	건물총면적	0 ㎡ (0평)	조 회 수	금일1 공고후77 누적77
주 의 사 항	|colspan| ·선순위가처분 · 맹지 · 분묘기지권 · 입찰외 ·위지상에 분묘수기가 소재하며 분묘기지권성립여부 불분명.				

■ 물건사진 2
■ 지번·위치 2
■ 구 조 도 0

우편번호및주소/감정서	물건번호/면 적 (㎡)	감정가/최저가/과정	임차조사	등기권리
363-883 충북 청원군 오창읍 구룡리 산○○ ●감정평가서정리 -청원변전소북서측인근소재 -임야밀집된지방도주변순수임야지대 -차량접근불가능 -동측인근504번지방도통과 -중부고속도로오창I/C까지차량으로약10분소요	물건번호: 단독물건 임야 2975 (899,94평) 맹지 입찰외분묘수기소재 분묘기지권성립불명	감정가 62,475,000 최저가 62,475,000 (100,0%) ●경매진행과정 62,475,000 ① 낙찰 2008-10-28 132,500,000 (212,1%) - 응찰 : 2명 - 낙찰자:최○○ - 2위응찰액: 65,750,000	●법원임차조사 *소유자 미상의 분묘 수기 소재하나 소유자를 만날 수 없어 점유관계는 확인할 수 없음	가처분 최○○ 2004,12,02 저당권 최○○ 2005,03,10 200,000,000 임 의 최○○ 2005,12,12 *청구액:200,000,000원 압 류 동청주세무서 2006,05,26 등기부채권총액 200,000,000원 열람일자 : 2008,10,14

6	가처분	2004년12월2일 제00000호	2004년11월30일 청주지방법원의 가처분결정(2004카단00000)	피보전권리 매매를 원인으로 한 소유권이전등기청구권 채권자 최○○ 　　서울 송파구 잠실동 000-0　　아파트 00-000 금지사항 매매.증여.전세권.저당권.임차권의 설정 　　기타일체의 처분행위 금지

4-5.전세권

전세권이란 전세금을 집주인(=전세권 설정자)에게 지급하고 전세권이라는 물권을 등기하여 전세권자가 전세목적물을 사용(用)하고 수익(益)할 수 있는 권리이다. 용익(用益)물권의 성격이 있으며, 전세권 설정기간이 만료되었음에도 불구하고 집주인이 전세금을 반환하지 않을 경우 전세권에 의해 전세목적물을 처분(=경매신청)할 수 있는 담보물권적인 성격도 있어 전세권을 특수한 용익물권이라고도 한다.

〈청주 8계 2008-00000 청주 흥덕구 전세권등기 물건〉

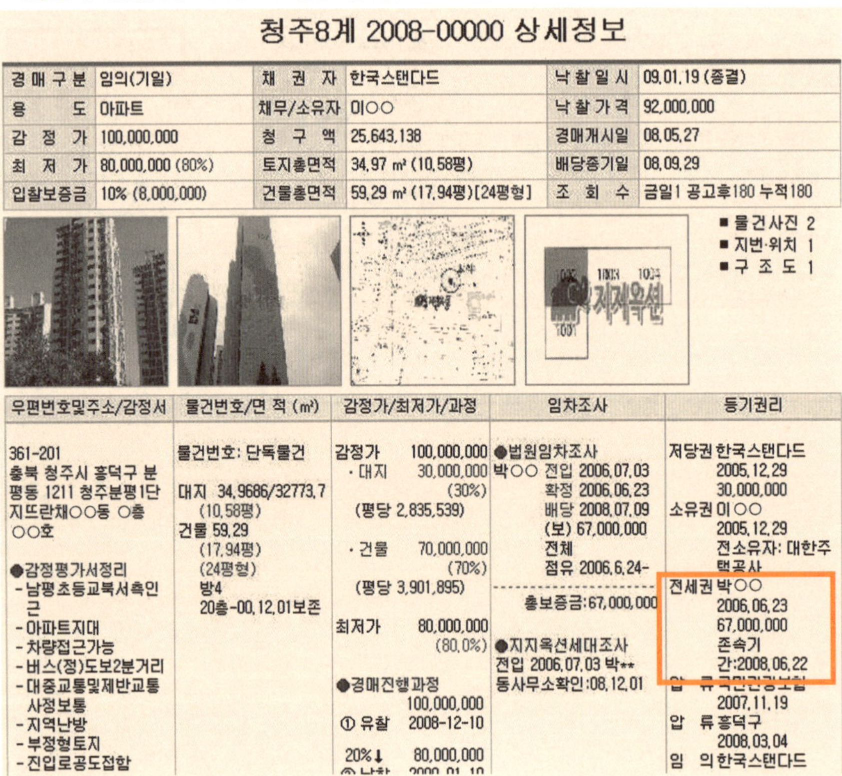

청주8계 2008-00000 상세정보

경 매 구 분	임의(기일)	채 권 자	한국스탠다드	낙 찰 일 시	09.01.19 (종결)
용 도	아파트	채무/소유자	이○○	낙 찰 가 격	92,000,000
감 정 가	100,000,000	청 구 액	25,643,138	경매개시일	08.05.27
최 저 가	80,000,000 (80%)	토지총면적	34.97 ㎡ (10.58평)	배당종기일	08.09.29
입찰보증금	10% (8,000,000)	건물총면적	59.29 ㎡ (17.94평)[24평형]	조 회 수	금일1 공고후180 누적180

- 물건사진 2
- 지번·위치 1
- 구 조 도 1

우편번호및주소/감정서	물건번호/면 적 (㎡)	감정가/최저가/과정	임차조사	등기권리
361-201 충북 청주시 흥덕구 분평동 1211 청주분평1단지뜨란채○○동 ○층 ○○호 ●감정평가서정리 - 남평초등교북서측인근 - 아파트지대 - 차량접근가능 - 버스(정)도보2분거리 - 대중교통및제반교통 사정보통 - 지역난방 - 부정형토지 - 진입로공도접함	물건번호: 단독물건 대지 34.9686/32773.7 (10.58평) 건물 59.29 (17.94평) (24평형) 방4 20층-00.12.01보존	감정가 100,000,000 · 대지 30,000,000 (30%) (평당 2,835,539) · 건물 70,000,000 (70%) (평당 3,901,895) 최저가 80,000,000 (80.0%) ●경매진행과정 100,000,000 ① 유찰 2008-12-10 20%↓ 80,000,000 ② 낙찰 2009.01.19	●법원임차조사 박○○ 전입 2006.07.03 확정 2006.06.23 배당 2008.07.09 (보) 67,000,000 전체 점유 2006.6.24- - - - - - - - - - - - - 총보증금:67,000,000 ●지지옥션세대조사 전입 2006.07.03 박** 동사무소확인:08.12.01	저당권 한국스탠다드 2005.12.29 30,000,000 소유권 이○○ 2005.12.29 전소유자: 대한주택공사 전세권 박○○ 2006.06.23 67,000,000 존속기간:2008.06.22 압 류 국민건강보험 2007.11.19 압 류 흥덕구 2008.03.04 임 의 한국스탠다드

| 2 | 전세권설정 | 2006년6월23일
제00000호 | 2006년6월23일
설정계약 | 전세금 금67,000,000원
범 위 주거용 건물의 전부
존속기간 2006년6월23일부터 2008년6월22일까지
반환기 2008년6월22일
전세권자 박00 661020-1******
청주시 홍덕구 분평동 0000 분평주공아파트 000-000 |

경매물건에 있어서 말소기준권리 이후에 설정된 전세권은 경매결과 순위에 의해 배당받고 소멸되나, 말소기준권리 이전에 설정되었다면 원칙적으로 소멸되지 않고 낙찰자에게 인수되는 경우가 있다.

1) 소멸되는 전세권

① 말소기준권리 이후에 설정된 전세권

말소기준권리인 근저당권 등보다 나중에 전세권이 설정되었다면 경매절차에서 전세금 전액을 배당받건 배당받지 못하건 무조건 소멸된다. 이는 전세권보다 먼저 설정된 말소기준권리가 배당받고 소멸하면 후순위 전세권은 선순위 말소기준권리와 운명을 함께하여 소멸하는 것이다.

② 말소기준권리 이전에 설정된 전세권

선순위 전세권자가 법원이 공고한 배당요구종기일(=최초 매각기일 이전)까지 채권계산서를 제출하면 배당받고 소멸한다(=민사집행법 제91조 제4항 단서).

③ 선순위 전세권자가 경매 신청한 경우

선순위 전세권이 임의경매신청을 하였다면 전세권과 저당권은 경매로 모두 소멸한다. 이때 말소기준권리는 선순위 전세권이 된다. 참고로 전세권에 기한 임의경매신청을 하였다는 것은 집합건물과 같이 건물 전부에 전세권이 설정된 경우에 한한다. 단독주택 등 건물 일부에 설정된 전세권은 전세권 그 자체만으로 경매 신청할 수 없고, 소유자를 상대로 전세금반환청구소송에 의한 판결문으로 건물 전부를 강제경매신청하여 대지 매각대금을 제외한 건물 매각대금에서만 우선 변제받을 뿐이다. 이 경우의 전세권은 말소기준권리에 해당되지 않는다.

그러나 후순위 저당권이 경매신청을 하면 선순위 전세권은 소멸되지 않으나 채권계산서를 최초 매각기일 이전까지 제출하면 배당받고 소멸하는데, 선순위 전세권자의 채권계산서 제출여부를 입찰 전에 확인하여야 한다.

2) 인수되는 전세권

말소기준권리보다 먼저 설정된 전세권이 경매절차상에서 채권계산서를 제출하지 않으면 무조건 낙찰자의 부담이다.

3) 전세권의 배당범위

집합건물이 아닌 단독주택 등에 전세권이 설정되었다면 전세권의 효력은 건물 부분에만 미쳐 건물 매각대금에서 우선 변제받을 수 있다. 그러나 아파트 등 집합건물의 전유부분에 설정된 전세권의 경우 전세권은 전유부분의 종된 권리인 대지권에까지 그 효력이 미쳐, 대지 및 건물 매각대금 전부에 대하여 우선변제권을 가지게 된다(=대법원 2002년 6월 14일, 2001다68389 판결, 배당이의).

그리고 아파트 등 집합건물이 아닌 단독주택의 건물 부분에 전세권을 설정하였다면 전세권의 효력은 건물 부분에만 미치기에 경매결과 건물 경매대금에 대하여만 우선 변제받을 수 있다. 그러나 임차인이 전입신고 및 임대차계약을 체결하였다면 전세권등기일에 임대차계약증서상에 확정일자를 받은 것과 같은 효력이 발생되어 배당시 토지 및 건물 경매대금 전부에 대하여 후순위 권리자보다 전세금을 우선해서 변제받을 권리(=우선변제권)를 주장할 수 있다(=대법원 2002년 11월 8일 선고, 2001다51725).

4) 전세권에 의한 경매신청

① 임의경매

공동주택에 설정된 전세권은 전세기간 만료 후 임의경매신청을 할 수 있다. 즉, 전세권은 용익물권이나 공동주택에 설정된 전세권의 효력은 전유부분뿐만 아니라 대지권에까지 미치기에 담보권에 준하여 임의경매신청이 가능한 것이다.

<청주 5계 2005-00000 청주 상당구 전세권에 의한 임의경매 물건>

청주5계 2005-00000 상세정보

경매구분	임의(기일)	채 권 자	김○○	낙찰일시	06.07.06 (종결)
용 도	아파트	채무/소유자	박○○	낙찰가격	81,930,000
감 정 가	82,000,000	청 구 액	0	경매개시일	05.12.07
최 저 가	65,600,000 (80%)	토지총면적	50.65 ㎡ (15.32평)	배당종기일	06.03.15
입찰보증금	10% (6,560,000)	건물총면적	84.05 ㎡ (25.43평)[32평형]	조 회 수	금일1 공고후12 누적147
주 의 사 항	·선순위전세권				

■ 물건사진 4
■ 지번·위치 1
■ 구 조 도 0

우편번호및주소/감정서	물건번호/면 적 (㎡)	감정가/최저가/과정	임차조사	등기권리
360-090 충북 청주시 상당구 영운동 204 ,-2,205--5 영운동삼일○○ 동○○.호 ●감정평가서정리 -영운동사무소남동측인근 -아파트,단독주택,도로변근린시설등혼재 -북서측인근한국병원소재 -차량진출입가능,제반교통사정보통	물건번호: 단독물건 대지 50.648/10118 (15.32평) 건물 84.05 (25.43평) (32평형) 15층-92.08.20보존	감정가 82,000,000 최저가 65,600,000 (80.0%) ●경매진행과정 82,000,000 ① 유찰 2006-06-01 20%↓ 65,600,000 ② 낙찰 2006-07-06 81,930,000 (99.9%) - 응찰 : 5명 - 낙찰자:이○○	●법원임차조사 미 상 전입 *폐문으로정확한임대관계확인할수없으며주민등록전입자없음	소유권 박○○ 1992.09.08 전세권 김○○ 2001.10.31 60,000,000 존속기 간:2005.10.30 압 류 국민건강 2003.08.28 임 의 김○○ 2005.12.08 *청구액:60,000,000원 등기부채권총액 60,000,000원

② 강제경매

공동주택이 아닌 일반주택이나 상가 등에 전세권을 설정하였을 경우 전세권은 건물부분에만 효력이 미치고 토지에는 미치지 않기에 공동주택에 설정된 전세권처럼 전세권에 기한 임의경매신청을 할 수 없다. 따라서 전세권자는 소유자를 상대로 전세금 반환소송을 제기하여 판결문으로 토지 및 건물 전부를 강제경매신청한 후 배당은 토지 경매대금을 제외한 건물 경매대금 전부에 대하여 후순위 권리자보다 우선 변제받을 따름이다(=민법 제303조 제1항 : 전세권

자는 전세금을 지급하고 타인의 부동산을 점유하여 그 부동산의 용도에 좇아 사용·수
익하며, 그 부동산 전부에 대하여 후순위권리자 기타 채권자보다 전세금의 우선변제
를 받을 권리가 있다).

4-6. 법정지상권

법정지상권이란 남의 토지위에 건물을 소유한 사람이 토지소유자에게 토
지사용료조로 일정금액을 지급하고 최장 30년 동안 토지를 사용할 수 있는 권
리로서 법률의 규정에 의해 법정지상권이 성립되면 이를 등기하지 않아도 당
연히 취득되는 권리를 말한다(=민법 제366조).

1) 법정지상권 성립요건

건물소유자가 남의 토지를 적법하게 사용할 수 있는 법정지상권은 토지와
건물의 소유자가 동일인이었다가 경매로 인해 토지와 건물소유자가 달라졌을
때에 토지소유자는 건물소유자를 위해 지상권을 설정한 것으로 보는데, 법정
지상권의 성립요건은 다음과 같다.

① 토지에 저당권이 설정된 때에 건물이 존재해야 한다.

토지에 저당권이 설정될 당시에 지상에 건물이 반드시 존재해야 한다. 지상
에 건물이 없는 상태에서 토지에 저당권을 설정할 경우 저당권자는 담보가치
를 높게 평가하여 담보를 취득하는 것이 일반적이다. 만약 토지에 저당권을 설
정한 후 신축된 건물에 대하여도 법정지상권을 인정한다면 토지의 담보가치가

떨어질 것이다. 그러면 나대지 상태에서 토지를 담보 취득한 저당권자의 이익
이 침해되기 때문에 법정지상권이 인정되기 위해서는 저당권 설정 당시 지상
에 건물이 반드시 있어야 한다. 건물등기가 없더라도 건물이 존재하면 된다.

따라서 미등기 건물이 존재하더라도 토지와 건물의 소유자가 동일인이라
면 법정지상권의 성립요건이 된다. 또한 건물을 개축하거나 재축한 경우에도
인정이 되며, 구건물을 철거하고 새로이 건축하였을 경우에도 또한 법정지상
권이 인정된다.

② 토지와 건물의 소유자가 동일인이어야 한다.

근저당권 설정당시에 토지 및 건물의 소유자가 동일인이어야 한다. 따라서
근저당권 설정당시 토지와 건물의 소유자가 다르다면 법정지상권은 성립되지
않는다.

③ 토지와 건물 한쪽 또는 양쪽에 근저당권이 설정되어야 한다.

토지와 건물 한쪽 또는 양쪽 모두에 근저당권이 설정된 후 경매결과 소유자
가 달라진다면 법정지상권이 인정된다. 토지와 건물 어느 쪽에도 근저당권이
설정되어 있지 않았으나 매매 등의 원인으로 소유자가 달라졌다면 이때에는
관습법상 법정지상권이 성립된다.

④ 경매결과 토지와 건물소유자가 달라져야 한다.

토지 및 건물의 소유자가 같고, 토지에 저당권이 설정될 당시 지상에 건물
이 존재한 상태에서 저당권자의 경매신청에 의해 토지와 건물의 소유자가 달
라져야 한다.

2) 법정지상권의 성립시기와 등기여부

법정지상권의 성립 시기는 낙찰자가 낙찰대금을 완납한 때이고, 이때로부터 최장 30년간 법정지상권이 유지된다. 그리고 법정지상권은 법률의 규정(=민법 제366조)에 의한 물권 취득으로서 등기를 필요로 하지 않는다.

3) 존속기간

법정지상권의 존속기간은 판례는 기간의 약정을 하지 않은 지상권으로 보며, 기간의 약정을 하지 않은 지상권의 존속기간은 민법 제280조 제1항 규정의 최단기간으로 보아 ▶석조, 석회조, 연와조 또는 이와 유사한 견고한 건물이나 수목의 소유를 목적으로 하는 때에는 30년 ▶그 밖의 건물의 소유를 목적으로 하는 때에는 15년 ▶건물 이외의 공작물의 소유를 목적으로 하는 때에는 5년으로 된다.

4) 법정지상권의 범위

법정지상권이 성립될 경우 법정지상권자의 토지사용권 범위는 건물의 대지에 한정되지 않고 건물의 유지 및 사용에 일반적으로 필요한 범위 내에서 건물의 대지 이외의 대지에도 미친다. 예로 지상의 창고가 법정지상권을 가진다면 창고로 이용하는데 있어서 일반적으로 필요한 주변토지에 까지 그 효력이 미친다(=대법원 1977년 7월 26일, 77다921 판결, 부당이득금반환).

5) 지료(地料)

타인의 토지를 사용함으로서 건물소유자가 이득을 얻었다면 이는 부당이득에 해당된다. 따라서 지료의 지급은 이러한 부당이득에 대한 반환의 성격을 가지게 된다. 지료의 산정은 토지 및 건물 소유자간의 협의에 의해 결정하고, 협의가 안 되면 법원에 청구하여 결정하여야 한다. 지료액의 정도는 아무런 제한 없이 타인 토지를 사용함으로서 얻는 이익에 상당하는 대가이어야 한다(=대법원 1995년 9월 15일, 94다61144 판결, 지료 등).

6) 법정지상권의 성립여지가 있는 물건에 대한 접근방법

법정지상권을 가지는 건물이 소재하는 토지를 낙찰 받았을 경우 실패한 경매투자라고 생각할 수도 있다. 이는 법정지상권자 즉, 건물 소유자가 가지는 권리만을 생각하고 토지 낙찰자가 가지는 권리는 생각하지 않기 때문에 실패한 경매투자라고 단정짓는 것이다. 그러나 토지 낙찰자가 건물 소유자에게 주장할 수 있는 권리 즉, 지료지급 요청 및 지료지급을 지체할 경우 지상 건물을 강제집행한 후 지상 건물을 토지 낙찰자가 낙찰 받는다면 반드시 실패한 경매투자라고 단정 지을 수 없다.

정리하면 법정지상권이 성립되면 지료청구를 하고, 성립되지 않는다면 건물철거소송 등의 절차를 밟아 토지 낙찰자의 권리를 주장할 수 있다. 토지만 경매로 나왔을 경우 시세의 절반 정도의 가격으로 취득할 수 있다면 주도권은 토지 낙찰자에게 있어 이 또한 투자대상으로 삼아도 괜찮을 것이다.

청주2계 2008-0000 상세정보

병합/중복	병합:2008-00000				
경 매 구 분	임의(기일)	채 권 자	남청주신협	경 매 일 시	취하물건
용　　　도	대지	채무/소유자	권○○	다 음 예 정	종결(취하)
감 정 가	199,181,000	청 구 액	51,779,886	경매개시일	08.01.21
최 저 가	199,181,000 (100%)	토지총면적	404.3 ㎡ (122.3평)	배당종기일	08.04.28
입찰보증금	10% (19,918,100)	건물총면적	0 ㎡ (0평)	조 회 수	금일1 공고후174 누적174
주 의 사 항	· 법정지상권 · 입찰외 · 일괄매각,위 지상에 매각에서 제외되는 컨테이너와 창고가 소재하며 법정지상권성립여지있음				

■ 물건사진 7
■ 지번·위치 4
■ 구 조 도 1

우편번호및주소/감정서	물건번호/면 적 (㎡)	감정가/최저가/과정	임차조사	등기권리
360-814 충북 청주시 상당구 우암동○○-○ ●감정평가서정리 - 일반미관지구(건축한 　계선3m(대로변 　접하는필지에한함)) - 상대정화구역 - 소로3류접함 감정평가액 　(감정:1,530,000원)	물건번호: 단독물건 대지 125.6 　(37.99평) 현:주거나지 입찰외제시외소유미 상의건물20 창고18,창고2소재 (감정:1,530,000원) 법정지상권성립여지 있음	감정가　　199,181,000 · 토지　　199,181,000 　　　　　　(100%) 　(평당 1,628,626) 최저가　　199,181,000 　　　　　　(100.0%) ●경매진행과정 　취하　2008-09-29	●법원임차조사 ＊본건에 성명미상의 임차 인이 존재하여 재조사한 바 4회에 걸쳐 방문하였 으나 소유자 및 점유자를 만날 수 없어 정확한 점유 관계 확인 할 수 없으며, 제시외 11, 12번 건물은 오랫동안 출입이 없는 것 으로 보이며 제시외 11번 건물은 상품권 교환하였 던 건물로 보이며 인근 상 가 주민들에게 탐문하여	저당권 조흥은행 　　　사천동 　　　2004.12.02 　　　306,800,000 지상권 조흥은행 　　　2004.12.02 　　　30년 소유권 권○○ 　　　2004.12.02 　　　전소유자:김○○ 저당권 청남신협 　　　2004.12.21 　　　70,000,000

4-7. 유치권

1) 유치권이란?

　유치권이란 타인의 물건 등을 점유한 자가 그 물건에 관하여 발생된 채권이

있을 경우 그 채권을 변제받을 때까지 물건 등을 유치할 수 있는 권리(=민법 제

320조 제1항)이다. 예로 시계수리업자는 시계라는 물건에서 발생된 채권(=시계

수리비)을 변제받을 때까지 시계의 인도를 거절하고 유치(=가지고 있는 것)할 수 있는 권리와 임차인이 임차목적물에 투여한 필요비 및 유익비의 반환을 받을 때까지(=민법 제325조) 임차목적물을 보유할 수 있는 권리를 유치권이라 한다. 이와 같이 유치권은 목적물을 유치함으로서 채무변제를 간접적으로 강제할 수 있다. 그러나 유치권자가 점유를 상실하면 이로서 유치권은 소멸하게 된다(=민법 제328조).

그리고 유치권은 우선변제권이 없으나 유치권의 목적물이 경매 또는 강제

〈청주 5계 2008-0000 청주 흥덕구 유치권물건〉

청주5계 2008-0000 상세정보

병합/중복	병합:2008-00000				
경매구분	강제(기일)	채 권 자	남청주신협	낙 찰 일 시	08.12.02 (종결)
용 도	상가	채무/소유자	정○○	낙 찰 가 격	255,000,000
감 정 가	420,000,000	청 구 액	200,000,000	경매개시일	08.03.18
최 저 가	215,040,000 (51%)	토지총면적	16,45 m² (4,98평)	배당종기일	08.06.30
입찰보증금	10% (21,504,000)	건물총면적	56,7 m² (17,15평)	조 회 수	금일1 공고후131 누적223
주 의 사 항	·유치권 ·조○○으로 부터 공사대금(금45,548,260원)에 대하여 유치권 신고 있었으나 그 성립여부는 불분명함.농업협동조합중앙회로부터 조○○의 유치권 신고에 대해서 유치권 배제신청 있음.				

■ 물건사진 7
■ 지번·위치 2
■ 구 조 도 0

우편번호및주소/감정서	물건번호/면 적 (m²)	감정가/최저가/과정	임차조사	등기권리

361-803
충북 청주시 흥덕구 가경동 1553 가경동태양빌딩○○호
 	
●감정평가서정리
 - "엘리시아엔틱가구"
 - 철콘조철콘지붕
 - 교육연구및복지시설 외1
 - 홈플러스북동측인근
 - 대형마트및중소규모
	물건번호: 단독물건
	
	대지 16,4472/783,5
	  (4,98평)
	건물 56,7
	  (17,15평)
	 7층-03,05,30보존
		감정가 420,000,000
		최저가 215,040,000
		     (51,2%)
		
		●경매진행과정
		     420,000,000
		① 유찰 2008-08-19
		20%↓ 336,000,000
		② 유찰 2008-09-23
		20%↓ 268,800,000
			●법원임차조사
			조○○ 전입 2006,11,13
			    확정 2006,11,13
			    배당 2008,06,09
			    (보) 70,000,000
			전체
			엘리시아
			-------------------- 	
			총보증금:70,000,000
				저당권 농협중앙
				    사창동
				    2003,06,13
				    204,100,000
				전세권 조○○
				    2006,11,14
				    70,000,000
				    존속기
				    간:2008,11,11
				가압류 남청주신협
				    2008,01,29
				    200,000,000

집행되더라도 유치권자는 낙찰자에게 유치권에 기한 채권을 변제받을 때까지 목적물의 인도를 거절할 수 있어 사실상 우선변제권이 있는 것으로 보아야 한다. 또한 유치권은 일정한 요건만 갖추면 당사자의 의사와는 상관없이 당연히 발생되는 법정담보물권으로서 경매물건에도 유치권이라는 복병이 간혹 도사리고 있는 경우가 있는데, 유치권은 소멸기준 전후를 떠나서 낙찰자가 무조건 인수하여야 하는 권리에 해당된다.

2) 유치권의 성립요건

① 유치권의 목적물

유치권은 법정담보물권(=법률상 당연히 성립되는 물권)으로 그 목적물이 될 수 있는 것은 동산, 부동산, 유가증권이다. 유치권은 그 목적물을 점유하면 발생되고, 특히 부동산 유치권의 경우 등기를 요하지 않는다(=부동산등기법 제2조). 따라서 건물의 경우 공사대금을 반환받지 못한 건축업자가 있거나 임차인이 임차목적물에 대하여 필요비 또는 유익비를 지출하였을 경우, 낙찰자는 낙찰금액과는 별도로 공사대금 또는 임차인이 들인 비용을 부담해 주어야 하는 경우가 간혹 발생되곤 한다.

② 채권이 목적물 자체에서 발생되어야 한다.

유치권에 기한 채권이 유치권의 목적물과 관련하여 발생되어야 한다(=민법 제320조 제1항). 예로 임차인이 임차목적물에 들인 필요비 또는 유익비의 상환청구권, 물건의 하자로 인해 발생된 손해배상청구권 등으로서 채권이 목적물 자체에서 발생되어야 한다(=대법원 76다582, 건물명도).

따라서 물건과 관련하여 발생된 채권이 아니면 유치권이 성립되지 않는다. 예로서 임차인의 보증금반환청구권은 유치권의 대상이 되지 않는데

(=대법원 77다115 건물명도), 임차보증금반환채권은 임차목적물에 대하여 생기는 채권으로서 임대인에 대한 채권이지 임차목적물 자체와 관련하여 발생된 채권이 아니기 때문이다.

③ 채권의 발생시기

물건에 대한 채권이 그 목적물을 점유하기 전에 발생되었더라도 나중에 목적물을 점유하면 유치권은 성립된다. 따라서 점유하던 중 또는 점유와 동시에 채권이 발생되어야만 하는 것은 아니다(대법원 64다1977 가옥명도 및 손해배상).

④ 타인의 물건을 점유하여야 한다.

유치권자는 타인의 물건을 점유하여야 하여야 하며 점유는 계속되어야 한다. 점유는 직접점유이든 간접점유이든 간에 상관없으나, 만약 점유를 상실하면 유치권은 소멸하게 된다(=민법 제328조).

⑤ 불법행위에 의한 점유가 아니어야 한다.

유치권자의 점유가 불법행위에 기인하여서는 아니 된다. 이는 불법행위에 의해 점유를 한 자에 대하여 까지도 유치권을 인정하여 그 채권을 보호해 줄 필요가 없기 때문이다. 예로서 타인의 물건을 훔친 자가 그 물건을 고쳤더라도 수선비 채권에 대한 유치권이 성립되지 않는 것이다(=대법원 71다1442, 토지인도 ⇒ 원고의 소유권취득 후에 이 사건 부동산을 점유하기 시작한 피고는 원고에 대하여 불법점유자이므로 피고의 유치권 주장은 부당하다/대법원 66다2144 가옥명도 ⇒ 점유할 권원을 상실한 후에 지출한 수리비등에 대하여는 유치권을 행사할 수 없다).

지상권이란 말 그대로 타인 토지를 사용 및 수익할 수 있는 권리를 말한다. 예로서 한국전력공사가 타인 토지상에 송전탑을 설치할 때에는 일정 면적부분에 대하여 지료(=사용료)를 토지 소유자에게 지급하고 일정기간 그 토지를 사용할 수 있는 권리를 말한다. 부동산등기부상에는 지상권의 범위와 지상권의 존속기간이 기재된다.

1) 인수되는 지상권

지상권 A ⇒ 근저당권 B ⇒ 경매신청

2) 인수되지 않는 지상권

① 근저당권 A ⇒ 지상권 A ⇒ 근저당권 B ⇒ 경매신청

② 지상권 A ⇒ 근저당권 A ⇒ 근저당권 B ⇒ 경매신청

말소기준권리보다 먼저 지상권이 설정되었다면 지상권은 경매로 소멸되지 않고 낙찰자에게 인수되는데, 인수되는 지상권이 있을 경우에 낙찰자는 부동산등기부상 지상권의 존속기간동안 지상권자로부터 지료를 받을 수 있을 뿐이어서 지상권 만료기간까지 완전한 소유권행사를 할 수 없게 된다.

청주8계 2008-00500 상세정보

경매구분	임의(기일)	채 권 자	농협중앙	경매일시	취하물건
용 도	대지	채무/소유자	윤○○	다음예정	종결(취하)
감 정 가	904,120,000	청 구 액	984,171,043	경매개시일	08.09.25
최 저 가	370,328,000 (41%)	토지총면적	645.8 ㎡ (195.35평)	배당종기일	08.12.29
입찰보증금	10% (37,032,800)	건물총면적	0 ㎡ (0평)	조 회 수	금일1 공고후77 누적449
주 의 사 항	2004.3.29. 접수번호 제13606호 지상권등기				

■ 물건사진 1
■ 지번·위치 4
■ 구조도 0

우편번호및주소/감정서	물건번호/면 적 (㎡)	감정가/최저가/과정	임차조사	등기권리

363-883
충북 청원군 오창읍 양
청리○○-1
 	
●감정평가서정리
 - 송대공원북서측인근
 - 오창과학단지내주거
  용및상업용나대지등
  혼재한미성숙상가지
  대
 - 인근단지내간선도로
  소재
 - 교통사정보통
 - 가장형평지
 - 북서측및남서측도로
  접함
	물건번호: 단독물건
	
	대지 645.8
	(195.35평)
		감정가 904,120,000
		 ·토지 904,120,000
		         (100%)
		(평당 4,628,206)
		
		최저가 370,328,000
		         (41.0%)
		
		●경매진행과정
		         904,120,000
		① 유찰 2009-02-25
		
		20%↓ 723,296,000
		② 유찰 2009-04-01
		
		20%↓ 578,637,000
			●법원임차조사
			미 상 전입
			＊소유자를만날수없어점
			유관계확인할수없음
				지상권 농협중앙
				    내덕동
				    2004.03.29
				    30년
				서낭권 농협중앙
				    대덕테크노벨
				    2006.05.10
				    1,140,000,000
				가등기 정○○
				    2008.02.15
				    소유이전청구가등
				임 의 농협중앙
				    대덕테크노기
				    2008.09.25
				＊청구액:984,171,043원
				    등기부채권총액

2	지상권설정	2004년3월29일 제00000호	2004년2월3일 설정계약	목 적 건물 기타 공작물이나 수목의 소유 범 위 토지의 전부 존속기간 2004년3월29일부터 30년 지 료 무료 지상권자 농업협동조합중앙회 110136-0027690 서울 중구 충정로1가 75 (내덕동지점)

4-9. 분묘기지권

분묘기지권이란 타인의 토지에 분묘를 설치한 자가 그 분묘를 소유하기 위하여 분묘가 소재한 타인 소유의 토지를 사용할 것을 내용으로 하는 관습에 의해 인정된 지상권과 유사한 물권이다. 분묘기지권은 다음과 같은 경우에 성립되며, 분묘기지권의 존속기간은 분묘가 존속하는 한 계속된다.

■ 분묘기지권 성립요건 ■

▶토지 소유자의 승낙을 얻어 분묘를 설치한 경우

▶토지 소유자의 승낙 없이 분묘를 설치한 경우로서 20년간 평온, 공연하게 그 분묘를 점유한 경우

▶자기 토지상에 분묘를 설치한 자가 분묘의 이전을 한다는 특약 없이 토지를 매매한 경우

※임야를 취득하는 경우 분묘가 있는지 반드시 확인해야 한다.

〈청주 2계 2008-00000[1] 충북 괴산군 칠성면 분묘기지권물건〉

청주2계 2008-00000[1] 상세정보

경매구분	강제(기일)	채 권 자	농협중앙	낙찰일시	09.08.13 (종결)
용 도	임야	채무/소유자	김○○	낙찰가격	3,010,000
감 정 가	3,172,000	청 구 액	31,183,640	경매개시일	08.11.10
최 저 가	2,538,000 (80%)	토지총면적	793 m² (239.88평)	배당종기일	09.02.10
입찰보증금	10% (253,800)	건물총면적	0 m² (0평)	조 회 수	금일1 공고후30 누적138
주의사항	· 재매각물건 · 맹지 · 분묘기지권 · 입찰외 · 위 지상 분묘 수기 존재하며, 분묘기지권 성립여지 있음				

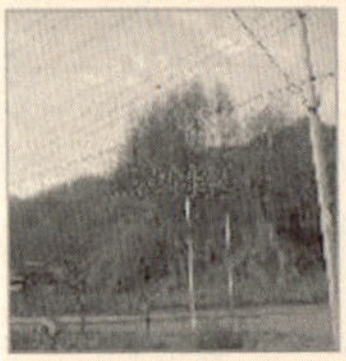
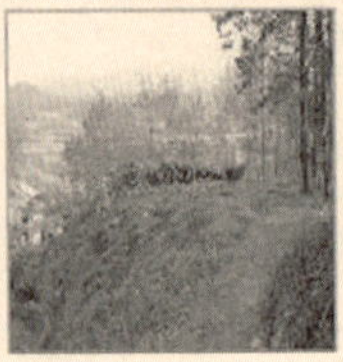
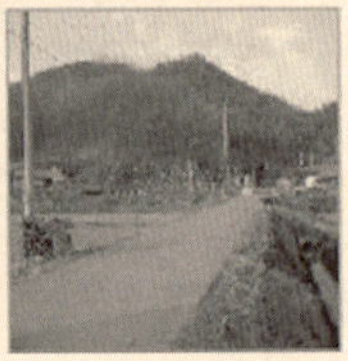
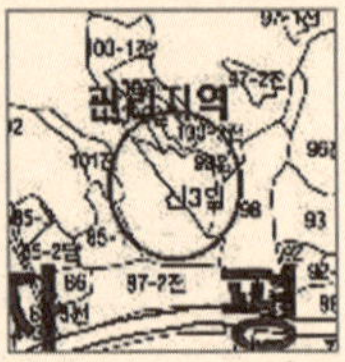

■ 물건사진 4
■ 지번·위치 4
■ 구 조 도 0

우편번호및주소/감정서	물건번호/면 적 (m²)	감정가/최저가/과정	임차조사	등기권리
367-862 충북 괴산군 칠성면 사평리 산○ ●감정평가서정리 - 칠성중학교북동측인근 - 임야,전,주택등혼재한 농경지대 - 인근차량출입가능 - 부정형완경사지 - 지적도상맹지이나인접지통해출입가능 - 관리지역	물건번호: 1 번 (총물건수 3건) 1)임야 793 (239.88평) 현:자연림및묘지 입찰외소유자미상의 분묘수기소재 분묘기지권성립여지 있음	감정가 3,172,000 · 토지 3,172,000 (100%) (평당 13,223) 최저가 2,538,000 (80.0%) ●경매진행과정 3,172,000 ① 낙찰 2009-04-29 4,190,000 (132.1%) - 응찰 : 1명	●법원임차조사 *소유자점유	소유권 김○○ 1987.02.14 강 제 농협중앙 충북지역보증 2008.11.10 *청구액:31,183,640원 열람일자 : 2008.11.21 *사평리 산3 등기

4-10. 토지별도등기

토지에 건물과 다른 등기가 있다는 뜻으로 집합건물은 토지와 건물이 일체가 되어 거래되도록 되어 있는바, 토지에는 대지권이라는 표시만 있고 모든 권리관계는 전유부분의 등기부에만 기재하게 되어 있다. 그러나 건물을 짓기 전에 토지에 저당권 등 제한물권이 있는 경우 토지와 건물의 권리관계가 일치하지 않으므로 건물등기부에 '토지에 별도의 등기가 있다' 는 표시를 하기 위한 등기를 말한다.

〈청주 5계 2008-00000 청주 흥덕구 토지별도등기 물건〉

청주2계 2008-00000 상세정보

경 매 구 분	임의(기일)	채 권 자	신용보증기금	낙 찰 일 시	09.04.29 (종결)
용 도	아파트	채무/소유자	권○○/이○○	낙 찰 가 격	43,990,000
감 정 가	53,000,000	청 구 액	40,000,000	경매개시일	08.10.13
최 저 가	42,400,000 (80%)	토지총면적	45.32 m² (13.71평)	배당종기일	09.01.14
입찰보증금	10% (4,240,000)	건물총면적	55.87 m² (16.9평)	조 회 수	금일1 공고후61 누적104
주 의 사 항	· 토지별도등기				

■ 물건사진 2
■ 지번·위치 1
■ 구 조 도 1

우편번호및주소/감정서	물건번호/면 적 (m²)	감정가/최저가/과정	임차조사	등기권리
361-270 충북 청주시 흥덕구 복대동 824-4 성광 ○동○ 층○○호 ●감정평가서정리 -아파트,단독주택등형 　성된주거지대 -북측인근주요간선도 　로통과 -제반교통사정무난 -도시가스개별난방 -북하향완경사의부정 　형토지 -1종일반주거지역,도 　시지역	물건번호: 단독물건 대지 45.3233/6911 　(13.71평) 　(42.3/6450) 건물 55.87 　(16.9평) 방3 5층-94.04.25보존	감정가 53,000,000 ·대지 26,500,000 　(50%) 　(평당 1,932,896) ·건물 26,500,000 　(50%) 　(평당 1,568,047) 최저가 42,400,000 　(80.0%) ●경매진행과정 　53,000,000 ① 유찰 2009-03-25	●법원임차조사 윤관영 전입 2008.08.18 　조사서상 ＊임차인 윤○○에 의하면 소유자 이○○의 지인으 로 임대계약 없이 거주하 고 있다고함 ●지지옥션세대조사 전입 2008.08.18 윤○○ （소유자 이○○의 지인) 동사무소확인:09.03.16	저당권 이○○ 　2006.11.17 　40,000,000 가압류 현대캐피탈 　서산 　2007.12.24 　46,792,919 소유권 이○○ 　2008.03.19 　전소유자:권○○ 가압류 신용보증기금 　서산 　2008.05.08 　109,864,421 이○○저당가압 이 전 신용보증기금

(대지권의 표시)			
표시번호	대지권종류	대지권비율	등기원인 및 기타사항
1 (전 1)	1 소유권대지권	327510분의 4678	1985년 10월 15일 대지권 1985년 10월 15일
			부동산등기법 제177조의 6 제1항의 규정에 의하여 1999년 08월 13일 전산이기
2			별도등기 있음 1토지(을구 1번 근저당권설정등기) 2003년 6월 27일

주택임대차보호법과 권리분석

1. 주택임대차보호법

1-1. 주택임대차보호법의 목적(제1조)

이 법은 주거용건물의 임대차에 관하여 민법에 대한 특례를 규정함으로써 국민의 주거 생활의 안정을 보장함을 목적으로 한다(주택소유자에 비하여 상대적으로 사회적 약자의 지위에 있는 주택임차인을 보호하여 국민 주거생활의 안정을 도모한다는 사회 정책적 목적을 달성하기 위하여 1981.3.5.에 제정된 특별법이다).

1-2. 주택임대차보호법의 적용범위(제2조)

이 법은 주거용건물의 전부 또는 일부의 임대차에 관하여 이를 적용한다. 그 임차주택의 일부가 주거외의 목적으로 사용되는 경우에 또한 같다.

1-3. 주택임대차보호법의 대항력 발생시기(제3조)

임대차는 그 등기가 없는 경우에도 임차인이 주택의 인도와 주민등록을 마친 때에는 그 익일부터 제3자에 대하여 효력이 생긴다. 이 경우 전입신고를 한 때에 주민등록이 된 것으로 본다. 임차주택의 양수인은 임대인의 지위를 승계한 것으로 본다.

경매의 목적이 된 경우도 이를 준용한다.

1-4. 주택임대차보호법의 보호대상자

1) 주택임차인(일시 이용, 법인의 경우 보호대상에서 제외)

2) 외국인

3) 임차인의승계인

4) 전대차

1-5. 주택임대차보호법의 적용대상

1) 공부상 용도는 공장이나 현재 주거로 사용하는 경우

2) 주택의 일부를 점포로 개조한 경우

3) 비주거용 건물의 일부를 주거로 사용하는 경우

4) 임대기간 중에 비주거용 건물을 주거용으로 개조한 경우

5) 임차주택이 미등기건물인 경우

2. 대항력

2-1. 대항력이란 무엇인가?

임차인이 대항력이 있다는 것은 임차주택의 양수인이 임대인의 지위를 당연 승계하므로 임대기간 동안 계속 거주할 수 있다는 뜻이다. 임대기간이 만료되면 양수인으로부터 보증금을 반환 받을 때까지 임차주택을 비워주지 않아도 된다는 것을 의미한다.

양수인에는 매매 · 증여 · 상속 및 경매 · 공매뿐만 아니라 미등기인 무허가 건물의 소유권을 사실상 양수한 경우도 포함된다.

대항력이 있으면 임대인의 지위가 양수인에게 당연 승계되므로 임차인은 양수인에 대하여만 임대보증금 반환청구를 할 수 있다.

2-2. 주택임차인의 대항력

주택임차인의 대항력 취득요건은 등기를 하지 않아도 주민등록전입 및 주택의 인도만 있으면 대항력을 취득하고, 대항력의 취득 시점은 주택의 인도와 주민등록전입이 모두 이루어진 다음날부터 발생한다.

2-3. 주택임대차 관련 대법원 판례

1) 임차인의 처나 자녀만 전입신고를 한 경우의 대항력 : 有

■ 대법원 87다카3093 : 주택임대차보호법 제3조 제1항에서 규정하고 있는 주민등록이라는 대항요건은 임차인 본인뿐 아니라 그 배우자나 자녀 등 가족의 주민등록을 포함한다.

2) 임차인만 주소를 이전한 경우의 대항력 : 有

■ 대법원 95다30338 : 주택 임차인이 그 가족과 함께 그 주택에 대한 점
유를 계속하고 있으면서 그 가족의 주민등록을 그대로 둔 채 임차인만
주민등록을 일시 다른 곳으로 옮긴 경우라면, 전체적으로나 종국적으로
주민등록의 이탈이라고 볼 수 없는 만큼, 임대차의 제3자에 대한 대항
력을 상실하지 아니한다.

3) 임차인을 포함한 가족 전체가 주민등록을 이전한 경우 : 無

☞ 새로운 대항력 발생

■ 대법원 97다43468 : 주택의 임차인이 그 주택의 소재지로 전입신고를 마
치고 그 주택에 입주함으로써 일단 임차권의 대항력을 취득한 후 어떤 이
유에서든지 그 가족과 함께 일시적이나마 다른 곳으로 주민등록을 이전
하였다면 이는 전체적으로나 종국적으로 주민등록의 이탈이라고 볼 수
있으므로 그 대항력은 그 전출 당시 이미 대항요건의 상실로 소멸되는 것
이다. 그 후 그 임차인이 얼마 있지 않아 다시 원래의 주소지로 주민등록
을 재전입하였다 하더라도 이로써 소멸되었던 대항력이 당초에 소급하
여 회복되는 것이 아니라 그 재전입한 때부터 그와는 동일성이 없는 새로
운 대항력이 재차 발생하는 것이다.

4) 대항력 및 우선변제권 발생기준

☞ 우선변제적 효력은 대항력과 마찬가지로 인도와 주민등록을 마친
다음날을 기준으로 발생한다.

■ 대법원 97다22393 : 주택임대차보호법 제3조 제1항이 인도와 주민 등록

을 갖춘 다음날부터 대항력이 발생한다고 규정한 것은 인도나 주민등록
이 등기와 달리 간단한 공시 방법이어서 인도 및 주민등록과 제3자 명의
의 등기가 같은 날 이루어진 경우, 그 선후관계를 밝혀 선순위 권리자를
정하는 것이 사실상 곤란하기 때문이다. 게다가 제3자가 인도와 주민등
록을 마친 임차인이 없음을 확인하고 등기까지 경료하였음에도 그 후 같
은 날 임차인이 인도와 주민등록을 마침으로 인하여 입을 수 있는 불측의
피해를 방지하기 위해 임차인보다 등기를 경료한 권리자를 우선시키고
자 하는 취지이다. 같은 법 제3조의2 제1항에 규정된 우선변제적 효력은
대항력과 마찬가지로 주택임차권의 제3자에 대한 물권적 효력으로서 임
차인과 제3자 사이의 우선순위를 대항력과 달리 규율하여야 할 합리적인
근거도 없다. 따라서 법 제3조의2 제1항에 규정된 확정일자를 입주 및 주
민등록일과 같은 날 또는 그 이전에 갖춘 경우에는 우선변제적 효력은
대항력과 마찬가지로 인도와 주민등록을 마친 다음날을 기준으로
발생한다.

5) 선순위 임차인의 지위

■ **대법원 96다53628** : 주택임대차보호법상의 대항력과 우선변제권의 두
가지 권리를 인정하고 있는 취지가 보증금을 반환받을 수 있도록 보장하
기 위한 데에 있는 점, 경매절차의 안정성, 경매 이해관계인들의 예측가
능성 등을 아울러 고려하여 볼 때 두 가지 권리를 겸유하고 있는 임차인
이 먼저 우선변제권을 선택하여 임차주택에 대하여 진행되고 있는 경매
절차에서 보증금 전액에 대하여 배당요구를 하였다고 하더라도 그 순위
에 따른 배당이 실시될 경우, 보증금 전액을 배당받을 수 없었던 때에는

보증금 중 경매절차에서 배당받을 수 있었던 금액을 공제한 잔액에 관하여 경락인에게 대항하여 이를 반환받을 때까지 임대차관계의 존속을 주장할 수 있다고 봄이 상당하다. 이 경우 임차인의 배당요구에 의하여 임대차는 해지되어 종료되고, 다만 같은 법 제4조 제2항에 의하여 임차인이 보증금의 잔액을 반환받을 때까지 임대차관계가 존속하는 것으로 의제될 뿐이다. 따라서 경락인은 같은 법 제3조 제2항에 의하여 임대차가 종료된 상태에서의 임대인의 지위를 승계한다.

6) D동을 라동으로 전입 신고한 경우 대항력 : 無

- 대법원 99다4207 : 등기부상 동·호수 표시인 'D동 103호'와 불일치한 '라동 103'호로 된 주민등록은 그로써 당해 임대차건물에 임차인들이 주소 또는 거소를 가진 자로 등록되어 있는지를 인식할 수 있다고 보이지 않아 위 주민등록이 임대차의 공시방법으로서 유효한다 할 수 없다.

7) 부동산등기부와 건축물대장상 건물표시가 상이한 경우 : 有

- 대법원 2002다1796 : 임차인이 집합건축물대장의 작성과 소유권보존등기의 경료 전에 연립주택의 1층 101호를 임차하여 현관문상의 표시대로 호수를 101호로 전입신고를 하였고 그 후 작성된 집합건축물대장상에도 호수가 101호로 기재되었으나 등기부에는 1층 101호로 등재된 경우, 임차인의 주민등록은 임대차의 공시방법으로써 유효하다.

▶ 부동산등기부 : 1층 101호, ▶ 건축물대장 : 101, ▶ 전입신고 : 101

8) 전 소유자가 임차인일 경우 대항력 발생일

　　☞ 소유권이전등기일 익일부터 임차인으로서 대항력을 갖는다.

■ 대법원 99다59306 : 갑이 주택에 관하여 소유권이전등기를 경료하고 주민등록 전입신고까지 마친 다음 처와 함께 거주하다가 을에게 매도함과 동시에 그로부터 이를 다시 임차하여 계속 거주하기로 약정하고 임차인을 갑의 처로 하는 임대차계약을 체결한 후에야 을 명의의 소유권이전등기가 경료된 경우, 제3자로서는 주택에 관하여 갑으로부터 을 앞으로 소유권이전등기가 경료되기 전에는 갑의 처의 주민등록이 소유권 아닌 임차권을 매개로 하는 점유라는 것을 인식하기 어려웠다 할 것이다. 따라서 갑의 처의 주민등록은 주택에 관하여 을 명의의 소유권이전등기가 경료되기 전에는 주택임대차의 대항력 인정의 요건이 되는 적법한 공시방법으로서의 효력이 없고 을 명의의 소유권이전등기가 경료된 날에야 비로소 갑의 처와 을 사이의 임대차를 공시하는 유효한 공시방법이 된다고 할 것이다. 주택임대차보호법 제3조 제1항에 의하여 유효한 공시방법을 갖춘 다음 날인 을 명의의 소유권이전등기일 익일부터 임차인으로서 대항력을 갖는다.

9) 다세대주택 : 지번만 전입신고해도 대항력이 발생되는 경우

■ 대법원 99다8322 : 원래 단독주택으로 건축허가를 받아 건축되고, 건축물관리대장에도 구분소유가 불가능한 건물로 등재된 이른바 다가구용 단독주택에 관하여 나중에 집합건물의 소유 및 관리에 관한 법률에 의하여 구분건물로의 구분등기가 경료된다. 그러나 소관청이 종전에 단독주택으로 등록한 일반건축물관리대장을 그대로 둔 채 집합건축물관리대장

을 작성하지 않은 경우, 주민등록법시행령 제5조 제5항에 따라 임차인이 위 건물의 일부나 전부를 임차하여 전입신고를 하는 때는 지번만 기재하는 것으로 충분하다. 나아가 그 전유 부분의 표시까지 기재할 의무나 필요가 있다고 할 수 없다. 임차인이 실제로 위 건물의 어느 부분을 임차하여 거주하고 있는지 여부의 조사는 단독주택의 경우와 마찬가지로 위 건물에 담보권 등을 설정하려는 이해관계인의 책임하에 이루어져야 할 것이다. 따라서 임차인이 위 건물의 지번으로 전입신고를 한 이상 일반사회 통념상 그 주민등록으로 위 건물에 위 임차인이 주소 또는 거소를 가진 자로 등록되어 있는지를 인식할 수 있는 경우에 해당된다 할 것이므로 임대차의 공시 방법으로 유효하다.

10) 낙찰자에게 대항할 수 있는 임차인이 배당요구하지 않은 경우 : 有

■ 대법원 92다12827 : 주택임대차보호법 제3조의 규정에 의하면 임대차는 그 등기가 없는 경우에도 임차인이 주택의 인도와 주민등록 또는 전입신고를 마친 때에는 대항력이 발생한다. 이 경우에 임차주택의 양수인은 임대인의 지위를 승계한 것으로 보도록 되어 있는바, 위 임차주택의 양도에는 강제경매에 의한 경락의 경우도 포함되는 것이다. 따라서 임차인이 당해 경매절차에서 권리신고를 하여 소액보증금의 우선변제를 받는 절차를 취하지 아니하였다고 하여 임차주택의 경락인에게 그 임대차로써 대항할 수 없다거나 임차보증금반환채권을 포기한 것으로 볼 수는 없다.

11) 배당요구하지 않아 배당에서 제외된 임차인의 지위

■ 대법원 98다12379

[1] 민사소송법 제605조 제1항에서 규정하는 배당요구가 필요한 배당요구
채권자는 압류의 효력발생 전에 등기한 가압류채권자, 경락으로 인하여
소멸하는 저당권자 및 전세권자로서 압류의 효력발생 전에 등기한 자 등
당연히 배당을 받을 수 있는 채권자의 경우와는 달리, 경락기일까지 배
당요구를 한 경우에 한하여 비로소 배당을 받을 수 있다. 적법한 배당요
구를 하지 아니한 경우에는 비록 실체법상 우선변제청구권이 있다 하더
라도 경락대금으로부터 배당을 받을 수는 없을 것이다. 따라서 이러한
배당요구채권자가 적법한 배당요구를 하지 아니하여 그를 배당에서 제
외하는 것으로 배당표가 작성·확정되고 그 확정된 배당표에 따라 배당
이 실시되었다면 그가 적법한 배당요구를 한 경우에 배당받을 수 있었던
금액 상당의 금원이 후순위채권자에게 배당되었다고 하여 이를 법률상
원인이 없는 것이라고 할 수 없다.

[2] 주택임대차보호법에 의해 우선변제청구권이 인정되는 임대차보증금반
환채권은 현행법상 배당요구가 필요한 배당요구채권에 해당한다.

12) 대항력 있는 임차인이 보증금 중 일부를 배당받고 계속 점유 사용한 경우

   ☞ 임차인이 그의 배당요구로 임대차계약이 해지된 것으로 간주

   ☞ 임대 부분 전부를 사용·수익하고 있어 그로 인한 실질적 이익을 얻
고 있다면 배당받지 못한 금액에 해당하는 부분을 제외한 나머지 보
증금에 해당하는 부분에 대하여는 부당이득 반환

■ **대법원 98다15545** : 주택임대차보호법상의 대항력과 우선변제권을 겸
유하고 있는 임차인이 배당요구를 하였으나 보증금 전액을 배당받지 못
하였다면 임차인은 임차보증금 중 배당받지 못한 금액을 반환받을 때까

지 그 부분에 관하여는 임대차관계의 존속을 주장할 수 있다. 그러나 그 나머지 보증금 부분에 대하여는 이를 주장할 수 없다. 그러므로 임차인이 그의 배당요구로 임대차계약이 해지되어 종료된 다음에도 계쟁 임대 부분 전부를 사용 · 수익하고 있어 그로 인한 실질적 이익을 얻고 있다면 그 임대 부분의 적정한 임료 상당액 중 임대차관계가 존속되는 것으로 보는 배당받지 못한 금액에 해당하는 부분을 제외한 나머지 보증금에 해당하는 부분에 대하여는 부당이득을 얻고 있다고 할 것이어서 이를 반환하여야 한다.

13) 대금납부 전 선순위 근저당권이 소멸된 경우 : 대위변제의 사례

■ 대법원 98마1031 : 선순위 근저당권의 존재로 후순위 임차권의 대항력이 소멸하는 것으로 알고 부동산을 낙찰 받았으나 그 이후 선순위 근저당권의 소멸로 인하여 임차권의 대항력이 존속하는 것으로 변경됨으로써 낙찰부동산의 부담이 현저히 증가한 경우, 낙찰인은 민사소송법 제639조 제1항의 유추적용에 의하여 낙찰허가결정의 취소신청을 할 수 있다고 보아야 할 것이다.

■ 대법원 2002다70075 : 선순위 근저당권의 존재로 후순위 임차권이 소멸하는 것으로 알고 부동산을 낙찰 받았으나, 그 후 채무자가 후순위 임차권의 대항력을 존속시킬 목적으로 선순위 근저당권의 피담보채무를 모두 변제하여 그 근저당권을 소멸시키고도 이 점에 대해 낙찰자에게 아무런 고지도 하지 않아 낙찰자가 대항력 있는 임차권이 존속하게 된다는 사정을 알지 못한 채 대금지급기일에 낙찰대금을 지급했다고 보자. 이 경우 채무자는 민법 제578조 제3항의 규정에 의하여 낙찰자가 입게 된 손해를

배상할 책임이 있다.

14) 근저당권 설정 후 증액된 보증금 : 無

■ **대법원 90다카11377** : 대항력을 갖춘 임차인이 저당권설정등기 이후 임대인과 보증금을 증액하기로 합의하고 초과부분을 지급한 경우 임차인이 저당권 설정등기 이전에 취득하고 있던 임차권으로 선순위로서 저당권자에게 대항할 수 있음은 물론이다. 그러나 저당권설정등기 후에 건물주와의 사이에 임차보증금을 증액하기로 한 합의는 건물주가 저당권자를 해치는 법률행위를 할 수 없게 된 결과 그 합의 당사자 사이에서만 효력이 있고 저당권자에게는 대항할 수 없다고 할 수밖에 없으므로 임차인은 위 저당권에 기하여 건물을 경락받은 소유자의 건물명도 청구에 대하여 증액전 임차보증금을 상환 받을 때까지 그 건물을 명도할 수 없다고 주장할 수 있을 뿐이다. 저당권설정등기 이후에 증액한 임차보증금으로써는 소유자에게 대항할 수 없는 것이다.

(1) 대항력만 있는 임차인(요건 : 인도(입주) + 주민등록(전입신고))

　※선순위 담보권이 없다, 대항력 주장

(2) 대항요건만 갖춘 임차인(요건 : 인도(입주) + 주민등록(전입신고))

　※선순위 담보권이 있다, 대항력 주장 못함

(3) 대항요건과 확정일자를 갖춘 임차인

　(요건 : 요건 : 인도(입주) + 주민등록(전입신고) + 확정일자)

　　가. 대항력 있는 확정일자부 임차인(선순위 담보권 없음)

　　　① 대항력 주장

　　　② 배당요구

　　　　- 전액배당시 : 매수인은 보증금 인수의무 없음

　　　　- 일부배당시 : 매수인은 잔액보증금 인수

　　나. 대항요건 갖춘 확정일자부 임차인(선순위 담보권 있다)

　　　① 대항력 없음

　　　② 배당요구 : 매수인 보증금 인수의무 없음

(4) 소액임차인(배당신청을 한 소액임차인)

　(요건 : 경매개시기입등기전 인도(입주)+주민등록(전입신고)+소액보증금)

　a. 대항력만 있는 소액임차인

　　- 소액보증금범위내 최우선배당을 받고, 보증금잔액 인수

　b. 대항요건만 갖춘 소액임차인

　　- 소액보증금범위내 최우선배당을 받고, 보증금잔액 인수의무 없음

　c. 대항력 있는 확정일자부 소액임차인

　　- 소액보증금범위내 최우선배당 후 순위배당을 받고, 보증금잔액 인수

　d. 대항력요건 갖춘 확정일자부 소액임차인

　　- 소액보증금범위내 최우선배당 후 순위배당을 받고, 보증금잔액은 인수 의무 없음

3. 확정일자와 우선변제권

1) 의의

우선변제권이라 함은 임차인이 대항요건과 계약서에 확정일자인을 받은 경우에 민사집행법상의 경매·공매 시에 임차주택의 환가대금(대지포함)에서 후순위권리자 기타 채권자보다 우선하여 변제받을 수 있는 권리를 말한다.

2) 행사요건과 효력발생시기

① 대항요건과 확정일자인을 모두 갖추어야 한다.

② 대항요건 먼저 갖추고 확정일자 받은 경우 : 확정일자를 갖춘 날 발생

③ 대항요건과 같은 날이나 그 이전에 확정일자를 갖춘 경우 : 대항요건을 갖춘 다음날 발생

3) 우선변제권의 내용

① 임차인이 확정일자를 받는데 임대인의 동의가 필요 없으며 임대차계약서를 공증하였을 때에는 별도의 확정일자인을 받지 않아도 된다. 다만, 임차인은 임차주택을 양수인에게 인도하지 않으면 보증금을 수령할 수 없다.

② 임차주택이 경매·공매되는 경우 임차인은 경락인에 대하여 보증금의 반환을 받을 때까지 임대차관계의 존속을 주장할 수 있는 권리와 임차주택의 경락가액으로부터 우선변제를 받을 수 있는 권리를 겸유하게 되며, 대항력과 우선변제권의 선택적 행사가 가능하다.

③ 대지의 저당권설정 이전에 이미 지상건물이 존재한 경우 그 건물의 임차

인은 그 저당권 실행에 따른 대지의 환가대금(대지포함)에서 우선변제를 받을 수 있다. 또한 대지에 저당권이 설정된 후 신축된 건물의 임차인은 그 저당권실행에 따른 환가금액 중 건물분의 환가대금에 대해서만 우선 변제권이 있고 대지에 대해서는 그러하지 아니하다.

4) 확정일자인제도

① 확정일자인은 법원, 공증사무소, 동사무소 중에서 선택하여 임차인 또는 그 대리인이이 단독으로 신청할 수 있다.

② 대항력을 유지하고 확정일자인을 갖춘 임차인은 경·공매 시에 배당요구하면 다른 물권과 그 성립의 순위에 따라 우선변제를 다투게 된다. 이 경우 임차주택의 환가대금(대지포함)에서 우선변제권이 인정된다.

③ 대항요건을 갖춘 임차인이 확정일자를 받아도 임차권은 물권이 아닌 채권이므로 전세권이나 경매신청권이 당연히 부여되는 것은 아니다. 따라서 임차인은 대항력을 유지하면서 채무명의(집행권원)를 받아 강제경매를 신청할 수 있다.

④ 임대차계약의 갱신으로 보증금을 인상한 경우 다시 확정일자를 받아야 하며, 또한 인상 금액은 소급하여 적용되지 않는다.

⑤ 확정일자를 먼저 받고 후에 전입신고일과 저당권설정일이 같은 경우에는 저당권자가 우선(전입신고의 대항력은 그 다음 날부터)한다.

⑥ 민사소송은 그 절차가 까다롭고 비용이 과다하게 요구되므로 신속한 소송절차로 임차인을 보호하기 위하여 소액사건심판법의 규정을 적용토록 하고 있다.

4. 소액임차인과 최우선변제권

소액임차인은 주택임차인중 각 지역별 특성에 따라 일정한 금액 이하의 소액임차인을 보호하기 위해 소액보증금 중 일정액에 관하여 선순위 담보권자보다도 우선하여 임차주택(대지 포함) 매각대금의 1/2의 범위 내에서 배당해 주는 것을 말한다. 그러나 위 일자 이전에 담보물권을 취득한 자에 대하여는 이전 규정이 적용 된다. 따라서 현재는 소액임차인에 해당하더라도 구법에서는 소액임차인에 해당하지 않는 경우 구법에서 설정된 근저당권자에 대하여는 소액임차인의 우선변제권을 주장할 수 없나(예컨대, 1995.10.1. 근저당권이 설정된 서울 소재 주택을 1996.1.3. 보증금 3,000만 원에 임차한 경우 임차인은 현행법에 의하면 소액임차인이더라도 구법 하에서는 소액임차인이 아니고, 근저당권은 구법 하에서 설정

일 자	우선변제금 상한	최우선변제금
1987년 12월 1일~	서울+광역시: 500만 기 타 시 도: 400만	서울+광역시: 500만 기 타 시 도: 400만
1990년 2월 19일~	서울+광역시: 2,000만 기 타 시 도: 1,500만	서울+광역시: 700만 기 타 시 도: 500만
1995년 10월 19일~	서울+광역시: 3,000만 기 타 시 도: 2,000만	서울+광역시: 1,200만 기 타 시 도: 800만
2001년 9월 15일~	서울+과밀: 4,000만 광 역 시 : 3,500만 기 타 시 도: 3,000만	서울+과밀: 1,600만 광 역 시 : 1,400만 기 타 시 도: 1,200만
2008년 8월 21일~	서울+과밀: 6,000만 광 역 시: 5,000만 기 타 시 도: 4,000만	서울+과밀: 2,000만 광 역 시 : 1,700만 기 타 시 도: 1,400만

된 것이므로 소액임차인에서 제외된다. 만일 이 사안에서 임차보증금이 2,000만 원이었다면 구법 하에서도 소액임차인에 해당하므로 구법에 따라 700만 원까지는 근저당권자보다도 우선하여 변제 받을 수 있다).

1) 소액임차인의 최우선변제금

주택임대차보호법 제8조 제3항에 의하면 소액보증금으로 우선변제를 받을 임차인 및 보증금 중 일정액의 범위와 기준은 주택가액(대지의 가액을 포함한다)의 1/2의 범위 안에서 대통령령으로 정한다고 규정한다. 주택임대차보호법 시행령 제3조 제2항에 의하면 '임차인의 보증금 중 일정액이 주택 가액의 1/2을 초과하는 경우에는 주택의 가액의 1/2에 해당하는 금액에 한하여 우선변제권이 있다' 라고 규정하고 있다. 주택임대차보호법시행령 제3조 제3항에 의하면 '하나의 주택에 임차인이 2인 이상이고, 그 각 소액보증금의 합산액이 주택

구분	최우선변제권	확정일자까지 받은 경우
임차보증금의 제한	소액에 한정	무제한
대항요건의 구비요건	점유 + 전입 + 일정액 이하의 임차보증금	점유 + 전입 + 확정일자
우선 변제권의 행사범위	선순위 담보권자보다 일정액에 대하여 우선	후순위 담보권자에 대하여만 액수에 제한없이 행사
주택가액의 범위	주택 · 대지가격 모두 포함. 단, 낙찰가액의 1/2에 한하여 우선변제권	주택 · 대지가격 모두 포함. 제한없음

의 가액의 1/2을 초과하는 경우에는 그 각 소액보증금의 합산 액에 대한 각 임차인의 보증금 중 일정액의 비율로 그 주택의 가액의 1/2에 해당하는 금액을 분할한 금액을 각 임차인의 소액보증금으로 본다' 라고 규정하고 있다.

주택임대차보호법시행령(2001.9.15. 개정) 제3조 제1항 및 제4조에 의하여 소액보증금우선변제를 받을 임차인의 범위와 보증금 중 일정액의 범위에서 최우선 변제권을 인정하고 있다.

판례를 보면 "주택임대차보호법 제8조 소정의 우선변제권의 한도가 되는 주택가액의 2분의 1에서 '주택가액' 이라 함은 낙찰(매각)대금에 다가 입찰(매수신청)보증금에 대한 배당기일까지의 이자, 몰수된 입찰(매수신청)보증금 등을 포함한 금액에서 집행비용을 공제한 실제 배당할 금액이라고 봄이 상당하다" 라고 한다(대법원 2001. 4. 27. 선고 2001다8974 판결).

2) 소액임차인의 우선변제권 행사요건

소액임차인으로서 우선변제권을 행사하기 위해서는 첫째 주택의 인도 및 주민등록(대항요건)을 경매개시결정의 등기 전까지 갖추고 이를 배당요구종기까지 계속 유지하여야 한다. 둘째 임차주택이 경매 또는 공매에 의하여 매각되어야 한다. 따라서 배당요구종기 이전에 임차주택에서 다른 곳으로 이사 가거나 주민등록을 전출함으로써 대항요건을 상실하거나, 임차주택이 매매 등 법률행위에 의하여 양도된 경우에는 대항력의 유무만 문제되고 우선변제권은 인정될 여지가 없다.

5. 임차권등기명령

1) 의의

임대차가 종료됨에도 불구하고 보증금을 반환받지 못한 임차인은 단독으로 임차주택의 소재지를 관할하는 지방법원 또는 시·군법원에 임차권등기명령을 신청할 수 있다. 즉, 임차권등기를 가능케 함으로써 대항력과 우선변제권을 유지하면서 임차인의 주거이전의 기회를 보장하기 위함이다.

2) 절차

① 임차인 단독으로 임차주택 소재지 지방법원(지원), 시·군법원에 신청할 수 있다.

② 임차권등기명령신청을 기각하는 결정에 대하여 임차인은 항고할 수 있다.

③ 임차권등기명령의 시행에 관하여 필요한 사항은 대법원규칙으로 정한다. 임차인은 임차권등기명령의 신청 및 그에 따른 임차권등기와 관련하여 소요된 비용을 임대인에게 청구할 수 있다.

3) 효력

① 임차권등기명령에 의한 임차권등기가 경료되면 그날부터 임차인은 대항력 및 우선변제권을 취득한다. 이미 대항력과 우선변제권을 지닌 임차인 경우 그 효력을 그대로 유지한다.

② 임차권등기 경료 후 대항력을 상실해도(이사) 이미 취득한 대항력 또는 우선변제권은 그대로 유지한다.

③ 임차권등기가 경료 후 그 주택을 그 이후에 임차한 임차인은 소액보증금에 대하여 최우선변제를 받을 권리가 없다.

■ 임차권등기명령제도와 민법 제621조에 의한 임차권등기의 비교

1999.1.21 주택임대차보호법 개정에 의한 제3조의4에서 이날 이후의 민법 제621조에 의한 임차권등기에 한해 임차권등기명령과 효력이 동일하며, 그 이전에 경료된 임차권등기는 채권으로서 우선변제권이 없다.

대항력과(최)우선변제권의 비교

구 분	개 념	요 건	효 과
대항력	집주인이 바뀌어도 임차기간 및 보증금을 반환받을 때까지 계속 살 수 있는 권리	① 주택의 입주 ② 주민등록 전입	보증금 전액에 대해 소유자, 양수인, 경락인에게 대항
우선변제권	후순위 권리자보다 우선해 보증금을 변제받을 수 있는 권리	① 주택의 입주 ② 주민등록 전입 ③ 계약서상 확정일자	보증금 전액을 순위에 의해 우선변제
최우선 변제권	선순위 권리자보다 우선해 소액 보증금을 변제받을 수 있는 권리	경매개시기입등기 전에 ① 주택의 입주 ② 주민등록 전입 (*보증금 소액)	보증금 중 일정액을 최우선 변제

청주1계 2008-00000 상세정보

경매구분	강제(기일)	채 권 자	김○○	낙찰일시	09.03.26 (종결)
용 도	단독주택	채무/소유자	최○○	낙찰가격	93,216,000
감 정 가	127,134,610	청 구 액	10,000,000	경매개시일	08.09.18
최 저 가	81,366,000 (64%)	토지총면적	182.8 ㎡ (55.3평)	배당종기일	08.12.01
입찰보증금	10% (8,136,600)	건물총면적	171.43 ㎡ (51.86평)	조 회 수	금일1 공고후138 누적445

■ 물건사진 2
■ 지번·위치 4
■ 구 조 도 1

우편번호및주소/감정서	물건번호/면 적 (㎡)	감정가/최저가/과정	임차조사	등기권리
360-112 충북 청주시 상당구 수동○○-○ ●감정평가서정리 - 시멘벽돌조슬래브지붕 - 청주주성중학교남동측인근 - 기존주택지대 - 제반교통사정무난 - 유류보일러난방 - 부정형평지 - 서측소로한면접합 - 1종일반주거지역,도시지역 - 최고고도지구(해발 87m이하) 학교) - 소로3류접합 2008.11.26 ○○감정 감정지가: 360,000	물건번호: 단독물건 대지 182.8 　(55.3평) 건물 · 1층 93.78 　(28.37평) · 2층 73.05 　(22.1평) 제시외2층가추 4.6 　(1.39평) 92.02.11보존 3세대	감정가　127,134,610 · 대지　65,808,000 　　　(51.76%) (평당 1,190,018) · 건물　61,226,610 　　　(48.16%) (평당 1,180,613) · 제시　100,000 　　　(0.08%) 최저가　81,366,000 　　　(64.0%) ●경매진행과정 　　　127,134,610 ① 유찰　2009-01-08 ② 유찰　2009-02-19 20%↓　81,366,000 ③ 낙찰　2009-03-26 　　　93,216,000 　　　(73.3%) - 응찰 : 3명 - 낙찰자:배○○ 허가　2009-04-02 종결　2009-05-14	●법원임차조사 김○○ 전입 2006.02.10 　　확정 2006.07.27 　　배당 2008.11.06 　　(보) 18,000,000 　　2층방2 윤○○ 전입 2006.09.06 김○○ 전입 2008.01.09 　　확정 2008.01.09 　　배당 2008.09.17 　　(보) 10,000,000 　　2층방1 *1층 부분은 3회에 걸쳐 방문하였으나 폐문으로 전화한 점은 및 임대관계된 윤지영이 동 부분의 임차인인지 여부는 확인 할 수 없으며, 2층 임차인 김영선의 임차금액은 확인 할 수 없음. - - - - - - - - - - - - - - - - 총보증금:28,000,000 ●지지옥션세대조사 전입 2006.02.10 윤○○ 전입 2006.09.06 윤○○	소유권 최○○ 　　2005.05.12 　　전소유자:윤○○ 저당권 수동(새) 　　2005.06.02 　　14,000,000 저당권 이○○ 　　2005.10.27 　　100,000,000 가처분 조○○ 　　2007.01.05 가압류 남○○ 　　2007.02.09 　　130,000,000 압 류 청주세무서 　　2007.06.22 가압류 김○○ 　　2007.11.09 임차권 윤○○ 　　2008.09.05 　　30,000,000 　　전입:2006.09.06 　　확정:2006.09.06 강 제 김○○ 　　2008.09.18 *청구액:10,000,000원 등기부채권총액 　　284,000,000원

7	주택임차권	2008년9월5일 제00000호	2008년9월3일 청주지방법원의 임차권등기명령(2008카기000)	임차보증금 금30,000,000원 차 임 없음 범 위 1층 93.78㎡전부 임대차계약일자 2006년9월1일 주민등록일자 2006년9월6일 점유개시일자 2006년9월1일 확정일자 2006년9월6일 임차권자 윤○○ 740505-1****** 충청북도 청주시 상당구 수동 000-000

 상가임대차보호법과 권리분석

1. 상가임대차보호법

1-1. 상가임대차보호법의 목적(제1조)

이 법은 상가건물 임대차에 관하여 민법에 대한 특례를 규정함으로써 국민 경제생활의 안정을 보장함을 목적으로 한다.

1-2. 상가임대차보호법의 적용 범위(제2조)

이 법은 상가건물(제3조 제1항의 규정에 의한 사업자등록의 대상이 되는 건물을 말한다)의 임대차(임대차 목적물의 주된 부분을 영업용으로 사용하는 경우를 포함한다)에 대하여 적용한다. 다만, 대통령령이 정하는 보증금액을 초과하는 임대차에 대하여는 그러하지 아니하다.

제1항 단서의 규정에 의한 보증금액을 정함에 있어서는 당해 지역의 경제 여건 및 임대차 목적물의 규모 등을 감안하여 지역별로 구분하여 규정하되, 보

증금 외에 차임이 있는 경우에는 그 차임 액에 은행법에 의한 금융기관의 대출 금리 등을 감안하여 대통령령이 정하는 비율을 곱하여 환산한 금액을 포함하여야 한다.

임대차는 그 등기가 없는 경우에도 임차인이 건물의 인도와 부가가치세법 제5조, 소득세법 제168조 또는 법인세법 제111조의 규정에 의한 사업자등록을 신청한 때에는 그 다음날부터 제3자에 대하여 효력이 생긴다.

1-3. 상가임대차보호법 적용대상

상가건물은 모든 임차인에 대하여 적용되는 것이 아니라 환산보증금(보증금+월세환산액)이 해당지역별로 다음 금액 이하인 경우에만 적용된다다(월세환산방법 보증금 + 월세×100).

2. 대항력

1) 상가건물의 임대차는 그 등기가 없는 경우에도 임차인이 건물의 인도와 부가가치세법 제5조, 소득세법 제168조 또는 법인세법 제111조의 규정에 의한 사업자 등록을 신청한 때에는 그 다음날부터 제3자에 대하여 효력이 생긴다(동법 제3조 제1항).

2) 대항요건으로는 건물의 인도와 사업자등록을 신청으로 성립하며, 대항요건을 갖춘 그 다음날부터 제3자에 대하여 효력이 생긴다.

3) 임차인이 대항력을 갖추면 임차건물의 양수인은 임대인의 지위를 승계한 것으로 본다(동법 제3조 제2항).

3. 확정일자와 우선변제권

1) 상가건물임차권의 대항요건(인도+사업자등록신청)을 갖추고 관할 세무서
   장으로부터 임대차계약서상의 확정일자를 받은 임차인은 민사집행법에
   의한 경매 또는 국세징수법에 의한 공매시 임차건물(임대인 소유의 대지를
   포함)의 환가대금에서 후순위 권리자 그 밖의 채권자보다 우선하여 보증
   금을 변제받을 권리가 있다(동법 제5조 제2항). 다만 임차인은 임차건물을
   양수인에게 인도하지 않으면 임차보증금을 수령할 수 없다.

2) 우선변제권의 효력 발생 시기는 대항요건과 확정일자를 모두 갖춘 날을
   기준으로 한다.

4. 소액보증금과 최우선변제권

일 자	보호대상 보증금 상한	우선변제상한	최우선변제금
2002.11.1	서울: 24,000만 과밀: 19,000만 광역시: 15,000만(인천 군 제외) 기타: 14,000만	서울: 4,500만 과밀: 3,900만 광역시: 3,000만 기타: 2,500만	서울: 1,350만 과밀: 1,170만 광역시: 900만 기타: 750만
2008.8.21	서울: 26,000만 과밀: 21,000만 광역시: 16,000만 기타: 15,000만	서울: 4500만 과밀: 3,900만 광역시: 3,000만 기타: 2,500만	서울: 1,350만 과밀: 1,170만 광역시: 900만 기타: 750만

1) 임대차가 종료된 후 보증금을 반환 받지 못한 임차인은 임차건물의 소재
지를 관할하는 지방법원·지방법원지원 또는 시·군 법원에 임차권등
기명령을 신청할 수 있다.

2) 임차권등기명령의 신청에는 다음 각 호의 사항을 기재하여야 하며, 신청
의 이유 및 임차권등기의 원인이 된 사실은 이를 소명해야 한다.

① 신청의 취지 및 이유

② 임대차의 목적인 건물

(임대차의 목적이 건물의 일부분인 경우 도면 첨부)

③ 임차권등기의 원인이 된 사실

(임차인이 제3조 제1항의 규정에 의한 대항력을 취득 하였거나 제5조 제2항
의 규정에 의한 우선 변제권을 득한 경우에는 그 사실)

3) 임차권등기명령의 집행에 의한 임차권등기가 경료 된 건물(임대차의 목적
이 건물의 일부분인 경우에는 해당 부분에 한 한다)을 그 이후 임차한 임차인
은 제14조의 규정에 의한 우선변제를 받을 권리가 있다.

tip 주택임대차보호법 & 상가건물임대차보호법 비교

구 분	주택임대차보호법	상가건물임대차보호법
제정목적	국민 주거생활의 안정을 도모 1981년 3월 제정, 6회 개정	상가건물 임차인들의 경제생활 안정을 도모 2001년 12월 제정, 2002년 11월 1일 시행
적용대상	주거용 건물(사실상 용도를 기준) 전부 또는 일부의 임대차 단, 일시사용을 위한 임대차는 제외	사업자등록대상이 되는 영업용 건물로 대통령령이 정한 보증금액 이하의 임대차 단, 일시사용을 위한 임대차는 제외
법인의 적용여부	주민등록전입을 할 수 없으므로 적용대상이 될 수 없음	적용대상
대항요건	주택의 인도+주민등록전입	건물의 인도+사업자등록신청
대항력발생시기	대항요건을 갖춘 다음 날부터	
우선변제	대항요건과 확정일자	대항요건과 확정일자(관할세무서)
확정일자부여 방법	임대차계약서에 확정일자 소인을 받음 (등기소, 공증인사무소, 관할 읍·면·주민자치센터)	임대차계약서에 관할 세무서장으로부터 확정일자를 받음
임차권 소멸사유	기간만료 · 해지 · 경매청구 등	
경매에 의한 등기된 임차권의 소멸여부	경매에 의하여 소멸(보증금이 전액변제 되지 아니한 대항력 있는 임차권은 예외)	
임대료(차임 또는 보증금)인상 제한	시행령에서 정하는 비율(5%) 이내 *최근 증액 후 1년 내 불가	시행령에서 정하는 비율(12%)이내 *최근 증액 후 1년 내 불가
보증금의 월세 전환이율 제한	시행령에서 정하는 비율 이내 *연 14%(2002.6.30부터 시행)	시행령에서 정하는 비율 이내 *연 15%
임차권등기명령 신청 여부	보증금을 반환받지 못한 임차인은 임차권등기명령 신청 가능 (이미 취득한 대항력 또는 우선변제권의 효력은 계속 유지됨)	
유익비 및 권리금의 보장 여부	필요비와 유익비 청구권이 있다. 권리금에 관한 문제는 아니다.	필요비와 유익비 청구권이 있으나, 시설비 및 권리금에 관한 보호규정은 없다.
미등기 전세의 준용	미등기 주택의 전세계약에 준용	미등기 건물의 전세계약에 준용
강행규정여부	법을 위반하여 임차인에게 불리한 것은 무효	
최우선변제	대항요건을 구비하고 보증금액이 일정금액이하인 경우	

구 분	주택임대차보호법	상가건물임대차보호법
최우선변제의 내용	경매기입등기일 이전에 대항요건을 구비하고, 배당금액(건물+대지)의 1/2 범위 내에서 우선변제권자보다 먼저 배당받음	경매기입등기일 이전에 대항요건을 구비하여야 하고, 배당금액(건물+대지)의 1/3 범위 내에서 우선변제권자보다 먼저 배당받음
임대차기간	최저 2년. 임차인은 2년 미만의 기간 해지 주장 가능	최저 1년. 임차인은 1년 미만의 기간 주장 가능. 1년 단위로 최초의 임대차기간을 포함해서 5년간 계약갱신요구권 보장
계약갱신	- 임대인 : 임대차기간 만료 전 6월~1월 사이에 갱신통지 - 임차인 : 임대차기간 만료 전 1월까지 갱신통지	- 임차인 : 임대차기간 만료 전 6월~1월 사이에 갱신통지 (최장 5년간의 기간 보장) - 임대인은 정당한 이유 없이 5년간 갱신거절을 할 수 없음
묵시의 갱신	- 임차인 : 언제든지 해지통지 (단, 임대인이 해지통지 받은 날부터 3월 경과시 효력 발생)	- 전임대차와 동일한 조건으로 재계약 간주 - 임차인 : 언제든지 해지통지 (단, 임대인이 해지통지 받은 날부터 3월 경과시 효력 발생)

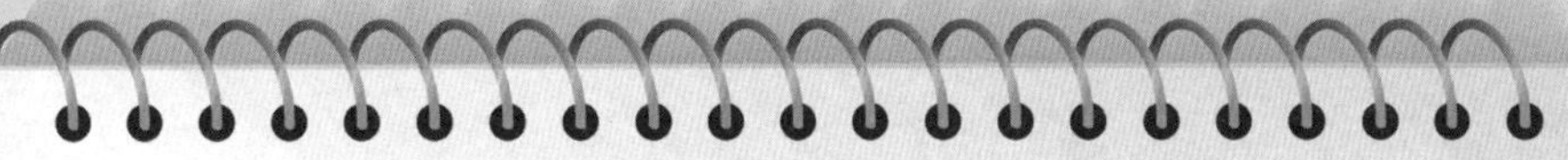

제 **04** 부

경매로 돈 버는 법

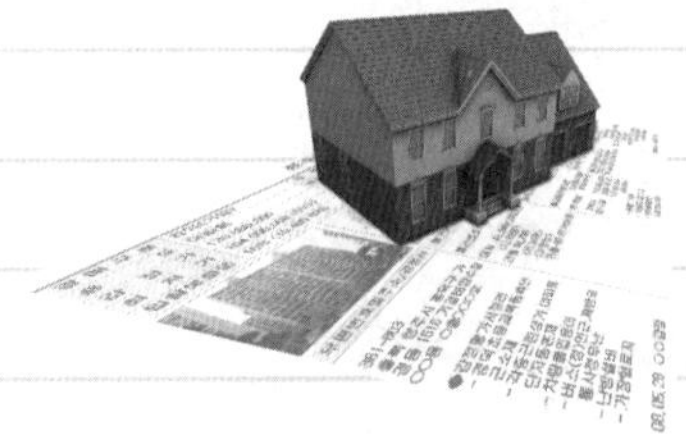

경매 투자로 성공하려면 어떻게 해야 할까

경매 투자로 실패하지 않으려면 어떻게 해야 할까

그리고 경매로 돈 버는 법을 실천에 옮기자.

 경매 성공사례

전반적인 경기불황 속에서도 경매시장만은 꾸준한 호황을 누리고 있다. 글로벌 금융위기와 경기침체로 돈을 갚지 못해 경매시장으로 물건이 쏟아진데다 경매대중화로 일반인들이 입찰에 많이 참여하고 있기에 낙찰가도 꾸준히 상승하고 있다. 2009년 작년 한 해 29만 5,000건이 경매시장에 나왔고, 낙찰가 총 금액이 15조원을 넘은 큰 장의 파고 속에서 소액투자자들은 여전히 희망과 기대를 갖고 경매에 참여하고 있다.

경매 진행 건수 비교

전체 경매 진행 건수 (지역: 전국 대상: 전체)		아파트 경매 진행 건수 (지역: 서울,인천,경기 대상: 아파트)	
2009년	26만 9,134건(11월까지) 29만 5,000건(12월까지 추정치)	2009년	1만 9,394건(11월까지) 2만 2,000건(12월까지 추정치)
2008년	24만 606건(11월까지) 26만 8,778건(12월까지)	2008년	1만 1,410건(11월까지) 1만 2,796건(12월까지)
증가율	12% ▲	증가율	70% ▲

(출처: 지지옥션)

기 간	낙찰총액
2009년	15조 8,000억 원(추정)
2008년	11조 7,175억 원
2007년	11조 6,847억 원
2006년	13조 7,025억 원
2005년	13조 5,067억 원
2004년	10조 8,085억 원

(지역: 전국 대상: 전체물건, 출처: 지지옥션)

그중 종자돈 투자로 두 세배 시세차익을 올린 투자자들이 있는 반면 많은 사람들이 투자에 실패해 보증금을 포기하거나 오히려 비싸게 낙찰 받아 낭패를 당하는 사례가 무수히 많다.

비율로 따지면 경매 투자해 성공한 사례가 60%, 큰 이익이 없거나 오히려 비싸게 낙찰 받은 경우가 30~40% 정도이다.

경매시장에 나오는 물건 중 1억 미만이 전체물량의 77%에 달하고, 5천 만 원 미만의 소형 매물이 30~40%에 달하기 때문에 종자돈으로 경매시장에 과감하게 뛰어들어 부동산의 틈새재테크를 노려 차익을 얻으려는 소액투자자들의 천국이 되고 있다.

시장의 특성상 경매로 낙찰이 되면 반드시 이득을 얻는 자(값싸게 낙찰 받은 자와 배당받는 자)와 손해를 보는 자(경매의 하자나 함정을 안고 산 낙찰자와 보증금을 건지지 못한 세입자)가 있는 만큼, 투자자의 노력(발품, 손품, 입품) 여하에 따라 얼마든지 돈 버는 기회를 잡을 수 있다.

다만 수년째 경매시장에 몸담아 일하면서 느낀 점은 충분한 시간적 여유와 다양한 매물검색 후 반드시 실전 투자경험자로부터 자문을 받고 입찰해야 성공가능성이 높다는 점이다.

경매물건에는 음과 양의 양면성이 늘 도사린다는 점에서 베테랑들도 조심하고 또 조심하는 시장이기도 하다.

종자돈의 귀중함을 안다면 경매에 참여하기 전 먼저 기초적인 경매시장의 이해와 까다로운 권리분석 요령을 터득하고 개별 부동산의 물건분석을 완벽히 마친 다음 입찰을 결정해야 한다.

그 다음에는 정확한 시세파악 과정을 거쳐야 한다. 얼마를 써내야 이익이 날 것이라고 계산한 다음 소신껏 입찰해야 경매투자에서 성공할 수 있다.

값싸게 낙찰 받을 수 있다는 무모함으로 겁 없이 달려들었다가 물건상 하자나 함정을 안고 허둥대는 낙찰자가 수없이 많은 만큼 종자돈으로 경매시장에 참여하려는 투자자는 아래의 실제 성공과 실패사례를 교훈 삼을 필요가 있다.

1. 가장 임차인을 구별하여 성공한 사례

▷ 성북구 신이문동 다가구주택

경매를 통해 내 집을 마련하기로 한 황씨는 감정가의 2/3 수준으로 입찰에 나온 성북구 신이문동 소재 2층(지층 포함 3층) 단독주택에 관심을 갖게 되었다. 대지 50평, 건평 60평으로 지층, 1층, 2층 합쳐 방이 7개였다. 신축 후 20년 가까이 지난 낡은 주택이었지만 개보수후 매각하면 시세차익을 얻을 수 있을 것이라 판단했다.

감정가는 5억 원. 그러나 두 차례의 유찰 후 3억 2천까지 떨어졌고, 입지여건도 양호했다. 이 물건은 선순위세입자 1명의 전세보증금과 후순위세입자 최우선변제금 및 명도비용 등 낙찰자의 추가비용이 커 보였다.

선순위 세입자는 배당신청을 하지 않아 낙찰자가 세입자의 전세보증금을 모두 떠안아야 하는 상황이었다.

그러나 곧 황씨는 좋은 물건을 포기해야하는 아쉬움을 기대로 바꾸어 주는 결정적인 계기에 직면하게 되었다.

황씨는 부동산현장답사를 통해 집주인이 거주하는 집이 여러 채인 것을 알 수 있었다. 또 해당물건의 임장 때 집주인과 이야기를 나누면서 수익이 될 만한 물건임을 확인하게 되었다.

집주인은 '경매관심을 두는 많은 사람들이 다녀갔지만 허사다' 라는 식의 자신만만한 태도를 보였다. 경매취하가 되거나, 본인이 소유권을 잃는 일은 없을 거라 자랑하는 상황이었다. 그러나 이때 황씨는 아주 중요한 부분을 확인하게 되었다. 이야기 중 2층에서 내려오는 사람이 예사롭지 않게 느껴져 누구냐고 물으니 사위라는 짧은 대답을 들을 수 있었던 것이다. 1층과 2층이 연결되어 있는 복층구조의 주택이었던 것을 알 수 있었다. 대개 단독주택(다가구주택)의 경우 세대가 다르므로 층간 출입문을 달리하고 있으나, 본건의 물건의 경우는 세대를 같이하기에 내부출입이 가능하고 선순위권리일지라도 인수하지 않아도 되는 가장권리 일 수 있다.

전문가가 아니라하더라도 임장활동을 통행 세밀한 부분까지 살펴보았던 것이 주요했던 것이다.

예기치 못한 사업의 실패로 본의 아니게 살고 있는 집마저 경매에 붙여져 안타까움에 치하게 되는 선한 사람들이 대다수이지만 위 집주인처럼 사업실패와 별개로 자신의 재산은 별도로 축척해 놓고 세상을 기망하여 폭리를 취하려는 사람들도 있다.

북부3계 2008-0000 상세정보

병합/중복	중복:2008-00000(현대캐피탈), 2008-00000(신한카드)				
경 매 구 분	강제(기일)	채 권 자	임○○	낙 찰 일 시	09.01.19 (종결)
용 도	다가구주택	채무/소유자	김○○외4	낙 찰 가 격	357,300,000
감 정 가	509,769,240	청 구 액	27,500,000	경매개시일	08.05.01
최 저 가	326,252,000 (64%)	토지총면적	146 ㎡ (44.16평)	배당종기일	08.07.30
입찰보증금	10% (32,625,200)	건물총면적	238.81 ㎡ (72.24평)	조 회 수	금일1 공고후1,091 누적1,091
주 의 사 항	현황조사서) 임차인 점유감정평가서) 본 건 토지 일부도시계획시설도로 및 완충녹지저측건축물대장에 옥탑 연와조 물탱크(연면적제외) 9㎡가 등재되어 있으나 건물등기부에는 등재되어 있지 아니함.				

■ 물건사진 9
■ 지번·위치 4
■ 구 조 도 2

우편번호및주소/감정서	물건번호/면 적 (㎡)	감정가/최저가/과정	임차조사	등기권리
130-080 서울 동대문구 이문동 ○○-○ ●감정평가서정리 - 연와조평스라브 - 신이문역남서측인근 - 부근단독및공동주택, 주상용건물,교육 기관등혼재 - 신이문역주변기존주	물건번호: 단독물건 대지 146 (44.16평) 건물 ·1층 67.47 (20.41평) 2가구-방4,화장실2 ·2층 67.47 (20.41평) 1가구-방3	감정가 509,769,240 ·대지 419,020,000 (82.2%) (평당 9,488,678) ·건물 87,171,240 (17.1%) (평당 1,206,689) ·제시 3,578,000 (0.7%)	●법원임차조사 정○○ 전입 1996.11.05 확정 2008.09.09 배당 2008.09.09 (보) 20,000,000 점유 1996.11.5- 지층방2 재전입:2002.1.16 이○○ 전입 2000.03.08 확정 2000.03.08	가압류 박○○ 1997.01.23 5,000,000 가압류 임○○ 1997.04.19 17,500,000 소유권 김○○외4 2008.03.20 전소유자:배○○ 강 제 임○○ 2008.05.01

2. 내막을 잘 아는 다세대주택 낙찰 사례

▷ 금천구 주택재건축 대상 다세대 주택

경매에 대해 아무것도 모르는 장씨는 자신이 세입자로 살고있는 다세대(빌라)를 시세보다 싼 가격에 낙찰 받았다. 이렇게 낙찰받기까지 우여곡절도 있었다.

집주인의 부채로 자신이 세들어 살던 다세대주택이 경매 위기에 처해지자 경매에 대하여 아무것도 모르던 장씨는 전세금액 1,000만 원을 증액하여 빌려주면서까지 경매로 빌라가 넘어가는 것을 원하지 않았다.

부채의 일부를 갚고 취하시키는 단계까지 이르도록 문제 해결을 위해 지원하려 하였던 것이다. 그러나 경매절차는 계속 진행되고 있었다.

집주인은 계속 믿으라는 말만 하였고 경매입찰기일이 코앞에 다가왔을 때 장씨는 평소에 잘 알고 지내던 GG옥션 전문 강사의 도움을 받아 본 물건을 낙찰 받게 되었다. 잔금 납입시 상계신청을 하여 전세금을 제외한 금액만 준비하여 잔금을 납입하므로 본 물건을 손에 넣게 되었다.

감정가는 1억 8천만 원. 금천구 주택재건축 구역지정이 된 곳이라 입찰당시 시세는 2억 6천~2억 8천선이었다.

본인이 세입자였기에 입찰 전까지 관심을 갖고 부동산현장답사로 찾아오는 사람들도 많이 접할 수 있었다. 그러한 것을 감안하여 입찰시에도 신중을 기하게 되어 차순위매수신고인과의 입찰금액도 근소한 차이로 앞선 2억 2천 1백만 원으로 낙찰 받게 되었다.

증액한 보증금 천만원에 대하여서는 기존 전입일(2000.3.8)로 인한 대항력 발생과 달리 새로이 증액한 시점에서 대항력이 발생하므로 앞선 상계신청 금액에 포함될 수 없었다. 낙찰대금으로도 권리자들까지 배당 되고 나면 남는 것

이 없어 하는 수 없이 채권에 기한 보증금 반환청구소를 제기하는 것으로 마무
리 하였다.

<서울남부지방법원 경매7계 2007-00000 금천구 독산동 물건>

남부7계 2007-00000 상세정보

경매구분	강제(기일)	채권자	문○○	낙찰일시	08.09.23 (종결)
용 도	연립	채무/소유자	이○○	낙찰가격	248,545,000
감정가	180,000,000	청구액	20,000,000	경매개시일	07.11.08
최저가	180,000,000 (100%)	토지총면적	43.87 ㎡ (13.27평)	배당종기일	08.01.21
입찰보증금	10% (18,000,000)	건물총면적	69.52 ㎡ (21.03평)	조회수	금일1 공고후226 누적226

■ 물건사진 6
■ 지번·위치 3
■ 구 조 도 2

우편번호및주소/감정서	물건번호/면 적 (㎡)	감정가/최저가/과정	임차조사	등기권리
153-010 서울 금천구 독산동 ○○-○ △△빌라○층 ○○호 ●감정평가서정리 - 철콘조평슬래브지붕 - 근린시설,단독주택및 소규모공동주택등 소재 - 차량출입가능,교통사 정보통 - 도시가스난방 - 남측6m도로접합 - 2종일반주거지역(7층 이하) - 도시기타용도지역지	물건번호: 단독물건 대지 43.87/602.8 　(13.27평) 건물 69.52 　(21.03평) 방3 4층-94.06.22보존	감정가　180,000,000 · 대지　90,000,000 　　(50%) (평당 6,782,216) · 건물　90,000,000 　　(50%) (평당 4,279,601) 최저가　180,000,000 　　(100.0%) ●경매진행과정 　180,000,000 ① 낙찰　2008-09-23 　248,545,000 　　(138.1%)	●법원임차조사 장○○ 전입 2006.06.09 　　확정 2006.06.09 　　배당 2007.12.03 　　(보) 83,000,000 　　점유 2006.5.31-2년 *소유자가 직접 점유하여 사용하는지 여부 임대차관계 미상,독립세대 장○○에 대한 임대차관계 미상,거주인을 만나지 못하여 현황조사 안내문 부착 -------------------- 　총보증금:83,000,000 ●지지옥션세대조사	가압류 문○○ 　2000.12.21 　10,000,000 소유권 이○○ 　2006.04.12 　전소유자:이○○ 가압류 문○○ 　2007.03.27 　10,000,000 강 제 문○○ 　2007.11.08 *청구액:20,000,000원 　등기부채권총액 　20,000,000원 . 열람일자 : 2008.01.10

3. 구조 변경을 통하여 수익을 올린 다가구 주택

▷ 명일동 다가구 주택

경매를 통해 내 집을 마련하기로 김씨는 감정가의 80%로 입찰에 부쳐진 강동구 명일동 소재 다가구 주택에 관심을 갖게 되었다.

대지 48평, 건평 89평으로 지층, 1층, 2층, 3층 합쳐 방이 7개였다. 버스정류소 및 전철역 인근이라 교통도 양호하고, 인근에 홈플러스가 신축 중이어서 개보수 후 매각하면 시세차익을 얻을 수 있을 것 같았다.

감정가는 4억 7천이었고 한차례 유찰돼 3억 8천까지 떨어졌다. 입지여건도 양호했다. 4억 2,600만 원에 낙찰을 받은 이 물건에 선순위 세입자는 없었지만 부채로 삶의 터전을 잃게 된 전소유자, 다수의 세입자와의 원만한 주택인도가 가장 큰 문제였다.

경매현장 답사 때, 낙찰시 전소유자를 포함한 이해관계인(다수의 세입자)과 마찰을 최소화하여 낙찰받은 다음, 인도명령을 신청한 후 협의에 의해 인도 집행을 하였다. 잔금납부와 배당이 전소유자에게는 주택인도를 조건으로 몇 개월간의 말미를 주어 세를 얻어 나갈 수 있도록 배려했다. 다수의 세입자는 전세 또는 월세로 원하는 새로 임대차계약을 체결하였다.

전소유자와 간접점유자(소유자의 어머니, 딸)가 거주하던 지하 101호 ~103호는 인도 후 누수로 인한 보수공사를 실시하였다. 101호는 벽지 및 베란다 보수공사를, 301호는 외부계단 필로티공사를 하는 등 약 2,500만 원의 개보수 비용을 들여 보기 좋고 살기 좋게 개보수했다. 1년쯤 되어 5억 3천만 원에 매매를 하게 되어 수익을 남기게 되었다.

물론 매도시 개보수비용이 비용 처리됨에 따라 세금도 절약할 수 있었다.

동부6계 2006-00000 상세정보

경 매 구 분	강제(기일)	채 권 자	최○○	낙 찰 일 시	07.07.30 (종결)
용　　　도	다가구주택	채무/소유자	박○○	낙 찰 가 격	426,690,000
감 정 가	476,852,300	청 구 액	59,791,780	경매개시일	06.12.19
최 저 가	381,482,000 (80%)	토지총면적	161.4 ㎡ (48.82평)	배당종기일	07.03.26
입찰보증금	10% (38,148,200)	건물총면적	294.95 ㎡ (89.22평)	조 회 수	금일1 공고후520 누적907
주 의 사 항	제시외 건물포함, 일괄매각.				

 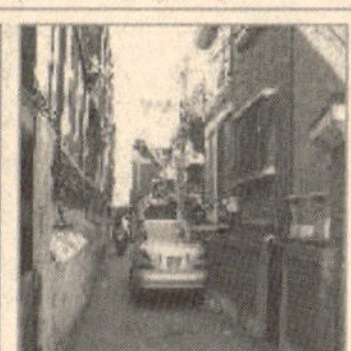  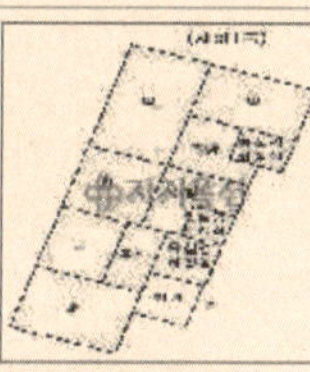

■ 물건사진 3
■ 지번·위치 4
■ 구 조 도 5

우편번호및주소/감정서	물건번호/면 적 (㎡)	감정가/최저가/과정	임차조사	등기권리
134-070 서울 강동구 명일동 ○○○ -○ ●감정평가서정리 - 연와조평슬래브지붕 - 삼익쇼핑북동측인근 - 정비된후면주거지대 - 버스(정)및전철역인 　근소재 - 대중교통사정보통,차 　량출입불가능 - 자루형등고평탄지 - 남동측3m도로접함 - 도시가스보일러시설 - 도시지역 - 남동측3m도로접함 - 도시가스보일러시설 - 도시지역 - 2종일반주거지역(7층 　미하) - 도시가스보일러난방 　설비 07.01.12 신한일감정 표준공시지가 : 2,000,000 감정지가 : 2,260,000	물건번호: 단독물건 대지 161.4 　(48.82평) 건물 ・1층 75.6 　(22.87평) ・2층 75.6 　(22.87평) ・3층 42.15 　(12.75평) ・지하1층 75.6 　(22.87평) 제시외다용도실 11 　(3.33평) ・발코니 6 제시외다용도실 11 　(3.33평) ・발코니 6 　(1.82평) ・발코니 6 　(1.82평) ・현관 3 　(0.91평) 87.11.07보존 남동향	감정가　476,852,300 ・대지　364,764,000 　　(76.49%) 　(평당 7,471,610) ・건물　109,368,300 　　(22.94%) 　(평당 1,225,827) ・제시　2,720,000 　　(0.57%) 최저가　381,482,000 　　(80.0%) ●경매진행과정 　　476,852,300 ●경매진행과정 　　476,852,300 ① 유찰　2007-05-07 20%↓　381,482,000 ② 낙찰　2007-07-30 　　426,690,000 　　(89.5%) - 응찰 : 6명 - 낙찰자:김○○ 허가　2007-08-06 종결　2007-10-19	●법원임차조사 김○○ 전입 2004.01.05 　지층B03호 민○○ 전입 2004.01.29 　확정 2004.01.29 　배당 2007.03.21 　(보) 25,000,000 　지층B02호전부 　점유 2004.1.29-2 　년 문○○ 전입 2004.08.20 　확정 2004.08.20 　배당 2007.03.19 　(보) 75,000,000 　확정 2004.08.20 　배당 2007.03.19 　(보) 75,000,000 　101호전부 　점유 2004.8.14-4 　년 문○○ 전입 2006.06.26 　확정 2006.06.26 　배당 2007.03.20 　(보) 100,000,000 　201호전부 　점유 2006.6.25-2 　년 한○○ 전입 2006.07.07 　민○○딸 정○○ 전입 2007.01.22 　확정 2007.01.22 　배당 2007.03.16 　(보) 23,000,000 　102호전부 　점유 2002.10.27	소유권 박○○ 　1997.07.28 저당권 강동농협 　2000.04.20 　10,400,000 전세권 최○○ 　2005.08.03 　86,000,000 　존속기 　간:2006.02.05 강　제 최○○ 　2006.12.19 *청구액:59,791,780원 등기부채권총액 　96,400,000원 등기부채권총액 　96,400,000원 열람일자 : 2007.01.25 토지등기부확인 ⓖⓞ

4. 주택재건축을 앞둔 APT를 낙찰 받은 사례

▷둔촌동 APT : 주택재건축정비구역

둔촌주공 APT는 주택재건축정비구역으로 지정되어 향후 실거주로도 탁월한 곳이다. 입찰당시(08.1) 감정가는 10억이었으나 주택 경기하향으로 7월 8억~8억 2천의 시세가 형성되어 있었다. 최저가는 6억 4천으로, 낙찰가는 7억 초반이었다. 급매물의 경우 8억이 안 되는 금액으로 둔촌주공 APT를 구할 수 있는 상황이었다.

인근 올림픽선수촌 아파트 45평형의 시세는 13억 원 선이었다. 둔촌주공 APT 34평형과 무슨 상관인가 하겠지만 향후 재건축시 45평형을 배정받을 수 있기에 메리트가 있는 것이다. 물론 추가부담금이 발생하고 언제 재건축 될지 알 수 없기 때문에 실거주목적 또는 장기투자목적으로 접근했다.

둔촌 주공 재건축 사업은 61만 1,000여 ㎡에 용적률 259.25%(임대 포함)와 건폐율 20.25%를 적용해 지하 2층, 지상7~30층 116개 동, 9,090가구를 짓는 강남권 최대 재건축 사업 중 하나이다(조합원수 5,930세대, 건립세대수 9,900세대).

재건축 사업이 본격화될 움직임을 보임에 따라 시공사들이 몰리고 있다. 강남권과 가까운데다 서울 재건축 단지 가운데 규모가 가장 커 사업성이 어느 정도 보장되기 때문이다.

둔촌 주공아파트 재건축 정비사업조합 설립추진위원회(이하 둔촌주공 추진위)는 09년 12월 28일 구청으로부터 조합설립인가를 받았다.

이곳은 지난 2006년 11월 정비구역지정을 받았고 2007년 7월 정밀안전진단까지 통과했다. 하지만 단지 내 상가 소유자들의 반대로 조합설립인가 요건을 갖추지 못해 2년 이상 사업이 지연돼 왔다.

　　결국 둔촌주공 추진위 측이 사업에 반대하는 상가를 제외하고 아파트 입주 자만으로 조합을 설립해 재건축을 진행하기로 하면서 둔촌 주공 재건축은 새 로운 국면을 맞이하게 됐다.

〈서울동부 5계 2007-00000 강동구 둔촌동 물건〉

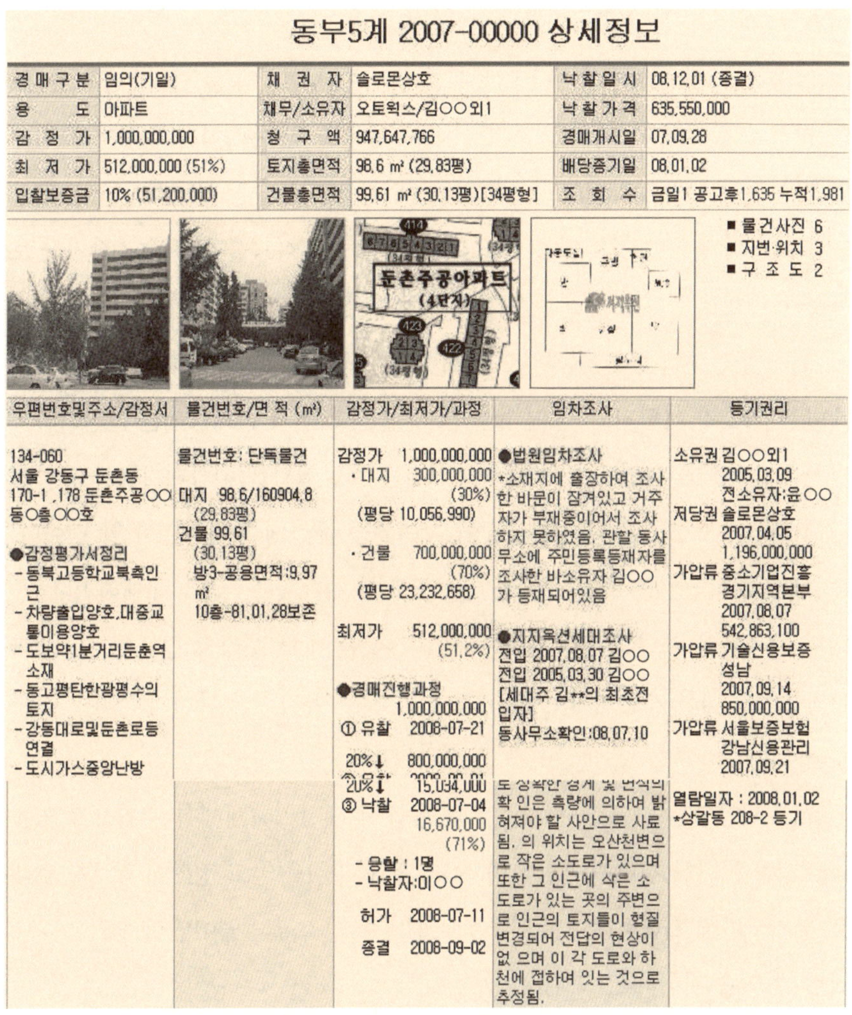

동부5계 2007-00000 상세정보

경매구분	임의(기일)	채권자	솔로몬상호	낙찰일시	08.12.01 (종결)
용도	아파트	채무/소유자	오토웍스/김○○외1	낙찰가격	635,550,000
감정가	1,000,000,000	청구액	947,647,766	경매개시일	07.09.28
최저가	512,000,000 (51%)	토지총면적	98.6 ㎡ (29.83평)	배당종기일	08.01.02
입찰보증금	10% (51,200,000)	건물총면적	99.61 ㎡ (30.13평)[34평형]	조회수	금일1 공고후1,635 누적1,981

■ 물건사진 6
■ 지번·위치 3
■ 구조도 2

우편번호및주소/감정서	물건번호/면적(㎡)	감정가/최저가/과정	임차조사	등기권리
134-060 서울 강동구 둔촌동 170-1 ,178 둔촌주공○○ 동○층○○호 ●감정평가서정리 - 동북고등학교북측인근 - 차량출입양호,대중교통이용양호 - 도보약1분거리둔촌역소재 - 동고평탄한광평수의토지 - 강동대로및둔촌로등연결 - 도시가스중앙난방	물건번호: 단독물건 대지 98.6/160904.8 　(29.83평) 건물 99.61 　(30.13평) 방3-공용면적:9.97 ㎡ 10층-81.01.28보존	감정가 1,000,000,000 · 대지 300,000,000 　(30%) (평당 10,056,990) · 건물 700,000,000 　(70%) (평당 23,232,658) 최저가 512,000,000 　(51.2%) ●경매진행과정 　1,000,000,000 ① 유찰 2008-07-21 20%↓ 800,000,000 ② 유찰 2008-08-01 20%↓ 15,034,000 ③ 낙찰 2008-07-04 　16,670,000 　(71%) - 응찰 : 1명 - 낙찰자:이○○ 허가 2008-07-11 종결 2008-09-02	●법원임차조사 *소재지에 출장하여 조사 한 바문이 잠겨있고 거주 자가 부재중이어서 조사 하지 못하였음. 관할 동사 무소에 주민등록등재자를 조사한 바소유자 김○○ 가 등재되어있음 ●지지옥션세대조사 전입 2007.08.07 김○○ 전입 2005.03.30 김○○ [세대주 김**의 최초전 입자] 동사무소확인:08.07.10 도 상확안 성세 빛 번석의 확인은 측량에 의하여 밝 혀져야 할 사안으로 사료 됨. 의 위치는 오산천변으 로 작은 소도로가 있으며 또한 그 인근에 삭은 소 도로가 있는 곳의 주변으 로 인근의 토지들이 형질 변경되어 전답의 현상이 없 으며 이 각 도로와 하 천에 접하여 잇는 것으로 추정됨.	소유권 김○○외1 2005.03.09 전소유자:윤○○ 저당권 솔로몬상호 2007.04.05 1,196,000,000 가압류 중소기업진흥 경기지역본부 2007.08.07 542,863,100 가압류 기술신용보증 성남 2007.09.14 850,000,000 가압류 서울보증보험 강남신용관리 2007.09.21 열람일자 : 2008.01.02 *상갈동 208-2 등기

5. 지가상승 기대감 높은 토지를 낙찰 받은 사례

▷명일동 토지[전]

강동구 명일동에 위치한 전으로 인근은 주택가이다. 서울이나 경기도에 거주하는 경우 주말농장을 목적으로 소유하고 있으면서 장기적으로 투자하므로 지가상승을 노려볼만한 곳이다.

서울 인근에 주말농장이나 어린이들을 위한 체험학습장으로 사용될 수 있는 최적의 토지였다. 채씨는 농지취득자격증명을 받아야 하는 절차가 걱정되었지만 주말에 내 텃밭이 있고, 학생들을 위한 체험학습장으로 개방할 수 있다는데 기쁨의 웃음을 짓지 않을 수 없었다. 향후 지가상승을 예측하고 장기간 보유를 목적으로 경매로 낙찰 받은 것이기에 후회도 없었다.

최근 서민주택 공급을 목적으로 개발제한구역 해제, 개발제한구역 내 택지개발이 조금씩 이뤄지고 있다. 물론 아래 물건이 여기에 해당되는 물건이라고 말할 수는 없다. 다만 토지와 관련하여서는 개발계획을 해당지자체를 통하여 미리 확인하고 접근하여 지가상승이 기대되는 물건에 투자하여야 할 것이다. '침체된 주택경기를 살리기 위해 서울 근교의 개발제한구역을 해제해 민간 중대형 아파트와 서민용 보금자리 주택을 건설할 계획' 이라고 발표(2009.4.2 국토해양부 장관)한 개발계획이 100% 완전한 것도 아니지만 가벼이 생각할 사항도 아니다.

국토해양부, 시 · 군 · 구 사이트를 통해서 해당지자체에서 추진하고 있는 국토개발에 대한 청사진(개발이 이루어질 곳과 시점)을 알고 정확히 정보를 토대로 토지투자에 접근한다면 토지투자로 인하여 리스크는 줄이면서 수익은 극대화할 수 있을 것이다.

동부3계 2007-0000 상세정보

경매구분	임의(기일)	채 권 자	한국카본	낙찰일시	08,04,21 (종결)
용 도	전	채무/소유자	두진서키트/이○○	낙찰가격	192,200,000
감 정 가	233,220,000	청 구 액	48,528,977	경매개시일	07,03,28
최 저 가	149,261,000 (64%)	토지총면적	507 m² (153,37평)	배당종기일	07,07,02
입찰보증금	10% (14,926,100)	건물총면적	0 m² (0평)	조 회 수	금일1 공고후399 누적1,401
주 의 사 항	농지취득자격증명 필요				

■ 물건사진 3
■ 지번·위치 4
■ 구 조 도 0

우편번호및주소/감정서	물건번호/면 적 (m²)	감정가/최저가/과정	임차조사	등기권리
134-070 서울 강동구 명일동 ○○-○ ●감정평가서정리 - 주공9단지아파트남축 　인근위치 　명일2동사무소서축인 　접지역 - 부근시가지와그린벨 　트경계지점으로 　전및임야등농경지임 - 상암길근접소재 - 차량출입불가능,교통 　사정무난	물건번호: 단독물건 전 507 (153,37평)	감정가　233,220,000 · 토지　233,220,000 　　　　　　(100%) (평당 1,520,636) 최저가　149,261,000 　　　　　　(64,0%) ●경매진행과정 　　　　233,220,000 ① 유찰　2008-01-21 20%↓　186,576,000 ② 유찰　2008-03-10	●법원임차조사 *밭(야채등 주말농장형 태)으로 사용되고 있으나 임야와 경계 및 면적의 특 정은 어려움	소유권 이○○ 　　　2001,06,01 저당권 수협중앙회 　　　주안 　　　2002,03,04 　　　44,200,000 지상권 수협중앙회 　　　주안 　　　2002,03,04 　　　30년 저당권 한국카본 　　　2002,05,20 　　　200,000,000 압　류 강동구청장 　　　2003,07,21

6. 소액으로 낙찰 받은 유망 토지

▷수원IC 인근 소액투자물건

수원에 사는 자영업자 박씨는 수원IC인근 개발에 따른 호재에 자신감을 얻어 경매를 통해 수원IC 인근 농지(전) 17평을 낙찰 받았다. 지역 내 호재를 감안해 첫 입찰에서 최저가(1천 503만 원)보다 약간 더 써내 단독 입찰로 낙찰 받았다.

땅의 모양도 직사각형이고 도로의 접해있는 면적이 넓어 자신 있게 낙찰 받았다. 경매 낙찰 후 1년이 지난 요즘, 인근 중개업자들로부터 수차례 8천만 원 넘게 되팔아주겠다는 연락을 받고 있다.

투자시기가 적절하고 지역사정에 정통한데다 개별 부동산의 가치를 알고 과감하게 투자에 나선 것이 성공의 비결이다.

2천만 원대 소액투자자로서는 대박 중의 대박을 터뜨린 셈이다.

<수원지방법원 경매6계 2007-00000(강제) 용인시 기흥구 물건>

수원6계 2007-00000 상세정보

경매구분	강제(기일)	채 권 자	신용보증기금	낙찰일시	08.07.04 (종결)
용 도	답	채무/소유자	이○○	낙찰가격	16,670,000
감 정 가	23,490,000	청 구 액	54,664,169	경매개시일	07.11.16
최 저 가	15,034,000 (64%)	토지총면적	57 ㎡ (17.24평)	배당종기일	08.03.04
입찰보증금	10% (1,503,400)	건물총면적	0 ㎡ (0평)	조 회 수	금일1 공고후63 누적249
주 의 사 항	· 입찰외 · 일괄매각, 농지취득자격증명 필요함, 목록1의 공부상 지목은 답이나, 현황 도로 및 전 상태이고, 목록2의 지목은 답이나 현황 도로로 이용중임, 목록1 지상 일부에 소재하는 컨테이너박스 1동은 가격평가에서 제외함.				

■ 물건사진 4
■ 지번·위치 5
■ 구 조 도 0

우편번호및주소/감정서	물건번호/면 적 (㎡)	감정가/최저가/과정	임차조사	등기권리
446-905 경기 용인시 기흥구 상갈동○○-○ ●감정평가서정리 - 약20㎡도로상태 - 동측6m도로접합 감정평가액 (감정:21,600,000) 2007.12.26 ○○감정	물건번호: 단독물건 답 48 (14.52평) 현:일부도로및전 농취증필요 입찰외컨테이너박스 1동소재	감정가　23,490,000 · 토지　23,490,000 　　　　　(100%) (평당 1,362,529) 최저가　15,034,000 　　　　　(64.0%) ●경매진행과정 　　　　23,490,000 ① 유찰　2008-04-25 20%↓　15,034,000 ③ 낙찰　2008-07-04 　　　　16,670,000 　　　　　(71%) - 응찰 : 1명 - 낙찰자:이○○ 허가　2008-07-11 종결　2008-09-02	●법원임차조사 *각 답의 현상이 없으며 토지위에 컨테이너박스 1개가 놓여져있고 잡풍이 우거져 있으며 또한 각 도로가 접하여 있는 것으로 추정됨. 컨테이너 박스에는 원*원 테크롤러지스라고 부착되어 있으나 연락처가 없어 소유자는 확인 미상임. 각 은 경계의 표시 및 구분을 육안으로 판별할 수 없는 현상으로 인토 정확안 성세 및 면적의 확 인은 측량에 의하여 밝혀져야 할 사안으로 사료됨. 의 위치는 오산천변으로 작은 소도로가 있으며 또한 그 인근에 작은 소도로가 있는 곳의 주변으로 인근의 토지들이 형질변경되어 전답의 현상이 없 으며 이 각 도로와 하천에 접하여 잇는 것으로 추정됨.	소유권 이○○ 　2004.06.25 　전소유자:박○○ 압 류 용산세무서 　2006.10.27 가압류 신용보증기금 　남대문 　2007.05.30 　54,429,321 강 제 신용보증기금 　남대문 　2007.11.26 *청구액:54,664,169원 열람일자 : 2008.01.02 *상갈동 208-2 등기
446-905 경기 용인시 기흥구 상갈동○○-○ ●감정평가서정리 ------------------------ - 일괄입찰 - 경부고속국도수원I/C 　남서측인근위치 - 농경지,잡종지,공장, 　근린시설,하천등 　혼재한국도주변농경 　지대 - 차량통행가능,대중교 　통사정양호	답 9 (2.72평) 현:도로 농취증필요			

 # 경매부동산 취득의 피해사례

경매부동산을 조사하고 분석할 때는 보수적으로 진행하는 것이 바람직하다. 경매시장에서는 입찰보증금을 손해 본 사람도 많고 경락 이후 낙찰대금을 납부하고도 명도소송을 비롯해 각종 항고·재항고 등으로 지루한 법정싸움을 진행하는 사람도 허다하다.

대부분 부동산경매를 하게 되면 10%를 입찰보증금으로 내는데 이 물건들은 왜 이런 현상이 벌어질까, 이는 이전에 누군가가 낙찰을 받았다가 포기한 물건이기 때문이다. 낙찰을 포기하는 이유는 우선 잘못된 판단이 가장 많다. 다음으로는 선순위임차인의 기재가 누락되거나 미등기건물의 지상권에 대한 분쟁 등으로 낙찰대금을 제때 내지 못해서이다. 몇 천만 원 되는 부동산 가액 중 10% 정도는 포기할 수도 있겠지만 문제는 몇 억 원이 넘는 부동산에 있다. 5억짜리 부동산을 낙찰 받았다면 이 사람은 5,000만 원을 손해 보는 셈이다.

다음의 실패사례를 거울삼아 내 재산을 손해 보지 않도록 주의하자.

1. 시세파악 잘못해 높은 값에 '땅' 낙찰?

경기도 일산에 사는 박씨는 대학교 부설 경매교육과정을 이수해 경매 이론의 기초를 닦았다. 그러나 적은 돈 투자에 나선 첫 출발부터 경매입문을 후회하고 있다. 문제는 파주에 있는 임야를 낙찰 받았으나 입찰가를 터무니없이 높이 써낸 것. 감정가(4천 200만 원)보다 무려 2천만 원 높이 써내 낙찰 받았던 것이다.

입찰 당일 경매법정에는 많은 투자자들이 해당 서류를 지켜보자 박씨는 한껏 욕심을 부려 낙찰금액을 높인 것이다. 총 12대 1의 경쟁을 뚫기는 했으나 현장중개업소 몇 군데에서 거래되는 땅값의 시세는 5천만 원에도 미치지 못한다는 것을 낙찰 후에야 알아냈다.

달랑 인터넷정보업체의 매물란에 나온 유사매물의 호가를 기준으로 낙찰가격을 정했기 때문이다. 결국 그는 입찰보증금 420만 원을 포기하고 경매시장을 떠났다.

2. 전소유자 물건의 처리방법으로 골치를 썩은 경우?

1) 경매물건 개요

경기도 평촌에 거주하는 구씨는 평범한 샐러리맨이다. 본인이 직접 소액 재테크에 나서려고 경매물건에 관심을 기울이던 중 의정부에 있는 소형 아파트를 감정가의 75%인 8천 5백만 원에 낙찰 받았다.

잔금을 내고 소유권 등기까지 마친 상태에서 명도 때문에 주택을 방문해보니 전소유자의 짐이 산더미만큼 있었다. 주변에 물어보니 아파트주인은 8년 전에 야반도주하여 집이 비어 있었다는 것이었다. 그 짐을 유체동산 경매신청으로 처리하는데 무려 8개월이 걸렸고 이제는 경매에 경자만 들어도 경기한다.

3. 선순위 임차인이 있는 줄 모르고 낙찰 받은 경우

서울시 송파구에서 79.33㎡(24평형) 아파트에 사는 C는 자녀가 커가는 바람에 넓은 평수의 아파트로 늘려 나가기 위해 지하철역에서 멀지 않고 송파구하고도 가까운 경기도 성남시 은행동 현대 아파트 105.79㎡(32평형)를 구하기로 하고 경매에 참여했다.

주변사람들의 얘기를 참고삼아 법원에 가 집행관의 임대차보고서를 비롯해 각종 서류를 열람해 보았다. 여러 가지 정황을 살펴보았으나 큰 문제가 없어 보였다. 법원 감정가격은 1억 2,000만 원, 김씨는 1억 3,500만 원에 낙찰 받았다. 1억 6,500만 원인 주변의 시세보다 3,000만 원이나 싼 가격이었다.

그러나 낙찰 받은 후 그 아파트에 방문해 보니 선순위임차인이 있는 것이었다. 임차보증금은 7,000만원, 법원에 임대차서류가 제출되지 않은 상태였다. C씨는 법률전문가의 자문을 받아 보았지만 임차보증금액을 물어줘야 한다는 결

론이었다. 결국 C씨는 보증금 1,350만 원을 보름 만에 날리고 경락을 포기하고
말았다.

위와 같은 경매 실패 사례는 우리 주변에서 너무나 흔하게 되풀이되어 일
어나고 있다. 경매를 '황금 알을 낳는 거위'로 생각하고 무작정 경매에 참여하
는 것은 스스로 무덤을 파는 행위와 다름없다. 법원경매 관련 서류만 살펴보고
입찰에 임하는 것은 무모한 짓이다.

현장의 임장활동을 통해 사전에 선순위 임차인이 있는지 확인하였더라면
피할 수 있는 피해사례인 것이다. 이런 경우 보증금을 되찾을 수 있기도 하다.
선순위임차인이 집행관의 임대차보고서에 누락되어 발생한 경우에는 '낙찰불
허가신청제도'를 활용하면 큰 어려움 없이 입찰보증금을 돌려받을 수 있다.
매각물건명세서의 작성에 중대한 하자가 있을 때에는 낙찰허가에
대한 이의사유가 되며 낙찰불허가 사유가 된다(민사집행법 제121조 제6
호). 물건명세서를 비치하지 않았거나 비치기간을 지키지 않은 경우에도 이에
해당된다. 이에 해당되는 판례로 집행관의 임대차보고서 및 물건명세서에 선
순위 임차인의 주민등록에 대한 기재가 누락된 경우, 미등기건물의 법정지상
권이 성립하는 여부를 기재하지 않은 경우 등이 있다.

낙찰불허가신청은 낙찰허가 이전에 신청서를 제출해야 한다. 신청서를 제
출하면 2~3일 이내에 심문날짜를 통보해 주며 판결은 판사의 재량으로 이루어
진다. 대개 일주일 정도면 문제가 종결된다. 낙찰을 포기하는 경우라도 정당한
사유가 있다면 입찰보증금을 돌려받을 수 있으므로 '낙찰불허가신청제도'를
활용함이 좋을 것이다.

4 유치권 신고 된 상가 낙찰 후 보증금 포기한 사례

서울 상계동에 사는 정씨는 경매투자에 매력을 느껴 인터넷 동영상을 한 차례 수강한 뒤 자신감을 갖고 상가투자에 나섰다. 수익성이 좋다는 중심상업지역의 20평형 상가를 감정가(3억)의 72%인 2억 1,600만 원에 낙찰 받는데 성공했다

문제는 낙찰 후 입찰보증금(1,920만 원)과 현금(5,000만 원)을 제외한 나머지 돈을 은행의 경락잔금대출을 이용할 때 발생했다. 은행에서는 유치권 신고가 되어 있다는 이유로 경락잔금대출을 해주지 않은 것이다. 결국 보증금을 포기하고 다시는 부동산 경매투자를 하지 않는다.

5. 입찰장 분위기에 휩쓸려 실패한 사례

경매 초보자인 B씨는 경매에 참여하기 전에 어느 정도 경매에 관한 공부도 하고 현장을 파악하는 방법도 익혔다. 나름대로 자신감이 붙은 그는 처음으로 경매에 참여했는데, 물건은 경기도 고양시 일산동에 소재한 3층 상가주택. 처음 감정가는 4억 원이었으나 1회 유찰돼 3억 2,000만 원에 경매물건으로 나왔다. 초보자인 그가 막상 법원 경매 입찰장에 가보니 분위기가 어수선하고 들썩거렸다. 그리고 주변에서 입찰서를 작성하는 사람들도 그 물건에 대해 관심을 갖고 얼마를 쓰면 되겠다는 등 서로 경쟁을 하는 듯해 결국 시세(3억 8,000만 원) 이상인 3억 9,170만 원에 입찰가를 써 낙찰 받았다. 지나친 경쟁심이 일을 그르친 것이다. B씨는 결국 제값 이상의 매물을 경매로 사들인 후 주변 사람들에게

절대 경매로 부동산을 사지 말라고 권유하고 있다.

6. 예고등기 때문에 보증금을 날린 사례

서울 구로동에서 이발소를 하는 김씨는 평소에도 부동산에 관심이 많았다. 평소에 부동산 관련신문기사를 눈여겨보고, 경매교육도 받아 더욱 자신감이 넘쳤다. 경매로 2층 근린주택이 나와서 현장을 답사하고 입찰에 참가해서 낙찰을 받았다. 그러나 잔금납부 직전에 등기부등본을 떼어보니 소유권말소 예고등기가 되어 있어 입찰보증금을 포기한 사례다.

예고등기내용은 입찰당시 등기부등본에 표시되어 있었으나 경매에 관한 경험부족으로 입찰직전에 등기부등본을 확인하지 않아서 보증금 3000만 원을 날린 경우다.

등기부등본은 입찰 전, 매각허가결정 전, 잔금납부 전에 반드시 확인해야한다.

7 농지취득자격증명 제출 못해 보증금을 날린 사례

서울 잠실에서 분식점을 하는 신씨는 주말에 텃밭을 가꾸고 투자도 할 겸해서 양평에 경매로 나온 전 300평을 낙찰 받았다. 경매로 낙찰 받고 농취증을 일

주일 안에 경매법원에 제출해야 하는데 농취증이 반려되었다. 이유는 전 300평 위에 불법으로 지어진 조그만 창고가 있어서 원상회복이 되지 않으면 농취증을 발급할 수 없다는 것이었다. 결국 입찰보증금 1,600만 원을 몰수당하고 경매는 다시 쳐다보지도 않는다.

 경매로 돈 버는 법

1. 감정가격을 그대로 믿어서는 안 된다

법원 경매 감정가는 감정회사에 따라 차이가 날 수 있다. 감정시점의 가격이 현재(입찰) 시점과 현저한 차이를 보일 수 있어 감정가 대비 유찰된 금액이 현시세와 별 차이가 없거나 시세보다 높을 수 있다. 최저경매가를 시세와 비교하지 않고 단순히 감정가보다 떨어졌다는 이유만으로 낙찰 받았다가는 낭패를 보기 쉽다. 반드시 현장조사 및 시세조사(일반매매시장가격)를 실시하고 낙찰 받아야 수익성이 있다.

2. 경매법원의 분위기에 휩쓸려서는 안 된다

법원 부동산경매에서 입찰 장에는 응찰자, 한수 배우러 온 사람, 경매 학습생, 임차인, 이해관계인 등 사람들로 가득하다. 평소 관심을 가지고 있던 물건의 응찰을 위해서든, 개발기대가 높은 많은 사람들이 관심을 갖는 지역의 물건이든 경매법원 현장분위기에 휩쓸려 잘못 판단하여 손해보지 않기 위해 신중해야 한다.

첫째, 사전에 물건조사 및 시세조사가 된 물건이라도 경매법정에 많은 사람들이 몰린 경우라면 계획했던 것보다 높게 응찰할 수 있다. 그러나 맹목적으로 사람들이 많이 몰린 것만 가지고 판단하기보다 내가 관심가지고 있는 물건에 경쟁자가 어느 정도인지 가늠해(경매법정 앞에 열람을 위해 비치된 물건명세서, 감정평가서등을 확인하는 사람들을 유심히 살펴 봄) 보아야 한다.

둘째, 경매에 관심만 가지고 현장조사 없이 경매법원에서 주변사람들의 권유나 분위기에 휩쓸려 권리분석과 수익성분석이 이루어지지 않은 상태에서 이번에 입찰에 참여하지 않으면 다른 이가 선점할 것 같은 생각으로 무방비상태로 입찰에 참여해서는 안 된다.

투자대상 물건이 아까워 경쟁률을 의식해 가격을 높일 경우 수익성은 고사하고 자칫 손해를 볼 수도 있다. 입찰 장에 사람들이 많더라도 수익성을 따져서 충동구매응찰을 자제하고 사전에 결정한 가격에 소신대로 응찰해야 후회 없다.

3. 물건분석은 꼼꼼하게 권리분석은 철저하게

단독주택, 연립 · 다세대주택, 오피스텔, 아파트, 상가, 토지 등 경매에 나오는 물건의 종류는 여러 가지이다. 입찰에 들어가기 전 이 물건들이 쓸만한 물건인지 꼼꼼히 살펴봐야 한다. 입찰물건명세서만 보고 입찰에 응하는 것은 위험한 행동이다. 매각물건명세서의 내용이 사실과 다르다 해도 법적 책임이 없으므로 직접 조사를 해봐야 하고, 우선 어떤 종류의 물건을 낙찰 받을지 결정해야 한다.

물건에 따라 살펴야 할 내용이 조금씩 다른데, 가령 연립ㆍ다세대주택은 주차 시설이 제대로 되어 있는지, 재개발 가능성이 있는지 그리고 신축인지, 다가구주택은 용도변경이 가능한지, 아파트는 남향인지 계단식인지, 조망권이 좋은지, 도로에 인접해 있는지, 나 홀로 아파트는 아닌지 등을 조사한다. 공통으로 대중교통을 이용하기 용이한지, 학교와 가까운지, 혐오시설이 가까지 있지 않은지, 실제 평가가 시세와 일치하는지 등을 필수적으로 살펴봐야 한다.

법원 부동산 경매 물건은 일반적으로는 매매가격보다 싸지만 주택의 경우 주택임대차보호법상 대항력이 있는 세입자에게는 기존의 임차금액을 물어줘야 하는 경우가 있다. 여러 번 유찰된 물건일수록 권리관계가 복잡하거나 임차금액을 물어줄 가능성이 높다. 낙찰자가 부담해야 할 부분은 없는지도 반드시 확인해야 한다.

지방의 토지나 주택 등 위치 확인이 어려운 물건은 반드시 현지사정에 밝은 전문가와 함께 현장을 확인해야 한다. 정확한 현장 확인 없이 무턱대고 응찰했다가 후회하는 경우가 많다.

물건분석의 가장 좋은 방법은 바로 현장 답사이다.

아무리 좋은 조건의 경매 물건도 낙찰 후에 인수되는 권리가 있다면 함부로 투자해서는 안 된다. 경매사고의 대부분이 권리분석을 제대로 못해서 발생할 정도로 권리분석은 경매에서 매우 중요한 과정이다.

보통의 경매물건에는 많지 않지만, 권리분석에서 투자자들을 가장 괴롭히는 것이 유치권이다. 유치권이란 타인의 물건을 정유하는 사람이 물건으로부터 발생한 채권에 관해 그 채권을 변제할 때까지 물건의 반환을 거부하고 유치할 수 있는 권리로 앞에서도 서술한 바 있다. 이 문제를 해결하지 않으면 유치권이 있는 사람의 채권액을 부담해야 하고 이를 해결하지 않으면 물건은 완전한 내 것이 될 수 없다.

유치권을 행사하는 사람이 언제부터 점유했는지, 적법한지 등을 조사해야 하는데 정확하게 유치권의 성립여부를 확인하려면 직접 발품을 팔아야 한다. 유치권자 중 절반 이상이 위장 유치권자라 해도 과언이 아니다. 가령 공사를 하지 않고 한 것처럼 꾸미거나 공사비가 2억 들었는데 5억이 든 것처럼 신고서를 제출한 경우가 있다고 하자. 이런 주장이 허위라는 것을 증명하려면 공사도급계약서, 시방서, 설계도면, 세금계산서 등 서류가 유치권 권리신고서에 포함됐는지 살피는 것은 물론 주변인의 증언을 수집해야 한다.

이처럼 권리분석은 단순히 부동산공부(등기부, 토지대장, 임야대장, 지적도 등)만을 통하여 하는 것이 아니라 이처럼 등기부에 기록되지 않는 특수물권(유치권, 법정지상권, 분묘기지권)의 진정성을 확인하는 과정을 통하여 권리분석을 철저하게 실시하므로 유용한 투자가치가 있는 물건을 선정할 수 있게 되는 것이다.

4. 개발계획(도로, 철도, 지구단위계획 등)을 활용해라

개발예정지 내 주택이 투자 안전종목

초보 투자자가 부동산투자에 적극적인 관심을 가질 경우 대체로 두 가지 종류의 물건을 골라준다. 도심 내 소형 주택과 도시계획이 변경돼 개발이 예상되는 곳의 허름한 주택이나 상가 중 시세보다 싸게 나온 물건이 그것이다. 이들 물건은 부동산값이 떨어질 때 가격 하락은 막지 못한다하더라도 최소한 급락에 따른 손해는 피할 수 있기 때문이다.

도심 내 소형주택은 환금성이 좋고 임대수요가 꾸준해 최소한의 투자 리스크가 없는 게 통례다. 부동산 값이 내려가더라도 도심 주택의 특성상 하락 폭이 크지 않아서 원금을 까먹을 염려도 거의 없다.

또 도시계획이 변경되는 지역 내 부동산은 주변 부동산 가치가 올라가기 때문에 가격 저점기에 싼 값에 매입해 두면 좋다. 법원 경매를 통해 이런 지역 내 물건을 구할 경우 어렵지 않게 매물을 구할 수 있고 저가에 매입할 수 있는 장점이 있다. 통상 시가 대비 20% 이상 저렴하게 낙찰 받을 수 있으며 입찰경쟁률도 낮은 편이다.

최근 정부나 지자체가 지역개발 활성화 대책을 속속 발표하면서 지역마다 각종 건축 규제를 완화하는 조짐을 보이고 있다. 수도권 그린벨트 해제와 함께 서울시내 도로변 24곳 32만 평에 달하는 곳의 역사문화미관지구를 층수제한이 없는 일반미관지구로 변경하는 안건을 통과했다. 또 서울 상도동 등 역세권 일대는 주거·상업지구로 개발하는 지구단위계획을 확정했으며, 성남 등 수도권에서도 지자체마다 고도제한을 풀어 고밀도 개발을 허용하는 등 도시재개발이 속속 추진되고 있다.

토지용도가 고밀도 개발을 허용하는 방안으로 변경될 경우 해당지역의 부동산 가치는 뛰기 마련이다. 용산 일대, 양천구 목동, 영등포구 문래동, 강북구 수유동 일대 역세권 주변이 건축규제가 대폭 풀리면서 땅 값 상승이 높아진 지역이다.

한 발 앞선 투자자들은 새로 고층·고밀도 개발 예정 지역 내 부동산을 집중적으로 노린다. 이들은 법원 경매부터 시작해 저평가된 급매물까지 다양한 방법으로 투자 유망지역 내 부동산을 물색한다.

얼마 전부터 역사문화미관지구에서 일반미관지구로 토지용도가 바뀐다는 정보를 미리 입수한 지역 투자자들이 이 일대 부동산 경매투자에 몰리고 있다. 지난해 서울중앙법원에서 입찰된 동작구 상도동의 N빌라 23평형은 감정가 1억 2,000만 원에서 1회 유찰된 후 무려 32명이 입찰에 참여해 1억 626만 원에 낙찰됐다. 또 같은 법원에서 입찰에 부쳐졌던 성북구 장위동 소재 대지 104평, 건물 99평의 2층 단독주택도 감정가(4억 4,224만 원)의 91%인 4억 300만 원이라는 고가에 낙찰됐다.

개발 호재가 있는 지역 내 부동산은 초기에는 가격이 더 오를 것이라는 기대심리로 호가가 오르고 지역 부동산중개업자들이 물량을 매집하기 때문에 초보 투자자들이 무턱대고 투자하면 손해 볼 확률이 크다. 그러나 법원경매를 이용할 경우 가격 상승분이 감정가에 포함되지 않기 때문에 싼값에 우량물건을 확보할 수 있다.

도시계획 변경 내용 확인이 투자의 첫걸음

이런 경매물건을 노리려면 여러 가지 사항을 점검해야 한다. 우선 투자 관심지역 일대 도시계획 변경 내용부터 확인해야 한다.

용도지역이 주거지역에서 상업지역으로 바뀌는지 공업지역에서 주거지역으로 바뀌는지 등을 알아봐야 한다. 용도지역 변경이 정해지면 지자체에서는 '도시계획 결정 및 변경결정 공람 공고'를 일간신문에 게재하거나 관보, 지자체 홈페이지 공고란에 올려 이해 관계자로부터 의견을 듣게 된다. 공람 기간,

공람 장소(지자체 도시계획과), 도시계획 용도지역 변경결정안과 위치·면적까지 상세하게 공고한다. 공람기간은 통상 14일인데 일반인들로부터 의견을 듣고 관할 관공서로부터 도시계획 변경에 따른 의견을 조율하는 기간이다.

지역 내 개발 정보를 관심 있게 지켜보았다가 개발 조짐이 있다고 판단되면 발 빠르게 움직여 투자가능 지역 내 저가 매입 물량을 확보하는 게 중요하다. 경매물건의 경우 여러 물건이 경매에 붙여지므로 가격이 저평가된 땅이나 소형주택 등 우량물건을 고르는 것이 투자 포인트이다.

경매 정보지나 경매물건 입찰명세서에서도 지역 개발정보를 얻을 수 있다. 경매정보지의 물건 내역을 보면 도시계획에 대한 정보가 기재되는 게 통례다. 경매 정보지의 자료는 통상 입찰명세서의 감정평가 내용을 그대로 전제하는데 그 물건의 도시계획 변동 상황이 표기된다. 예를 들어 도로변에 있는 부동산인 경우, 역사문화미관지구에서 일반 미관지구 해제지역으로 표기되거나 건축 층고 제한 해제지역이라고 표시하기도 한다.

또 도시재개발 입안, 지구단위계획, 고도제한 해제, 지구단위계획 구역입안 등 도시계획상 중요한 변동사항이 있는 경우 도시계획 확인서에 기재되어있는 내용이 표기되는 경우가 많다. 물건 상의 정보파악을 위해 도시계획상 중요한 내용을 독자에게 이해하기 쉽게 알려주기 때문에 투자에 따른 기초 자료로 활용할 만하다.

이런 지역 내 부동산은 투자에 따른 혜택을 입게 되기 때문에 입찰장에 사람이 많이 몰리게 마련이다. 그러나 초보투자자인 경우 반드시 정확한 투자재료를 확인한 후 입찰에 참여하는 게 바람직하다. 일반 사람들의 뜬구름잡기 식 루머에 휩쓸려 거액을 투자할 경우 막대한 투자손실로 이어질 수 있다.

되도록 지역 내 개발정보에 정통한 지역 전문가나 건축사무소, 관공서 도시

계획과 공무원으로부터 그 개발내용을 어느 정도 파악한 후 입찰을 결정해야
한다.

비전문가나 경매 브로커로부터 투자 자문을 받을 경우 법적 하자 물건을 구
입할 가능성이 크다.

특히 도시계획법상 도로에 저촉되거나 소방도로에 편입되는 주택, 재개발
로 인해 수용되는 땅을 투자하면 겨우 공시지가 수준에서 보상받는 경우가 허
다하기 때문에 정확한 투자근거를 갖춘 전문가에게 투자자문을 받는 게 유리
하다.

그리고 개발 호재지역이라 하더라도 곧바로 개발이 이루어지는 것이 아닌
만큼 지역중개업소나 단기 투기꾼의 분위기 띄우기에 현혹돼 투자를 결정해서
는 안 된다. 최소 3년 이상 장기적인 계획을 세우고 투자해야만 바라는 결과를
얻을 수 있다

5. 자금계획을 수립하고 자금준비를 넉넉히 해라

입찰하기 전 입찰가부터 매도가까지 계획을 세워 놓는 것이 좋다. 그중
가장 중요한 것이 자금계획이다. 입찰 당일 보증금으로 입찰가의 10%(재경매
물은 20%)를, 낙찰허가 확정일 후 대금지급기일까지 잔금을 납입해야 한다. 구
체적인 자금 계획 없이 응찰했다가 돈을 마련하지 못해 경매를 포기하는 사례
도 있다. 금융기관의 경락잔금 대출규모가 생각보다 적어 매각대금준비에 문
제가 발생할 수 있기 때문이다. 빌려준 자금을 경락잔금 최종일에 받아서 내겠
다고 생각한다면, 이는 대단히 위험한 행동이다. 잔금 납부기한을 넘기면 입찰

보증금을 떼이거나 소유권을 잃어버릴 수 있으므로 반드시 미리 자금을 확보해야 한다. 낙찰자가 잔금을 내지 못하면 재경매가 시행되는데 재경매 날짜 3일전까지 재경매비용, 잔금, 연체이자를 내면 소유권을 취득할 수 있다.

자금이 적게 준비되는 경우 법원 부동산 경매는 일반 매매에 비해 예상치 못한 비용이 들어가므로 충분히 확인한 후 낙찰금액을 정해야 한다. 취득 시 세금은 낙찰가격을 기준하므로 일반매매보다 더 많고(취득세 · 농어촌특별세 · 등록세 · 교육세 등의 세금이 취득가의 4.6%이고 기타 인지세, 주택채권 등이 약 5.4%~7% 소요), 명도가 제대로 안되면 인도명령을 신청해야 하므로 강제집행비용이 들 수 있고 세입자와 협의가 되더라도 이사 비용이 지출될 수도 있다. 입찰에 참여하기 전에 이런 비용까지 충분히 감안해야 한다.

위와 같이 개인 간 일반매매에 비해 경매 취득이 세금 부담이 더 많음을 고려하여 수익성 분석을 하여야 한다.

6. 시간계획을 짜라(여유를 가지고 임[응찰]하라)

법원의 진행절차에 따라 이뤄지지만 의외로 입주 지연이 생기는 경우가 있다. 경매 투자자들은 전세금액을 보태 경매에 참여하는데 전세 만료기간을 얼마 앞둔 상태에서 낙찰을 받았다가 경매세입자가 항고하는 바람에 난처한 경우가 생기기도 한다. 지금은 개정 민사집행법에서 채권자와 세입자도 항고 시에 10%의 보증금을 내게 하였으므로 가짜항고는 거의 사라졌다. 그러나 입찰 전에 취소, 취하나 대위변제 및 항고 등 그 가능성을 모두 살핀 뒤 응찰해야 한다. 경매물건의 완전한 인수는 항상 넉넉하게 잡아야 한다. 항고 시에는 보통

판결이 최소 3~6개 월, 이사(명도)할 때까지 2~3개월이 더 소요되므로 입주 시기를 넉넉히 잡아야 한다.

7. 사소한 실수도 주의해라

주의에 또 주의(임차인의 대위변제)법원 부동산경매에서 세입자의 대위변제는 매우 위험한 함정에 해당한다. 대위 변제란 1순위 근저당금액이 적을 경우 1순위 저당권자와 2순위 저당권자 사이에 있던 인도대상 세입자의 권리가 2순위 세입자가 1순위 저당금액을 대신 갚아버리면 자동적으로 대항력 있는 세입자로 바뀌어서 낙찰자가 그 전세금액을 물어줘야 한다. 세입자가 채무자 대신 근저당금액을 갚아 대항력을 주장할 가능성은 없는지 따져봐야 한다. 사소한 실수도 주의해야아무리 싸게 최고가 매수인으로 결정됐다 하더라도 입찰 서류의 잘못 기재, 입찰보증금 부족, 대리인 응찰 시 본인의 인감증명서를 첨부하지 않을 때는 입찰자격이 취소된다. 입찰장에서 사소한 실수를 조심하고 사전에 충분한 지식을 쌓은 후 응찰해야 한다.

변경 · 연기 물건 요주의 변경 · 연기가 잦은 경매 물건은 주의가 요망된다. 채무자가 돈을 갚으려고 백방으로 노력 중이라고 보면 틀림없다. 특히 수익성 부동산인 경우 경매 진행 중 채무자가 법원에 경매진행을 늦춰 달라고 하거나 이자를 일부 갚은 후 연기신청을 해놓은 경우 낙찰 직전 돈을 갚으면 경매 자체는 없던 것으로 되기 때문이다. 응찰자는 또 채권자의 채권청구금액이 되도록 많은 물건을 골라야 나중에 취하되지 않는다.

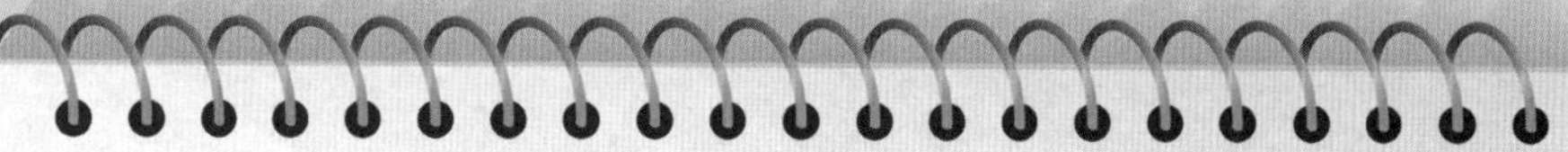

부 록

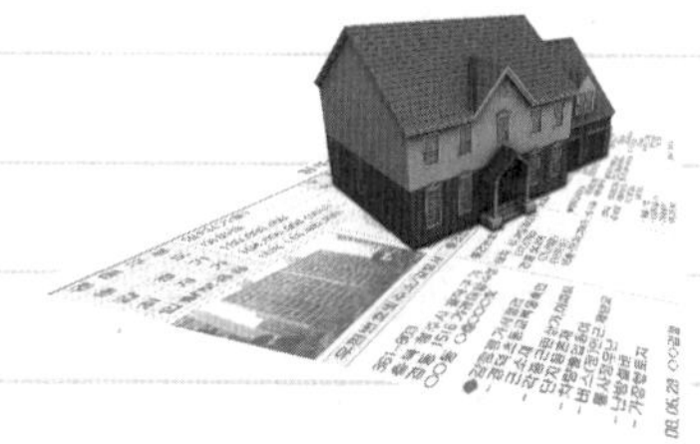

제1편 총칙

제1조 (목적) 이 법은 강제집행, 담보권 실행을 위한 경매, 민법·상법, 그 밖의 법률의 규정에 의한 경매(이하 "민사집행" 이라 한다) 및 보전처분의 절차를 규정함을 목적으로 한다.

제2조 (집행 실시자) 민사집행은 이 법에 특별한 규정이 없으면 집행관이 실시한다.

제3조 (집행법원) ①이 법에서 규정한 집행행위에 관한 법원의 처분이나 그 행위에 관한 법원의 협력사항을 관할하는 집행법원은 법률에 특별히 지정되어 있지 아니하면 집행절차를 실시할 곳이나 실시한 곳을 관할하는 지방법원이 된다.
②집행법원의 재판은 변론 없이 할 수 있다.

제4조 (집행신청의 방식) 민사집행의 신청은 서면으로 하여야 한다.

제5조 (집행관의 강제력 사용) ①집행관은 집행을 하기 위하여 필요한 경우에는 채무자의 주거·창고 그 밖의 장소를 수색하고, 잠근 문과 기구를 여는 등 적절한 조치를 할 수 있다.
②제1항의 경우에 저항을 받으면 집행관은 경찰 또는 국군의 원조를 요청할 수 있다.
③제2항의 국군의 원조는 법원에 신청하여야 하며, 법원이 국군의 원조를 요청하는 절차는 대법원규칙으로 정한다.

제6조 (참여자) 집행관은 집행하는 데 저항을 받거나 채무자의 주거에서 집행을 실시하려는 데 채무자나 사리를 분별할 지능이 있는 그 친족·고용인을 만나지 못한 때에는 성년 두 사람이

나 특별시·광역시의 구 또는 동 직원, 시·읍·면 직원(도농복합형태의 시의 경우 동지역에서는 시 직원, 읍·면지역에서는 읍·면 직원) 또는 경찰공무원중 한 사람을 증인으로 참여하게 하여야 한다.

　제7조(집행관에 대한 원조요구) ①집행관 외의 사람으로서 법원의 명령에 의하여 민사집행에 관한 직무를 행하는 사람은 그 신분 또는 자격을 증명하는 문서를 지니고 있다가 관계인이 신청할 때에는 이를 내보여야 한다.
　②제1항의 사람이 그 직무를 집행하는 데 저항을 받으면 집행관에게 원조를 요구할 수 있다.
　③제2항의 원조요구를 받은 집행관은 제5조 및 제6조에 규정된 권한을 행사할 수 있다.

　제8조(공휴일·야간의 집행) ①공휴일과 야간에는 법원의 허가가 있어야 집행행위를 할 수 있다.
　②제1항의 허가명령은 민사집행을 실시할 때에 내보여야 한다.

　제9조(기록열람·등본부여) 집행관은 이해관계 있는 사람이 신청하면 집행기록을 볼 수 있도록 허가하고, 기록에 있는 서류의 등본을 교부하여야 한다.

　제10조(집행조서) ①집행관은 집행조서(執行調書)를 작성하여야 한다.
　②제1항의 조서(調書)에는 다음 각호의 사항을 밝혀야 한다.
　　1. 집행한 날짜와 장소
　　2. 집행의 목적물과 그 중요한 사정의 개요
　　3. 집행참여자의 표시
　　4. 집행참여자의 서명날인
　　5. 집행참여자에게 조서를 읽어 주거나 보여 주고, 그가 이를 승인하고 서명날인한 사실
　　6. 집행관의 기명날인 또는 서명
　③제2항제4호 및 제5호의 규정에 따라 서명날인할 수 없는 경우에는 그 이유를 적어야 한다.

　제11조(집행행위에 속한 최고, 그 밖의 통지) ①집행행위에 속한 최고(催告) 그 밖의 통지는 집행관이 말로 하고 이를 조서에 적어야 한다.
　②말로 최고나 통지를 할 수 없는 경우에는 민사소송법 제181조·제182조 및 제187조의 규정을 준용하여 그 조서의 등본을 송달한다. 이 경우 송달증서를 작성하지 아니한 때에는

조서에 송달한 사유를 적어야 한다.

③집행하는 곳과 법원의 관할구역안에서 제2항의 송달을 할 수 없는 경우에는 최고나 통지를 받을 사람에게 대법원규칙이 정하는 방법으로 조서의 등본을 발송하고 그 사유를 조서에 적어야 한다.

제12조(송달·통지의 생략) 채무자가 외국에 있거나 있는 곳이 분명하지 아니한 때에는 집행행위에 속한 송달이나 통지를 하지 아니하여도 된다.

제13조(외국송달의 특례) ①집행절차에서 외국으로 송달이나 통지를 하는 경우에는 송달이나 통지와 함께 대한민국안에 송달이나 통지를 받을 장소와 영수인을 정하여 상당한 기간 이내에 신고하도록 명할 수 있다.

②제1항의 기간 이내에 신고가 없는 경우에는 그 이후의 송달이나 통지를 하지 아니할 수 있다.

제14조(주소 등이 바뀐 경우의 신고의무) ①집행에 관하여 법원에 신청이나 신고를 한 사람 또는 법원으로부터 서류를 송달받은 사람이 송달받을 장소를 바꾼 때에는 그 취지를 법원에 바로 신고하여야 한다.

②제1항의 신고를 하지 아니한 사람에 대한 송달은 달리 송달할 장소를 알 수 없는 경우에는 법원에 신고된 장소 또는 종전에 송달을 받던 장소에 대법원규칙이 정하는 방법으로 발송할 수 있다.

③제2항의 규정에 따라 서류를 발송한 경우에는 발송한 때에 송달된 것으로 본다.

제15조(즉시항고) ①집행절차에 관한 집행법원의 재판에 대하여는 특별한 규정이 있어야만 즉시항고(卽時抗告)를 할 수 있다.

②항고인(抗告人)은 재판을 고지받은 날부터 1주의 불변기간 이내에 항고장(抗告狀)을 원심법원에 제출하여야 한다.

③항고장에 항고이유를 적지 아니한 때에는 항고인은 항고장을 제출한 날부터 10일 이내에 항고이유서를 원심법원에 제출하여야 한다.

④항고이유는 대법원규칙이 정하는 바에 따라 적어야 한다.

⑤항고인이 제3항의 규정에 따른 항고이유서를 제출하지 아니하거나 항고이유가 제4항의 규정에 위반한 때 또는 항고가 부적법하고 이를 보정(補正)할 수 없음이 분명한 때에는 원심

법원은 결정으로 그 즉시항고를 각하하여야 한다.

⑥제1항의 즉시항고는 집행정지의 효력을 가지지 아니한다. 다만, 항고법원(재판기록이 원심법원에 남아 있는 때에는 원심법원)은 즉시항고에 대한 결정이 있을 때까지 담보를 제공하게 하거나 담보를 제공하게 하지 아니하고 원심재판의 집행을 정지하거나 집행절차의 전부 또는 일부를 정지하도록 명할 수 있고, 담보를 제공하게 하고 그 집행을 계속하도록 명할 수 있다.

⑦항고법원은 항고장 또는 항고이유서에 적힌 이유에 대하여서만 조사한다. 다만, 원심재판에 영향을 미칠 수 있는 법령위반 또는 사실오인이 있는지에 대하여 직권으로 조사할 수 있다.

⑧제5항의 결정에 대하여는 즉시항고를 할 수 있다.

⑨제6항 단서의 규정에 따른 결정에 대하여는 불복할 수 없다.

⑩제1항의 즉시항고에 대하여는 이 법에 특별한 규정이 있는 경우를 제외하고는 민사소송법 제3편 제3장중 즉시항고에 관한 규정을 준용한다.

제16조(집행에 관한 이의신청) ①집행법원의 집행절차에 관한 재판으로서 즉시항고를 할 수 없는 것과, 집행관의 집행처분, 그 밖에 집행관이 지킬 집행절차에 대하여서는 법원에 이의를 신청할 수 있다.

②법원은 제1항의 이의신청에 대한 재판에 앞서, 채무자에게 담보를 제공하게 하거나 제공하게 하지 아니하고 집행을 일시정지하도록 명하거나, 채권자에게 담보를 제공하게 하고 그 집행을 계속하도록 명하는 등 잠정처분(暫定處分)을 할 수 있다.

③집행관이 집행을 위임받기를 거부하거나 집행행위를 지체하는 경우 또는 집행관이 계산한 수수료에 대하여 다툼이 있는 경우에는 법원에 이의를 신청할 수 있다.

제17조(취소결정의 효력) ①집행절차를 취소하는 결정, 집행절차를 취소한 집행관의 처분에 대한 이의신청을 기각·각하하는 결정 또는 집행관에게 집행절차의 취소를 명하는 결정에 대하여는 즉시항고를 할 수 있다.

②제1항의 결정은 확정되어야 효력을 가진다.

제18조(집행비용의 예납 등) ①민사집행의 신청을 하는 때에는 채권자는 민사집행에 필요한 비용으로서 법원이 정하는 금액을 미리 내야 한다. 법원이 부족한 비용을 미리 내라고 명하는 때에도 또한 같다.

②채권자가 제1항의 비용을 미리 내지 아니한 때에는 법원은 결정으로 신청을 각하하거나 집행절차를 취소할 수 있다.

③제2항의 규정에 따른 결정에 대하여는 즉시항고를 할 수 있다.

제19조(담보제공 · 공탁 법원) ①이 법의 규정에 의한 담보의 제공이나 공탁은 채권자나 채무자의 보통재판적(普通裁判籍)이 있는 곳의 지방법원 또는 집행법원에 할 수 있다.

②당사자가 담보를 제공하거나 공탁을 한 때에는, 법원은 그의 신청에 따라 증명서를 주어야 한다.

③이 법에 규정된 담보에는 특별한 규정이 있는 경우를 제외하고는 민사소송법 제122조 · 제123조 · 제125조 및 제126조의 규정을 준용한다.

제20조(공공기관의 원조) 법원은 집행을 하기 위하여 필요하면 공공기관에 원조를 요청할 수 있다.

제21조(재판적) 이 법에 정한 재판적(裁判籍)은 전속관할(專屬管轄)로 한다.

제22조(시 · 군법원의 관할에 대한 특례) 다음 사건은 시 · 군법원이 있는 곳을 관할하는 지방법원 또는 지방법원지원이 관할한다.

1. 시 · 군법원에서 성립된 화해 · 조정(민사조정법 제34조제4항의 규정에 따라 재판상의 화해와 동일한 효력이 있는 결정을 포함한다. 이하 같다) 또는 확정된 지급명령에 관한 집행문부여의 소, 청구에 관한 이의의 소 또는 집행문부여에 대한 이의의 소로서 그 집행권원에서 인정된 권리가 소액사건심판법의 적용대상이 아닌 사건
2. 시 · 군법원에서 한 보전처분의 집행에 대한 제3자이의의 소
3. 시 · 군법원에서 성립된 화해 · 조정에 기초한 대체집행 또는 간접강제
4. 소액사건심판법의 적용대상이 아닌 사건을 본안으로 하는 보전처분

제23조(민사소송법의 준용 등) ①이 법에 특별한 규정이 있는 경우를 제외하고는 민사집행 및 보전처분의 절차에 관하여는 민사소송법의 규정을 준용한다.

②이 법에 정한 것 외에 민사집행 및 보전처분의 절차에 관하여 필요한 사항은 대법원규칙으로 정한다.

제2편 강제집행

제1장 총칙

제24조(강제집행과 종국판결) 강제집행은 확정된 종국판결(終局判決)이나 가집행의 선고가 있는 종국판결에 기초하여 한다.

제25조(집행력의 주관적 범위) ①판결이 그 판결에 표시된 당사자 외의 사람에게 효력이 미치는 때에는 그 사람에 대하여 집행하거나 그 사람을 위하여 집행할 수 있다. 다만, 민사소송법 제71조의 규정에 따른 참가인에 대하여는 그러하지 아니하다.
②제1항의 집행을 위한 집행문(執行文)을 내어 주는데 대하여는 제31조 내지 제33조의 규정을 준용한다.

제26조(외국판결의 강제집행) ①외국법원의 판결에 기초한 강제집행은 대한민국 법원에서 집행판결로 그 적법함을 선고하여야 할 수 있다.
②집행판결을 청구하는 소(訴)는 채무자의 보통재판적이 있는 곳의 지방법원이 관할하며, 보통재판적이 없는 때에는 민사소송법 제11조의 규정에 따라 채무자에 대한 소를 관할하는 법원이 관할한다.

제27조(집행판결) ①집행판결은 재판의 옳고 그름을 조사하지 아니하고 하여야한다.
②집행판결을 청구하는 소는 다음 각호 가운데 어느 하나에 해당하면 각하하여야 한다.
  1. 외국법원의 판결이 확정된 것을 증명하지 아니한 때
  2. 외국판결이 민사소송법 제217조의 조건을 갖추지 아니한 때

제28조(집행력 있는 정본) ①강제집행은 집행문이 있는 판결정본(이하 "집행력 있는 정본"이라 한다)이 있어야 할 수 있다.
②집행문은 신청에 따라 제1심 법원의 법원서기관 · 법원사무관 · 법원주사 또는 법원주사보(이하 "법원사무관등" 이라 한다)가 내어 주며, 소송기록이 상급심에 있는 때에는 그 법원의 법원사무관등이 내어 준다.

③집행문을 내어 달라는 신청은 말로 할 수 있다.

제29조(집행문) ①집행문은 판결정본의 끝에 덧붙여 적는다.

②집행문에는 "이 정본은 피고 아무개 또는 원고 아무개에 대한 강제집행을 실시하기 위하여 원고 아무개 또는 피고 아무개에게 준다."라고 적고 법원사무관등이 기명날인하여야 한다.

제30조(집행문부여) ①집행문은 판결이 확정되거나 가집행의 선고가 있는 때에만 내어 준다.

②판결을 집행하는 데에 조건이 붙어 있어 그 조건이 성취되었음을 채권자가 증명하여야 하는 때에는 이를 증명하는 서류를 제출하여야만 집행문을 내어 준다. 다만, 판결의 집행이 담보의 제공을 조건으로 하는 때에는 그러하지 아니하다.

제31조(승계집행문) ①집행문은 판결에 표시된 채권자의 승계인을 위하여 내어 주거나 판결에 표시된 채무자의 승계인에 대한 집행을 위하여 내어 줄 수 있다. 다만, 그 승계가 법원에 명백한 사실이거나, 증명서로 승계를 증명한 때에 한한다.

②제1항의 승계가 법원에 명백한 사실인 때에는 이를 집행문에 적어야 한다.

제32조(재판장의 명령) ①재판을 집행하는 데에 조건을 붙인 경우와 제31조의 경우에는 집행문은 재판장(합의부의 재판장 또는 단독판사를 말한다. 이하 같다)의 명령이 있어야 내어 준다.

②재판장은 그 명령에 앞서 서면이나 말로 채무자를 심문(審問) 할 수 있다.

③제1항의 명령은 집행문에 적어야 한다.

제33조(집행문부여의 소) 제30조제2항 및 제31조의 규정에 따라 필요한 증명을 할 수 없는 때에는 채권자는 집행문을 내어 달라는 소를 제1심 법원에 제기할 수 있다.

제34조(집행문부여 등에 관한 이의신청) ①집행문을 내어 달라는 신청에 관한 법원사무관등의 처분에 대하여 이의신청이 있는 경우에는 그 법원사무관등이 속한 법원이 결정으로 재판한다.

②집행문부여에 대한 이의신청이 있는 경우에는 법원은 제16조제2항의 처분에 준하는 결정

을 할 수 있다.

제35조(여러 통의 집행문의 부여) ①채권자가 여러 통의 집행문을 신청하거나 전에 내어
준 집행문을 돌려주지 아니하고 다시 집행문을 신청한 때에는 재판장의 명령이 있어야만 이를
내어 준다.
　②재판장은 그 명령에 앞서 서면이나 말로 채무자를 심문할 수 있으며, 채무자를 심문하지 아
　　니하고 여러 통의 집행문을 내어 주거나 다시 집행문을 내어 준 때에는 채무자에게 그 사유
　　를 통지하여야 한다.
　③여러 통의 집행문을 내어 주거나 다시 집행문을 내어 주는 때에는 그 사유를 원본과 집행문
　　에 적어야 한다.

제36조(판결원본에의 기재) 집행문을 내어 주는 경우에는 판결원본 또는 상소심 판결정본
에 원고 또는 피고에게 이를 내어 준다는 취지와 그 날짜를 적어야 한다.

제37조(집행력 있는 정본의 효력) 집행력 있는 정본의 효력은 전국 법원의 관할구역에 미
친다.

제38조(여러 통의 집행력 있는 정본에 의한 동시집행) 채권자가 한 지역에서 또는 한 가지
방법으로 강제집행을 하여도 모두 변제를 받을 수 없는 때에는 여러 통의 집행력 있는 정본에
의하여 여러 지역에서 또는 여러 가지 방법으로 동시에 강제집행을 할 수 있다.

제39조(집행개시의 요건) ①강제집행은 이를 신청한 사람과 집행을 받을 사람의 성명이 판
결이나 이에 덧붙여 적은 집행문에 표시되어 있고 판결을 이미 송달하였거나 동시에 송달한 때
에만 개시할 수 있다.
　②판결의 집행이 그 취지에 따라 채권자가 증명할 사실에 매인 때 또는 판결에 표시된 채권자
　　의 승계인을 위하여 하는 것이거나 판결에 표시된 채무자의 승계인에 대하여 하는 것일 때
　　에는 집행할 판결 외에, 이에 덧붙여 적은 집행문을 강제집행을 개시하기 전에 채무자의 승
　　계인에게 송달하여야 한다.
　③증명서에 의하여 집행문을 내어 준 때에는 그 증명서의 등본을 강제집행을 개시하기 전에
　　채무자에게 송달하거나 강제집행과 동시에 송달하여야 한다.

제40조(집행개시의 요건) ①집행을 받을 사람이 일정한 시일에 이르러야 그 채무를 이행하게 되어 있는 때에는 그 시일이 지난 뒤에 강제집행을 개시할 수 있다.

②집행이 채권자의 담보제공에 매인 때에는 채권자는 담보를 제공한 증명서류를 제출하여야 한다. 이 경우의 집행은 그 증명서류의 등본을 채무자에게 이미 송달하였거나 동시에 송달하는 때에만 개시할 수 있다.

제41조(집행개시의 요건) ①반대의무의 이행과 동시에 집행할 수 있다는 것을 내용으로 하는 집행권원의 집행은 채권자가 반대의무의 이행 또는 이행의 제공을 하였다는 것을 증명하여야만 개시할 수 있다.

②다른 의무의 집행이 불가능한 때에 그에 갈음하여 집행할 수 있다는 것을 내용으로 하는 집행권원의 집행은 채권자가 그 집행이 불가능하다는 것을 증명하여야만 개시할 수 있다.

제42조(집행관에 의한 영수증의 작성·교부) ①채권자가 집행관에게 집행력 있는 정본을 교부하고 강제집행을 위임한 때에는 집행관은 특별한 권한을 받지 못하였더라도 지급이나 그 밖의 이행을 받고 그에 대한 영수증서를 작성하고 교부할 수 있다. 집행관은 채무자가 그 의무를 완전히 이행한 때에는 집행력 있는 정본을 채무자에게 교부하여야 한다.

②채무자가 그 의무의 일부를 이행한 때에는 집행관은 집행력 있는 정본에 그 사유를 덧붙여 적고 영수증서를 채무자에게 교부하여야 한다.

③채무자의 채권자에 대한 영수증 청구는 제2항의 규정에 의하여 영향을 받지 아니한다.

제43조(집행관의 권한) ①집행관은 집행력 있는 정본을 가지고 있으면 채무자와 제3자에 대하여 강제집행을 하고 제42조에 규정된 행위를 할 수 있는 권한을 가지며, 채권자는 그에 대하여 위임의 흠이나 제한을 주장하지 못한다.

②집행관은 집행력 있는 정본을 가지고 있다가 관계인이 요청할 때에는 그 자격을 증명하기 위하여 이를 내보여야 한다.

제44조(청구에 관한 이의의 소) ①채무자가 판결에 따라 확정된 청구에 관하여 이의하려면 제1심 판결법원에 청구에 관한 이의의 소를 제기하여야 한다.

②제1항의 이의는 그 이유가 변론이 종결된 뒤(변론 없이 한 판결의 경우에는 판결이 선고된 뒤)에 생긴 것이어야 한다.

③이의이유가 여러 가지인 때에는 동시에 주장하여야 한다.

제45조(집행문부여에 대한 이의의 소) 제30조제2항과 제31조의 경우에 채무자가 집행문부여에 관하여 증명된 사실에 의한 판결의 집행력을 다투거나, 인정된 승계에 의한 판결의 집행력을 다투는 때에는 제44조의 규정을 준용한다. 다만, 이 경우에도 제34조의 규정에 따라 집행문부여에 대하여 이의를 신청할 수 있는 채무자의 권한은 영향을 받지 아니한다.

제46조(이의의 소와 잠정처분) ①제44조 및 제45조의 이의의 소는 강제집행을 계속하여 진행하는 데에는 영향을 미치지 아니한다.
　②제1항의 이의를 주장한 사유가 법률상 정당한 이유가 있다고 인정되고, 사실에 대한 소명(疎明)이 있을 때에는 수소법원(受訴法院)은 당사자의 신청에 따라 판결이 있을 때까지 담보를 제공하게 하거나 담보를 제공하게 하지 아니하고 강제집행을 정지하도록 명할 수 있으며, 담보를 제공하게 하고 그 집행을 계속하도록 명하거나 실시한 집행처분을 취소하도록 명할 수 있다.
　③제2항의 재판은 변론 없이 하며 급박한 경우에는 재판장이 할 수 있다.
　④급박한 경우에는 집행법원이 제2항의 권한을 행사할 수 있다. 이 경우 집행법원은 상당한 기간 이내에 제2항에 따른 수소법원의 재판서를 제출하도록 명하여야 한다.
　⑤제4항 후단의 기간을 넘긴 때에는 채권자의 신청에 따라 강제집행을 계속하여 진행한다.

제47조(이의의 재판과 잠정처분) ①수소법원은 이의의 소의 판결에서 제46조의 명령을 내리고 이미 내린 명령을 취소·변경 또는 인가할 수 있다.
　②판결중 제1항에 규정된 사항에 대하여는 직권으로 가집행의 선고를 하여야 한다.
　③제2항의 재판에 대하여는 불복할 수 없다.

제48조(제3자이의의 소) ①제3자가 강제집행의 목적물에 대하여 소유권이 있다고 주장하거나 목적물의 양도나 인도를 막을 수 있는 권리가 있다고 주장하는 때에는 채권자를 상대로 그 강제집행에 대한 이의의 소를 제기할 수 있다. 다만, 채무자가 그 이의를 다투는 때에는 채무자를 공동피고로 할 수 있다.
　②제1항의 소는 집행법원이 관할한다. 다만, 소송물이 단독판사의 관할에 속하지 아니할 때에는 집행법원이 있는 곳을 관할하는 지방법원의 합의부가 이를 관할한다.
　③강제집행의 정지와 이미 실시한 집행치분의 취소에 대하여는 제46조 및 제47조의 규정을 준용한다. 다만, 집행처분을 취소할 때에는 담보를 제공하게 하지 아니할 수 있다.

제49조(집행의 필수적 정지·제한) 강제집행은 다음 각호 가운데 어느 하나에 해당하는 서류를 제출한 경우에 정지하거나 제한하여야 한다.

1. 집행할 판결 또는 그 가집행을 취소하는 취지나, 강제집행을 허가하지 아니하거나 그 정지를 명하는 취지 또는 집행처분의 취소를 명한 취지를 적은 집행력 있는 재판의 정본
2. 강제집행의 일시정지를 명한 취지를 적은 재판의 정본
3. 집행을 면하기 위하여 담보를 제공한 증명서류
4. 집행할 판결이 있은 뒤에 채권자가 변제를 받았거나, 의무이행을 미루도록 승낙한 취지를 적은 증서
5. 집행할 판결, 그 밖의 재판이 소의 취하 등의 사유로 효력을 잃었다는 것을 증명하는 조서 등본 또는 법원사무관등이 작성한 증서
6. 강제집행을 하지 아니한다거나 강제집행의 신청이나 위임을 취하한다는 취지를 적은 화해조서(和解調書)의 정본 또는 공정증서(公正證書)의 정본

제50조(집행처분의 취소·일시유지) ①제49조제1호·제3호·제5호 및 제6호의 경우에는 이미 실시한 집행처분을 취소하여야 하며, 같은 조 제2호 및 제4호의 경우에는 이미 실시한 집행처분을 일시적으로 유지하게 하여야 한다.

②제1항에 따라 집행처분을 취소하는 경우에는 제17조의 규정을 적용하지 아니한다.

제51조(변제증서 등의 제출에 의한 집행정지의 제한) ①제49조제4호의 증서 가운데 변제를 받았다는 취지를 적은 증서를 제출하여 강제집행이 정지되는 경우 그 정지기간은 2월로 한다.

②제49조제4호의 증서 가운데 의무이행을 미루도록 승낙하였다는 취지를 적은 증서를 제출하여 강제집행이 정지되는 경우 그 정지는 2회에 한하며 통산하여 6월을 넘길 수 없다.

제52조(집행을 개시한 뒤 채무자가 죽은 경우) ①강제집행을 개시한 뒤에 채무자가 죽은 때에는 상속재산에 대하여 강제집행을 계속하여 진행한다.

②채무자에게 알려야 할 집행행위를 실시할 경우에 상속인이 없거나 상속인이 있는 곳이 분명하지 아니하면 집행법원은 채권자의 신청에 따라 상속재산 또는 상속인을 위하여 특별대리인을 선임하여야 한다.

③제2항의 특별대리인에 관하여는 민사소송법 제62조제3항 내지 제6항의 규정을 준용한다.

제53조(집행비용의 부담) ①강제집행에 필요한 비용은 채무자가 부담하고 그 집행에 의하여 우선적으로 변상을 받는다.

②강제집행의 기초가 된 판결이 파기된 때에는 채권자는 제1항의 비용을 채무자에게 변상하여야 한다.

제54조(군인·군무원에 대한 강제집행) ①군인·군무원에 대하여 병영·군사용 청사 또는 군용 선박에서 강제집행을 할 경우 법원은 채권자의 신청에 따라 군판사 또는 부대장(部隊長)이나 선장에게 촉탁하여 이를 행한다.

②촉탁에 따라 압류한 물건은 채권자가 위임한 집행관에게 교부하여야 한다.

제55조(외국에서 할 집행) ①외국에서 강제집행을 할 경우에 그 외국 공공기관의 법률상 공조를 받을 수 있는 때에는 제1심 법원이 채권자의 신청에 따라 외국 공공기관에 이를 촉탁하여야 한다.

②외국에 머물고 있는 대한민국 영사(領事)에 의하여 강제집행을 할 수 있는 때에는 제1심 법원은 그 영사에게 이를 촉탁하여야 한다.

제56조(그 밖의 집행권원) 강제집행은 다음 가운데 어느 하나에 기초하여서도 실시할 수 있다.

1. 항고로만 불복할 수 있는 재판
2. 가집행의 선고가 내려진 재판
3. 확정된 지급명령
4. 공증인이 일정한 금액의 지급이나 대체물 또는 유가증권의 일정한 수량의 급여를 목적으로 하는 청구에 관하여 작성한 공정증서로서 채무자가 강제집행을 승낙한 취지가 적혀 있는 것
5. 소송상 화해, 청구의 인낙(認諾) 등 그 밖에 확정판결과 같은 효력을 가지는 것

제57조(준용규정) 제56조의 집행권원에 기초한 강제집행에 대하여는 제58조 및 제59조에서 규정하는 바를 제외하고는 제28조 내지 제55조의 규정을 준용한다.

제58조(지급명령과 집행) ①확정된 지급명령에 기한 강제집행은 집행문을 부여받을 필요 없이 지급명령 정본에 의하여 행한다. 다만, 다음 각호 가운데 어느 하나에 해당하는 경우에는

그러하지 아니하다.

　　1. 지급명령의 집행에 조건을 붙인 경우

　　2. 당사자의 승계인을 위하여 강제집행을 하는 경우

　　3. 당사자의 승계인에 대하여 강제집행을 하는 경우

②채권자가 여러 통의 지급명령 정본을 신청하거나, 전에 내어준 지급명령 정본을 돌려주지 아니하고 다시 지급명령 정본을 신청한 때에는 법원사무관등이 이를 부여한다. 이 경우 그 사유를 원본과 정본에 적어야 한다.

③청구에 관한 이의의 주장에 대하여는 제44조제2항의 규정을 적용하지 아니한다.

④집행문부여의 소, 청구에 관한 이의의 소 또는 집행문부여에 대한 이의의 소는 지급명령을 내린 지방법원이 관할한다.

⑤제4항의 경우에 그 청구가 합의사건인 때에는 그 법원이 있는 곳을 관할하는 지방법원의 합의부에서 재판한다.

제59조(공정증서와 집행) ①공증인이 작성한 증서의 집행문은 그 증서를 보존하는 공증인이 내어 준다.

②집행문을 내어 달라는 신청에 관한 공증인의 처분에 대하여 이의신청이 있는 때에는 그 공증인의 사무소가 있는 곳을 관할하는 지방법원 단독판사가 결정으로 재판한다.

③청구에 관한 이의의 주장에 대하여는 제44조제2항의 규정을 적용하지 아니한다.

④집행문부여의 소, 청구에 관한 이의의 소 또는 집행문부여에 대한 이의의 소는 채무자의 보통재판적이 있는 곳의 법원이 관할한다. 다만, 그러한 법원이 없는 때에는 민사소송법 제11조의 규정에 따라 채무자에 대하여 소를 제기할 수 있는 법원이 관할한다.

제60조(과태료의 집행) ①과태료의 재판은 검사의 명령으로 집행한다.

②제1항의 명령은 집행력 있는 집행권원과 같은 효력을 가진다.

제1절 재산명시절차 등

제61조(재산명시신청) ①금전의 지급을 목적으로 하는 집행권원에 기초하여 강제집행을 개시할 수 있는 채권자는 채무자의 보통재판적이 있는 곳의 법원에 채무자의 재산명시를 요구하는 신청을 할 수 있다. 다만, 민사소송법 제213조에 따른 가집행의 선고가 붙은 판결 또는 같은 조의 준용에 따른 가집행의 선고가 붙어 집행력을 가지는 집행권원의 경우에는 그러하지 아니하다.

②제1항의 신청에는 집행력 있는 정본과 강제집행을 개시하는데 필요한 문서를 붙여야 한다.

제62조(재산명시신청에 대한 재판) ①재산명시신청에 정당한 이유가 있는 때에는 법원은 채무자에게 재산상태를 명시한 재산목록을 제출하도록 명할 수 있다.

②재산명시신청에 정당한 이유가 없거나, 채무자의 재산을 쉽게 찾을 수 있다고 인정한 때에는 법원은 결정으로 이를 기각하여야 한다.

③제1항 및 제2항의 재판은 채무자를 심문하지 아니하고 한다.

④제1항의 결정은 신청한 채권자 및 채무자에게 송달하여야 하고, 채무자에 대한 송달에서는 결정에 따르지 아니할 경우 제68조에 규정된 제재를 받을 수 있음을 함께 고지하여야 한다.

⑤제4항의 규정에 따라 채무자에게 하는 송달은 민사소송법 제187조 및 제194조에 의한 방법으로는 할 수 없다.

⑥제1항의 결정이 채무자에게 송달되지 아니한 때에는 법원은 채권자에게 상당한 기간을 정하여 그 기간 이내에 채무자의 주소를 보정하도록 명하여야 한다.

⑦채권자가 제6항의 명령을 받고도 이를 이행하지 아니한 때에는 법원은 제1항의 결정을 취소하고 재산명시신청을 각하하여야 한다.

⑧제2항 및 제7항의 결정에 대하여는 즉시항고를 할 수 있다.

⑨채무자는 제1항의 결정을 송달받은 뒤 송달장소를 바꾼 때에는 그 취지를 법원에 바로 신고하여야 하며, 그러한 신고를 하지 아니한 경우에는 민사소송법 제185조제2항 및 제189조의 규정을 준용한다.

제63조(재산명시명령에 대한 이의신청) ①채무자는 재산명시명령을 송달받은 날부터 1주

이내에 이의신청을 할 수 있다.

②채무자가 제1항에 따라 이의신청을 한 때에는 법원은 이의신청사유를 조사할 기일을 정하고 채권자와 채무자에게 이를 통지하여야 한다.

③이의신청에 정당한 이유가 있는 때에는 법원은 결정으로 재산명시명령을 취소하여야 한다.

④이의신청에 정당한 이유가 없거나 채무자가 정당한 사유 없이 기일에 출석하지 아니한 때에는 법원은 결정으로 이의신청을 기각하여야 한다.

⑤제3항 및 제4항의 결정에 대하여는 즉시항고를 할 수 있다.

제64조(재산명시기일의 실시) ①재산명시명령에 대하여 채무자의 이의신청이 없거나 이를 기각한 때에는 법원은 재산명시를 위한 기일을 정하여 채무자에게 출석하도록 요구하여야 한다. 이 기일은 채권자에게도 통지하여야 한다.

②채무자는 제1항의 기일에 강제집행의 대상이 되는 재산과 다음 각호의 사항을 명시한 재산목록을 제출하여야 한다.

1. 재산명시명령이 송달되기 전 1년 이내에 채무자가 한 부동산의 유상양도(有償讓渡)
2. 재산명시명령이 송달되기 전 1년 이내에 채무자가 배우자, 직계혈족 및 4촌 이내의 방계혈족과 그 배우자, 배우자의 직계혈족과 형제자매에게 한 부동산 외의 재산의 유상양도
3. 재산명시명령이 송달되기 전 2년 이내에 채무자가 한 재산상 무상처분(無償處分). 다만, 의례적인 선물은 제외한다.

③재산목록에 적을 사항과 범위는 대법원규칙으로 정한다.

④제1항의 기일에 출석한 채무자가 3월 이내에 변제할 수 있음을 소명한 때에는 법원은 그 기일을 3월의 범위내에서 연기할 수 있으며, 채무자가 새 기일에 채무액의 3분의 2 이상을 변제하였음을 증명하는 서류를 제출한 때에는 다시 1월의 범위내에서 연기할 수 있다.

제65조(선서) ①채무자는 재산명시기일에 재산목록이 진실하다는 것을 선서하여야한다.

②제1항의 선서에 관하여는 민사소송법 제320조 및 제321조의 규정을 준용한다. 이 경우 선서서(宣誓書)에는 다음과 같이 적어야 한다.

"양심에 따라 사실대로 재산목록을 작성하여 제출하였으며, 만일 숨긴 것이나 거짓 작성한 것이 있으면 처벌을 받기로 맹세합니다."

제66조(재산목록의 정정) ①채무자는 명시기일에 제출한 재산목록에 형식적인 흠이 있거나 불명확한 점이 있는 때에는 제65조의 규정에 의한 선서를 한 뒤라도 법원의 허가를 얻어 이

미 제출한 재산목록을 정정할 수 있다.

②제1항의 허가에 관한 결정에 대하여는 즉시항고를 할 수 있다.

제67조(재산목록의 열람 · 복사) 채무자에 대하여 강제집행을 개시할 수 있는 채권자는 재산목록을 보거나 복사할 것을 신청할 수 있다.

제68조(채무자의 감치 및 벌칙) ①채무자가 정당한 사유 없이 다음 각호 가운데 어느 하나에 해당하는 행위를 한 경우에는 법원은 결정으로 20일 이내의 감치(監置)에 처한다.

1. 명시기일 불출석

2. 재산목록 제출 거부

3. 선서 거부

②채무자가 법인 또는 민사소송법 제52조의 사단이나 재단인 때에는 그 대표자 또는 관리인을 감치에 처한다.

③법원은 감치재판기일에 채무자를 소환하여 제1항 각호의 위반행위에 대하여 정당한 사유가 있는지 여부를 심리하여야 한다.

④제1항의 결정에 대하여는 즉시항고를 할 수 있다.

⑤채무자가 감치의 집행중에 재산명시명령을 이행하겠다고 신청한 때에는 법원은 바로 명시기일을 열어야 한다.

⑥채무자가 제5항의 명시기일에 출석하여 재산목록을 내고 선서하거나 신청채권자에 대한 채무를 변제하고 이를 증명하는 서면을 낸 때에는 법원은 바로 감치결정을 취소하고 그 채무자를 석방하도록 명하여야 한다.

⑦제5항의 명시기일은 신청채권자에게 통지하지 아니하고도 실시할 수 있다. 이 경우 제6항의 사실을 채권자에게 통지하여야 한다.

⑧제1항 내지 제7항의 규정에 따른 재판절차 및 그 집행 그 밖에 필요한 사항은 대법원규칙으로 정한다.

⑨채무자가 거짓의 재산목록을 낸 때에는 3년 이하의 징역 또는 500만원 이하의 벌금에 처한다.

⑩채무자가 법인 또는 민사소송법 제52조의 사단이나 재단인 때에는 그 대표자 또는 관리인을 제9항의 규정에 따라 처벌하고, 채무자는 제9항의 벌금에 처한다.

제69조(명시신청의 재신청) 재산명시신청이 기각 · 각하된 경우에는 그 명시신청을 한 채

권자는 기각 · 각하사유를 보완하지 아니하고서는 같은 집행권원으로 다시 재산명시신청을 할
수 없다.

　　제70조(채무불이행자명부 등재신청) ①채무자가 다음 각호 가운데 어느 하나에 해당하면
채권자는 그 채무자를 채무불이행자명부(債務不履行者名簿)에 올리도록 신청할 수 있다.
　　　　1. 금전의 지급을 명한 집행권원이 확정된 후 또는 집행권원을 작성한 후 6월 이내에 채무를
　　　　이행하지 아니하는 때. 다만, 제61조제1항 단서에 규정된 집행권원의 경우를 제외한다.
　　　　2. 제68조제1항 각호의 사유 또는 같은 조제9항의 사유 가운데 어느 하나에 해당하는 때
　　②제1항의 신청을 할 때에는 그 사유를 소명하여야 한다.
　　③제1항의 신청에 대한 재판은 제1항제1호의 경우에는 채무자의 보통재판적이 있는 곳의 법
　　　원이 관할하고, 제1항제2호의 경우에는 재산명시절차를 실시한 법원이 관할한다.

　　제71조(등재신청에 대한 재판) ①제70조의 신청에 정당한 이유가 있는 때에는 법원은 채무
자를 채무불이행자명부에 올리는 결정을 하여야 한다.
　　②등재신청에 정당한 이유가 없거나 쉽게 강제집행할 수 있다고 인정할 만한 명백한 사유가
　　　있는 때에는 법원은 결정으로 이를 기각하여야 한다.
　　③제1항 및 제2항의 재판에 대하여는 즉시항고를 할 수 있다. 이 경우 민사소송법 제447조의
　　　규정은 준용하지 아니한다.

　　제72조(명부의 비치) ①채무불이행자명부는 등재결정을 한 법원에 비치한다.
　　②법원은 채무불이행자명부의 부본을 채무자의 주소지(채무자가 법인인 경우에는 주된 사무
　　　소가 있는 곳) 시(구가 설치되지 아니한 시를 말한다. 이하 같다) · 구 · 읍 · 면의 장(도농
　　　복합형태의 시의 경우 동지역은 시 · 구의 장, 읍 · 면지역은 읍 · 면의 장으로 한다. 이하
　　　같다)에게 보내야 한다.
　　③법원은 채무불이행자명부의 부본을 대법원규칙이 정하는 바에 따라 일정한 금융기관의 장
　　　이나 금융기관 관련단체의 장에게 보내어 채무자에 대한 신용정보로 활용하게 할 수 있다.
　　④채무불이행자명부나 그 부본은 누구든지 보거나 복사할 것을 신청할 수 있다.
　　⑤채무불이행자명부는 인쇄물 등으로 공표되어서는 아니된다.

　　제73조(명부등재의 말소) ①변제, 그 밖의 사유로 채무가 소멸되었다는 것이 증명된 때에는
법원은 채무자의 신청에 따라 채무불이행자명부에서 그 이름을 말소하는 결정을 하여야 한다.

②채권자는 제1항의 결정에 대하여 즉시항고를 할 수 있다. 이 경우 민사소송법 제447조의
규정은 준용하지 아니한다.

③채무불이행자명부에 오른 다음 해부터 10년이 지난 때에는 법원은 직권으로 그 명부에 오
른 이름을 말소하는 결정을 하여야 한다.

④제1항과 제3항의 결정을 한 때에는 그 취지를 채무자의 주소지(채무자가 법인인 경우에는
주된 사무소가 있는 곳) 시·구·읍·면의 장 및 제72조제3항의 규정에 따라 채무불이행
자명부의 부본을 보낸 금융기관 등의 장에게 통지하여야 한다.

⑤제4항의 통지를 받은 시·구·읍·면의 장 및 금융기관 등의 장은 그 명부의 부본에 오른
이름을 말소하여야 한다.

제74조(재산조회) ①재산명시절차의 관할 법원은 다음 각호의 어느 하나에 해당하는 경우
에는 그 재산명시를 신청한 채권자의 신청에 따라 개인의 재산 및 신용에 관한 전산망을 관리하
는 공공기관·금융기관·단체 등에 채무자명의의 재산에 관하여 조회할 수 있다. 〈개정
2005.1.27〉

1. 재산명시절차에서 채권자가 제62조제6항의 규정에 의한 주소보정명령을 받고도 민사
소송법 제194조제1항의 규정에 의한 사유로 인하여 채권자가 이를 이행할 수 없었던 것
으로 인정되는 경우

2. 재산명시절차에서 채무자가 제출한 재산목록의 재산만으로는 집행채권의 만족을 얻기
에 부족한 경우

3. 재산명시절차에서 제68조제1항 각호의 사유 또는 동조제9항의 사유가 있는 경우

②채권자가 제1항의 신청을 할 경우에는 조회할 기관·단체를 특정하여야 하며 조회에 드는
비용을 미리 내야 한다.

③법원이 제1항의 규정에 따라 조회할 경우에는 채무자의 인적 사항을 적은 문서에 의하여
해당 기관·단체의 장에게 채무자의 재산 및 신용에 관하여 그 기관·단체가 보유하고 있
는 자료를 한꺼번에 모아 제출하도록 요구할 수 있다.

④공공기관·금융기관·단체 등은 정당한 사유 없이 제1항 및 제3항의 조회를 거부하지 못
한다.

제75조(재산조회의 결과 등) ①법원은 제74조제1항 및 제3항의 규정에 따라 조회한 결과를
채무자의 재산목록에 준하여 관리하여야 한다.

②제74조제1항 및 제3항의 조회를 받은 기관·단체의 장이 정당한 사유 없이 거짓 자료를 제

출하거나 자료를 제출할 것을 거부한 때에는 결정으로 500만원 이하의 과태료에 처한다.

③제2항의 결정에 대하여는 즉시항고를 할 수 있다.

제76조(벌칙) ①누구든지 재산조회의 결과를 강제집행 외의 목적으로 사용하여서는 아니된다.

②제1항의 규정에 위반한 사람은 2년 이하의 징역 또는 500만원 이하의 벌금에 처한다.

제77조(대법원규칙) 제74조제1항 및 제3항의 규정에 따라 조회를 할 공공기관·금융기관·단체 등의 범위 및 조회절차, 제74조제2항의 규정에 따라 채권자가 내야 할 비용, 제75조제1항의 규정에 따른 조회결과의 관리에 관한 사항, 제75조제2항의 규정에 의한 과태료의 부과절차 등은 대법원규칙으로 정한다.

제2절 부동산에 대한 강제집행

제1관 통칙

제78조(집행방법) ①부동산에 대한 강제집행은 채권자의 신청에 따라 법원이 한다.

②강제집행은 다음 각호의 방법으로 한다.

1. 강제경매
2. 강제관리

③채권자는 자기의 선택에 의하여 제2항 각호 가운데 어느 한 가지 방법으로 집행하게 하거나 두 가지 방법을 함께 사용하여 집행하게 할 수 있다.

④강제관리는 가압류를 집행할 때에도 할 수 있다.

제79조(집행법원) ①부동산에 대한 강제집행은 그 부동산이 있는 곳의 지방법원이 관할한다.

②부동산이 여러 지방법원의 관할구역에 있는 때에는 각 지방법원에 관할권이 있다. 이 경우 법원이 필요하다고 인정한 때에는 사건을 다른 관할 지방법원으로 이송할 수 있다.

제2관 강제경매

제80조(강제경매신청서) 강제경매신청서에는 다음 각호의 사항을 적어야 한다.

  1. 채권자·채무자와 법원의 표시

  2. 부동산의 표시

  3. 경매의 이유가 된 일정한 채권과 집행할 수 있는 일정한 집행권원

제81조(첨부서류) ①강제경매신청서에는 집행력 있는 정본 외에 다음 각호 가운데 어느 하나에 해당하는 서류를 붙여야 한다.

  1. 채무자의 소유로 등기된 부동산에 대하여는 등기부등본

  2. 채무자의 소유로 등기되지 아니한 부동산에 대하여는 즉시 채무자명의로 등기할 수 있다는 것을 증명할 서류. 다만, 그 부동산이 등기되지 아니한 건물인 경우에는 그 건물이 채무자의 소유임을 증명할 서류, 그 건물의 지번·구조·면적을 증명할 서류 및 그 건물에 관한 건축허가 또는 건축신고를 증명할 서류

②채권자는 공적 장부를 주관하는 공공기관에 제1항제2호 단서의 사항들을 증명하여 줄 것을 청구할 수 있다.

③제1항 제2호 단서의 경우에 건물의 지번·구조·면적을 증명하지 못한 때에는, 채권자는 경매신청과 동시에 그 조사를 집행법원에 신청할 수 있다.

④제3항의 경우에 법원은 집행관에게 그 조사를 하게 하여야 한다.

⑤강제관리를 하기 위하여 이미 부동산을 압류한 경우에 그 집행기록에 제1항 각호 가운데 어느 하나에 해당하는 서류가 붙어 있으면 다시 그 서류를 붙이지 아니할 수 있다.

제82조(집행관의 권한) ①집행관은 제81조제4항의 조사를 위하여 건물에 출입할 수 있고, 채무자 또는 건물을 점유하는 제3자에게 질문하거나 문서를 제시하도록 요구할 수 있다.

②집행관은 제1항의 규정에 따라 건물에 출입하기 위하여 필요한 때에는 잠긴 문을 여는 등 적절한 처분을 할 수 있다.

제83조(경매개시결정 등) ①경매절차를 개시하는 결정에는 동시에 그 부동산의 압류를 명하여야 한다.

②압류는 부동산에 대한 채무자의 관리·이용에 영향을 미치지 아니한다.

③경매절차를 개시하는 결정을 한 뒤에는 법원은 직권으로 또는 이해관계인의 신청에 따라

부동산에 대한 침해행위를 방지하기 위하여 필요한 조치를 할 수 있다.

④압류는 채무자에게 그 결정이 송달된 때 또는 제94조의 규정에 따른 등기가 된 때에 효력이 생긴다.

⑤강제경매신청을 기각하거나 각하하는 재판에 대하여는 즉시항고를 할 수 있다.

제84조(배당요구의 종기결정 및 공고) ①경매개시결정에 따른 압류의 효력이 생긴 때(그 경매개시결정전에 다른 경매개시결정이 있은 경우를 제외한다)에는 집행법원은 절차에 필요한 기간을 감안하여 배당요구를 할 수 있는 종기(終期)를 첫 매각기일 이전으로 정한다.

②배당요구의 종기가 정하여진 때에는 법원은 경매개시결정을 한 취지 및 배당요구의 종기를 공고하고, 제91조제4항 단서의 전세권자 및 법원에 알려진 제88조제1항의 채권자에게 이를 고지하여야 한다.

③제1항의 배당요구의 종기결정 및 제2항의 공고는 경매개시결정에 따른 압류의 효력이 생긴 때부터 1주 이내에 하여야 한다.

④법원사무관등은 제148조제3호 및 제4호의 채권자 및 조세, 그 밖의 공과금을 주관하는 공공기관에 대하여 채권의 유무, 그 원인 및 액수(원금·이자·비용, 그 밖의 부대채권(附帶債權)을 포함한다)를 배당요구의 종기까지 법원에 신고하도록 최고하여야 한다.

⑤제148조제3호 및 제4호의 채권자가 제4항의 최고에 대한 신고를 하지 아니한 때에는 그 채권자의 채권액은 등기부등본 등 집행기록에 있는 서류와 증빙(證憑)에 따라 계산한다. 이 경우 다시 채권액을 추가하지 못한다.

⑥법원은 특별히 필요하다고 인정하는 경우에는 배당요구의 종기를 연기할 수 있다.

⑦제6항의 경우에는 제2항 및 제4항의 규정을 준용한다. 다만, 이미 배당요구 또는 채권신고를 한 사람에 대하여는 같은 항의 고지 또는 최고를 하지 아니한다.

제85조(현황조사) ①법원은 경매개시결정을 한 뒤에 바로 집행관에게 부동산의 현상, 점유관계, 차임(借賃) 또는 보증금의 액수, 그 밖의 현황에 관하여 조사하도록 명하여야 한다.

②집행관이 제1항의 규정에 따라 부동산을 조사할 때에는 그 부동산에 대하여 제82조에 규정된 조치를 할 수 있다.

제86조(경매개시결정에 대한 이의신청) ①이해관계인은 매각대금이 모두 지급될 때까지 법원에 경매개시결정에 대한 이의신청을 할 수 있다.

②제1항의 신청을 받은 법원은 제16조제2항에 준하는 결정을 할 수 있다.

③제1항의 신청에 관한 재판에 대하여 이해관계인은 즉시항고를 할 수 있다.

제87조(**압류의 경합**) ①강제경매절차 또는 담보권 실행을 위한 경매절차를 개시하는 결정을 한 부동산에 대하여 다른 강제경매의 신청이 있는 때에는 법원은 다시 경매개시결정을 하고, 먼저 경매개시결정을 한 집행절차에 따라 경매한다.

②먼저 경매개시결정을 한 경매신청이 취하되거나 그 절차가 취소된 때에는 법원은 제91조제1항의 규정에 어긋나지 아니하는 한도 안에서 뒤의 경매개시결정에 따라 절차를 계속 진행하여야 한다.

③제2항의 경우에 뒤의 경매개시결정이 배당요구의 종기 이후의 신청에 의한 것인 때에는 집행법원은 새로이 배당요구를 할 수 있는 종기를 정하여야 한다. 이 경우 이미 제84조제2항 또는 제4항의 규정에 따라 배당요구 또는 채권신고를 한 사람에 대하여는 같은 항의 고지 또는 최고를 하지 아니한다.

④먼저 경매개시결정을 한 경매절차가 정지된 때에는 법원은 신청에 따라 결정으로 뒤의 경매개시결정(배당요구의 종기까지 행하여진 신청에 의한 것에 한한다)에 기초하여 절차를 계속하여 진행할 수 있다. 다만, 먼저 경매개시결정을 한 경매절차가 취소되는 경우 제105조제1항제3호의 기재사항이 바뀔 때에는 그러하지 아니하다.

⑤제4항의 신청에 대한 재판에 대하여는 즉시항고를 할 수 있다.

제88조(**배당요구**) ①집행력 있는 정본을 가진 채권자, 경매개시결정이 등기된 뒤에 가압류를 한 채권자, 민법·상법, 그 밖의 법률에 의하여 우선변제청구권이 있는 채권자는 배당요구를 할 수 있다.

②배당요구에 따라 매수인이 인수하여야 할 부담이 바뀌는 경우 배당요구를 한 채권자는 배당요구의 종기가 지난 뒤에 이를 철회하지 못한다.

제89조(**이중경매신청 등의 통지**) 법원은 제87조제1항 및 제88조제1항의 신청이 있는 때에는 그 사유를 이해관계인에게 통지하여야 한다.

제90조(**경매절차의 이해관계인**) 경매절차의 이해관계인은 다음 각호의 사람으로한다.

1. 압류채권자와 집행력 있는 정본에 의하여 배당을 요구한 채권자

2. 채무자 및 소유자

3. 등기부에 기입된 부동산 위의 권리자

　　4. 부동산 위의 권리자로서 그 권리를 증명한 사람

　제91조(인수주의와 잉여주의의 선택 등) ①압류채권자의 채권에 우선하는 채권에 관한 부동산의 부담을 매수인에게 인수하게 하거나, 매각대금으로 그 부담을 변제하는 데 부족하지 아니하다는 것이 인정된 경우가 아니면 그 부동산을 매각하지못한다.

　②매각부동산 위의 모든 저당권은 매각으로 소멸된다.

　③지상권 · 지역권 · 전세권 및 등기된 임차권은 저당권 · 압류채권 · 가압류채권에 대항할 수 없는 경우에는 매각으로 소멸된다.

　④제3항의 경우 외의 지상권 · 지역권 · 전세권 및 등기된 임차권은 매수인이 인수한다. 다만, 그중 전세권의 경우에는 전세권자가 제88조에 따라 배당요구를 하면 매각으로 소멸된다.

　⑤매수인은 유치권자(留置權者)에게 그 유치권(留置權)으로 담보하는 채권을 변제할 책임이 있다.

　제92조(제3자와 압류의 효력) ①제3자는 권리를 취득할 때에 경매신청 또는 압류가 있다는 것을 알았을 경우에는 압류에 대항하지 못한다.

　②부동산이 압류채권을 위하여 의무를 진 경우에는 압류한 뒤 소유권을 취득한 제3자가 소유권을 취득할 때에 경매신청 또는 압류가 있다는 것을 알지 못하였더라도 경매절차를 계속하여 진행하여야 한다.

　제93조(경매신청의 취하) ①경매신청이 취하되면 압류의 효력은 소멸된다.

　②매수신고가 있은 뒤 경매신청을 취하하는 경우에는 최고가매수신고인 또는 매수인과 제114조의 차순위매수신고인의 동의를 받아야 그 효력이 생긴다.

　③제49조제3호 또는 제6호의 서류를 제출하는 경우에는 제1항 및 제2항의 규정을, 제49조제4호의 서류를 제출하는 경우에는 제2항의 규정을 준용한다.

　제94조(경매개시결정의 등기) ①법원이 경매개시결정을 하면 법원사무관등은 즉시 그 사유를 등기부에 기입하도록 등기관(登記官)에게 촉탁하여야 한다.

　②등기관은 제1항의 촉탁에 따라 경매개시결정사유를 기입하여야 한다.

　제95조(등기부등본의 송부) 등기관은 제94조에 따라 경매개시결정사유를 등기부에 기입한 뒤 그 등기부의 등본을 법원에 보내야 한다.

제96조(부동산의 멸실 등으로 말미암은 경매취소) ①부동산이 없어지거나 매각 등으로 말미암아 권리를 이전할 수 없는 사정이 명백하게 된 때에는 법원은 강제경매의 절차를 취소하여야 한다.

②제1항의 취소결정에 대하여는 즉시항고를 할 수 있다.

제97조(부동산의 평가와 최저매각가격의 결정) ①법원은 감정인(鑑定人)에게 부동산을 평가하게 하고 그 평가액을 참작하여 최저매각가격을 정하여야 한다.

②감정인은 제1항의 평가를 위하여 필요하면 제82조제1항에 규정된 조치를 할 수 있다.

③감정인은 제7조의 규정에 따라 집행관의 원조를 요구하는 때에는 법원의 허가를 얻어야 한다.

제98조(일괄매각결정) ①법원은 여러 개의 부동산의 위치·형태·이용관계 등을 고려하여 이를 일괄매수하게 하는 것이 알맞다고 인정하는 경우에는 직권으로 또는 이해관계인의 신청에 따라 일괄매각하도록 결정할 수 있다.

②법원은 부동산을 매각할 경우에 그 위치·형태·이용관계 등을 고려하여 다른 종류의 재산(금전채권을 제외한다)을 그 부동산과 함께 일괄매수하게 하는 것이 알맞다고 인정하는 때에는 직권으로 또는 이해관계인의 신청에 따라 일괄매각하도록 결정할 수 있다.

③제1항 및 제2항의 결정은 그 목적물에 대한 매각기일 이전까지 할 수 있다.

제99조(일괄매각사건의 병합) ①법원은 각각 경매신청된 여러 개의 재산 또는 다른 법원이나 집행관에 계속된 경매사건의 목적물에 대하여 제98조제1항 또는 제2항의 결정을 할 수 있다.

②다른 법원이나 집행관에 계속된 경매사건의 목적물의 경우에 그 다른 법원 또는 집행관은 그 목적물에 대한 경매사건을 제1항의 결정을 한 법원에 이송한다.

③제1항 및 제2항의 경우에 법원은 그 경매사건들을 병합한다.

제100조(일괄매각사건의 관할) 제98조 및 제99조의 경우에는 민사소송법 제31조에 불구하고 같은 법 제25조의 규정을 준용한다. 다만, 등기할 수 있는 선박에 관한 경매사건에 대하여서는 그러하지 아니하다.

제101조(일괄매각절차) ①제98조 및 제99조의 일괄매각결정에 따른 매각절차는 이 관의 규정에 따라 행한다. 다만, 부동산 외의 재산의 압류는 그 재산의 종류에 따라 해당되는 규정에서

정하는 방법으로 행하고, 그 중에서 집행관의 압류에 따르는 재산의 압류는 집행법원이 집행관에게 이를 압류하도록 명하는 방법으로 행한다.

②제1항의 매각절차에서 각 재산의 대금액을 특정할 필요가 있는 경우에는 각 재산에 대한 최저매각가격의 비율을 정하여야 하며, 각 재산의 대금액은 총대금액을 각 재산의 최저매각가격비율에 따라 나눈 금액으로 한다. 각 재산이 부담할 집행비용액을 특정할 필요가 있는 경우에도 또한 같다.

③여러 개의 재산을 일괄매각하는 경우에 그 가운데 일부의 매각대금으로 모든 채권자의 채권액과 강제집행비용을 변제하기에 충분하면 다른 재산의 매각을 허가하지 아니한다. 다만, 토지와 그 위의 건물을 일괄매각하는 경우나 재산을 분리하여 매각하면 그 경제적 효용이 현저하게 떨어지는 경우 또는 채무자의 동의가 있는 경우에는 그러하지 아니하다.

④제3항 본문의 경우에 채무자는 그 재산 가운데 매각할 것을 지정할 수 있다.

⑤일괄매각절차에 관하여 이 법에서 정한 사항을 제외하고는 대법원규칙으로 정한다.

제102조(**남을 가망이 없을 경우의 경매취소**) ①법원은 최저매각가격으로 압류채권자의 채권에 우선하는 부동산의 모든 부담과 절차비용을 변제하면 남을 것이 없겠다고 인정한 때에는 압류채권자에게 이를 통지하여야 한다.

②압류채권자가 제1항의 통지를 받은 날부터 1주 이내에 제1항의 부담과 비용을 변제하고 남을 만한 가격을 정하여 그 가격에 맞는 매수신고가 없을 때에는 자기가 그 가격으로 매수하겠다고 신청하면서 충분한 보증을 제공하지 아니하면, 법원은 경매절차를 취소하여야 한다.

③제2항의 취소 결정에 대하여는 즉시항고를 할 수 있다.

제103조(**강제경매의 매각방법**) ①부동산의 매각은 집행법원이 정한 매각방법에 따른다.

②부동산의 매각은 매각기일에 하는 호가경매(呼價競賣), 매각기일에 입찰 및 개찰하게 하는 기일입찰 또는 입찰기간 이내에 입찰하게 하여 매각기일에 개찰하는 기간입찰의 세가지 방법으로 한다.

③부동산의 매각절차에 관하여 필요한 사항은 대법원규칙으로 정한다.

제104조(**매각기일과 매각결정기일 등의 지정**) ①법원은 최저매각가격으로 제102조제1항의 부담과 비용을 변제하고도 남을 것이 있다고 인정하거나 압류채권자가 제102조제2항의 신청을 하고 충분한 보증을 제공한 때에는 직권으로 매각기일과 매각결정기일을 정하여 대법원규칙이 정하는 방법으로 공고한다.

②법원은 매각기일과 매각결정기일을 이해관계인에게 통지하여야 한다.

③제2항의 통지는 집행기록에 표시된 이해관계인의 주소에 대법원규칙이 정하는 방법으로 발송할 수 있다.

④기간입찰의 방법으로 매각할 경우에는 입찰기간에 관하여도 제1항 내지 제3항의 규정을 적용한다.

제105조(매각물건명세서 등) ①법원은 다음 각호의 사항을 적은 매각물건명세서를 작성하여야 한다.

1. 부동산의 표시

2. 부동산의 점유자와 점유의 권원, 점유할 수 있는 기간, 차임 또는 보증금에 관한 관계인의 진술

3. 등기된 부동산에 대한 권리 또는 가처분으로서 매각으로 효력을 잃지 아니하는 것

4. 매각에 따라 설정된 것으로 보게 되는 지상권의 개요

②법원은 매각물건명세서 · 현황조사보고서 및 평가서의 사본을 법원에 비치하여 누구든지 볼 수 있도록 하여야 한다.

제106조(매각기일의 공고내용) 매각기일의 공고내용에는 다음 각호의 사항을 적어야 한다.

1. 부동산의 표시

2. 강제집행으로 매각한다는 취지와 그 매각방법

3. 부동산의 점유자, 점유의 권원, 점유하여 사용할 수 있는 기간, 차임 또는 보증금약정 및 그 액수

4. 매각기일의 일시 · 장소, 매각기일을 진행할 집행관의 성명 및 기간입찰의 방법으로 매각할 경우에는 입찰기간 · 장소

5. 최저매각가격

6. 매각결정기일의 일시 · 장소

7. 매각물건명세서 · 현황조사보고서 및 평가서의 사본을 매각기일 전에 법원에 비치하여 누구든지 볼 수 있도록 제공한다는 취지

8. 등기부에 기입할 필요가 없는 부동산에 대한 권리를 가진 사람은 채권을 신고하여야 한다는 취지

9. 이해관계인은 매각기일에 출석할 수 있다는 취지

제107조(매각장소) 매각기일은 법원안에서 진행하여야 한다. 다만, 집행관은 법원의 허가를 얻어 다른 장소에서 매각기일을 진행할 수 있다.

제108조(매각장소의 질서유지) 집행관은 다음 각호 가운데 어느 하나에 해당한다고 인정되는 사람에 대하여 매각장소에 들어오지 못하도록 하거나 매각장소에서 내보내거나 매수의 신청을 하지 못하도록 할 수 있다.
1. 다른 사람의 매수신청을 방해한 사람
2. 부당하게 다른 사람과 담합하거나 그 밖에 매각의 적정한 실시를 방해한 사람
3. 제1호 또는 제2호의 행위를 교사(敎唆)한 사람
4. 민사집행절차에서의 매각에 관하여 형법 제136조 · 제137조 · 제140조 · 제140조의2 · 제142조 · 제315조 및 제323조 내지 제327조에 규정된 죄로 유죄판결을 받고 그 판결확정일부터 2년이 지나지 아니한 사람

제109조(매각결정기일) ①매각결정기일은 매각기일부터 1주 이내로 정하여야 한다.
②매각결정절차는 법원안에서 진행하여야 한다.

제110조(합의에 의한 매각조건의 변경) ①최저매각가격 외의 매각조건은 법원이 이해관계인의 합의에 따라 바꿀 수 있다.
②이해관계인은 배당요구의 종기까지 제1항의 합의를 할 수 있다.

제111조(직권에 의한 매각조건의 변경) ①거래의 실상을 반영하거나 경매절차를 효율적으로 진행하기 위하여 필요한 경우에 법원은 배당요구의 종기까지 매각조건을 바꾸거나 새로운 매각조건을 설정할 수 있다.
②이해관계인은 제1항의 재판에 대하여 즉시항고를 할 수 있다.
③제1항의 경우에 법원은 집행관에게 부동산에 대하여 필요한 조사를 하게 할 수 있다.

제112조(매각기일의 진행) 집행관은 기일입찰 또는 호가경매의 방법에 의한 매각기일에는 매각물건명세서 · 현황조사보고서 및 평가서의 사본을 볼 수 있게 하고, 특별한 매각조건이 있는 때에는 이를 고지하며, 법원이 정한 매각방법에 따라 매수가격을 신고하도록 최고하여야 한다.

제113조(매수신청의 보증) 매수신청인은 대법원규칙이 정하는 바에 따라 집행법원이 정하는 금액과 방법에 맞는 보증을 집행관에게 제공하여야 한다.

제114조(차순위매수신고) ①최고가매수신고인 외의 매수신고인은 매각기일을 마칠 때까지 집행관에게 최고가매수신고인이 대금지급기한까지 그 의무를 이행하지 아니하면 자기의 매수신고에 대하여 매각을 허가하여 달라는 취지의 신고(이하 "차순위매수신고"라 한다)를 할 수 있다.
　②차순위매수신고는 그 신고액이 최고가매수신고액에서 그 보증액을 뺀 금액을 넘는 때에만 할 수 있다.

제115조(매각기일의 종결) ①집행관은 최고가매수신고인의 성명과 그 가격을 부르고 차순위매수신고를 최고한 뒤, 적법한 차순위매수신고가 있으면 차순위매수신고인을 정하여 그 성명과 가격을 부른 다음 매각기일을 종결한다고 고지하여야 한다.
　②차순위매수신고를 한 사람이 둘 이상인 때에는 신고한 매수가격이 높은 사람을 차순위매수신고인으로 정한다. 신고한 매수가격이 같은 때에는 추첨으로 차순위매수신고인을 정한다.
　③최고가매수신고인과 차순위매수신고인을 제외한 다른 매수신고인은 제1항의 고지에 따라 매수의 책임을 벗게 되고, 즉시 매수신청의 보증을 돌려 줄 것을 신청할 수 있다.
　④기일입찰 또는 호가경매의 방법에 의한 매각기일에서 매각기일을 마감할 때까지 허가할 매수가격의 신고가 없는 때에는 집행관은 즉시 매각기일의 마감을 취소하고 같은 방법으로 매수가격을 신고하도록 최고할 수 있다.
　⑤제4항의 최고에 대하여 매수가격의 신고가 없어 매각기일을 마감하는 때에는 매각기일의 마감을 다시 취소하지 못한다.

제116조(매각기일조서) ①매각기일조서에는 다음 각호의 사항을 적어야 한다.
　1. 부동산의 표시
　2. 압류채권자의 표시
　3. 매각물건명세서 · 현황조사보고서 및 평가서의 사본을 볼 수 있게 한 일
　4. 특별한 매각조건이 있는 때에는 이를 고지한 일
　5. 매수가격의 신고를 최고한 일
　6. 모든 매수신고가격과 그 신고인의 성명 · 주소 또는 허가할 매수가격의 신고가 없는 일
　7. 매각기일을 마감할 때까지 허가할 매수가격의 신고가 없어 매각기일의 마감을 취소하

고 다시 매수가격의 신고를 최고한 일

8. 최종적으로 매각기일의 종결을 고지한 일시

9. 매수하기 위하여 보증을 제공한 일 또는 보증을 제공하지 아니하므로 그 매수를 허가하지 아니한 일

10. 최고가매수신고인과 차순위매수신고인의 성명과 그 가격을 부른 일

②최고가매수신고인 및 차순위매수신고인과 출석한 이해관계인은 조서에 서명날인하여야 한다. 그들이 서명날인할 수 없을 때에는 집행관이 그 사유를 적어야 한다.

③집행관이 매수신청의 보증을 돌려 준 때에는 영수증을 받아 조서에 붙여야 한다.

제117조(조서와 금전의 인도) 집행관은 매각기일조서와 매수신청의 보증으로 받아 돌려주지 아니한 것을 매각기일부터 3일 이내에 법원사무관등에게 인도하여야 한다.

제118조(최고가매수신고인 등의 송달영수인신고) ①최고가매수신고인과 차순위매수신고인은 대한민국안에 주소·거소와 사무소가 없는 때에는 대한민국안에 송달이나 통지를 받을 장소와 영수인을 정하여 법원에 신고하여야 한다.

②최고가매수신고인이나 차순위매수신고인이 제1항의 신고를 하지 아니한 때에는 법원은 그에 대한 송달이나 통지를 하지 아니할 수 있다.

③제1항의 신고는 집행관에게 말로 할 수 있다. 이 경우 집행관은 조서에 이를 적어야 한다.

제119조(새 매각기일) 허가할 매수가격의 신고가 없이 매각기일이 최종적으로 마감된 때에는 제91조제1항의 규정에 어긋나지 아니하는 한도에서 법원은 최저매각가격을 상당히 낮추고 새 매각기일을 정하여야 한다. 그 기일에 허가할 매수가격의 신고가 없는 때에도 또한 같다.

제120조(매각결정기일에서의 진술) ①법원은 매각결정기일에 출석한 이해관계인에게 매각허가에 관한 의견을 진술하게 하여야 한다.

②매각허가에 관한 이의는 매각허가가 있을 때까지 신청하여야 한다. 이미 신청한 이의에 대한 진술도 또한 같다.

제121조(매각허가에 대한 이의신청사유) 매각허가에 관한 이의는 다음 각호 가운데 어느 하나에 해당하는 이유가 있어야 신청할 수 있다.

1. 강제집행을 허가할 수 없거나 집행을 계속 진행할 수 없을 때

2. 최고가매수신고인이 부동산을 매수할 능력이나 자격이 없는 때

3. 부동산을 매수할 자격이 없는 사람이 최고가매수신고인을 내세워 매수신고를 한 때

4. 최고가매수신고인, 그 대리인 또는 최고가매수신고인을 내세워 매수신고를 한 사람이 제
   108조 각호 가운데 어느 하나에 해당되는 때

5. 최저매각가격의 결정, 일괄매각의 결정 또는 매각물건명세서의 작성에 중대한 흠이 있는 때

6. 천재지변, 그 밖에 자기가 책임을 질 수 없는 사유로 부동산이 현저하게 훼손된 사실 또는
   부동산에 관한 중대한 권리관계가 변동된 사실이 경매절차의 진행중에 밝혀진 때

7. 경매절차에 그 밖의 중대한 잘못이 있는 때

제122조(이의신청의 제한) 이의는 다른 이해관계인의 권리에 관한 이유로 신청하지못한다.

제123조(매각의 불허) ①법원은 이의신청이 정당하다고 인정한 때에는 매각을 허가하지 아
니한다.

　②제121조에 규정한 사유가 있는 때에는 직권으로 매각을 허가하지 아니한다. 다만, 같은 조
　　제2호 또는 제3호의 경우에는 능력 또는 자격의 흠이 제거되지 아니한 때에 한한다.

제124조(과잉매각되는 경우의 매각불허가) ①여러 개의 부동산을 매각하는 경우에 한 개
의 부동산의 매각대금으로 모든 채권자의 채권액과 강제집행비용을 변제하기에 충분하면 다른
부동산의 매각을 허가하지 아니한다. 다만, 제101조제3항 단서에 따른 일괄매각의 경우에는 그
러하지 아니하다.

　②제1항 본문의 경우에 채무자는 그 부동산 가운데 매각할 것을 지정할 수 있다.

제125조(매각을 허가하지 아니할 경우의 새 매각기일) ①제121조와 제123조의 규정에 따
라 매각을 허가하지 아니하고 다시 매각을 명하는 때에는 직권으로 새 매각기일을 정하여야
한다.

　②제121조제6호의 사유로 제1항의 새 매각기일을 열게 된 때에는 제97조 내지 제105조의 규
　　정을 준용한다.

제126조(매각허가여부의 결정선고) ①매각을 허가하거나 허가하지 아니하는 결정은 선고
하여야 한다.

　②매각결정기일조서에는 민사소송법 제152조 내지 제154조와 제156조 내지 제158조 및 제

164조의 규정을 준용한다.

③제1항의 결정은 확정되어야 효력을 가진다.

제127조(매각허가결정의 취소신청) ①제121조제6호에서 규정한 사실이 매각허가결정의 확정 뒤에 밝혀진 경우에는 매수인은 대금을 낼 때까지 매각허가결정의 취소신청을 할 수 있다.

②제1항의 신청에 관한 결정에 대하여는 즉시항고를 할 수 있다.

제128조(매각허가결정) ①매각허가결정에는 매각한 부동산, 매수인과 매가가격을 적고 특별한 매각조건으로 매각한 때에는 그 조건을 적어야 한다.

②제1항의 결정은 선고하는 외에 대법원규칙이 정하는 바에 따라 공고하여야 한다.

제129조(이해관계인 등의 즉시항고) ①이해관계인은 매각허가여부의 결정에 따라 손해를 볼 경우에만 그 결정에 대하여 즉시항고를 할 수 있다.

②매각허가에 정당한 이유가 없거나 결정에 적은 것 외의 조건으로 허가하여야 한다고 주장 하는 매수인 또는 매각허가를 주장하는 매수신고인도 즉시항고를 할 수 있다.

③제1항 및 제2항의 경우에 매각허가를 주장하는 매수신고인은 그 신청한 가격에 대하여 구 속을 받는다.

제130조(매각허가여부에 대한 항고) ①매각허가결정에 대한 항고는 이 법에 규정한 매각 허가에 대한 이의신청사유가 있다거나, 그 결정절차에 중대한 잘못이 있다는 것을 이유로 드는 때에만 할 수 있다.

②민사소송법 제451조제1항 각호의 사유는 제1항의 규정에 불구하고 매각허가 또는 불허가 결정에 대한 항고의 이유로 삼을 수 있다.

③매각허가결정에 대하여 항고를 하고자 하는 사람은 보증으로 매각대금의 10분의 1에 해당 하는 금전 또는 법원이 인정한 유가증권을 공탁하여야 한다.

④항고를 제기하면서 항고장에 제3항의 보증을 제공하였음을 증명하는 서류를 붙이지 아니 한 때에는 원심법원은 항고장을 받은 날부터 1주 이내에 결정으로 이를 각하하여야 한다.

⑤제4항의 결정에 대하여는 즉시항고를 할 수 있다.

⑥채무자 및 소유자가 한 제3항의 항고가 기각된 때에는 항고인은 보증으로 제공한 금전이나 유가증권을 돌려 줄 것을 요구하지 못한다.

⑦채무자 및 소유자 외의 사람이 한 제3항의 항고가 기각된 때에는 항고인은 보증으로 제공

한 금전이나, 유가증권을 현금화한 금액 가운데 항고를 한 날부터 항고기각결정이 확정된 날까지의 매각대금에 대한 대법원규칙이 정하는 이율에 의한 금액(보증으로 제공한 금전이나, 유가증권을 현금화한 금액을 한도로 한다)에 대하여는 돌려 줄 것을 요구할 수 없다. 다만, 보증으로 제공한 유가증권을 현금화하기 전에 위의 금액을 항고인이 지급한 때에는 그 유가증권을 돌려 줄 것을 요구할 수 있다.

⑧항고인이 항고를 취하한 경우에는 제6항 또는 제7항의 규정을 준용한다.

제131조(항고심의 절차) ①항고법원은 필요한 경우에 반대진술을 하게 하기 위하여 항고인의 상대방을 정할 수 있다.

②한 개의 결정에 대한 여러 개의 항고는 병합한다.

③항고심에는 제122조의 규정을 준용한다.

제132조(항고법원의 재판과 매각허가여부결정) 항고법원이 집행법원의 결정을 취소하는 경우에 그 매각허가여부의 결정은 집행법원이 한다.

제133조(매각을 허가하지 아니하는 결정의 효력) 매각을 허가하지 아니한 결정이 확정된 때에는 매수인과 매각허가를 주장한 매수신고인은 매수에 관한 책임이 면제된다.

제134조(최저매각가격의 결정부터 새로할 경우) 제127조의 규정에 따라 매각허가결정을 취소한 경우에는 제97조 내지 제105조의 규정을 준용한다.

제135조(소유권의 취득시기) 매수인은 매각대금을 다 낸 때에 매각의 목적인 권리를 취득한다.

제136조(부동산의 인도명령 등) ①법원은 매수인이 대금을 낸 뒤 6월 이내에 신청하면 채무자·소유자 또는 부동산 점유자에 대하여 부동산을 매수인에게 인도하도록 명할 수 있다. 다만, 점유자가 매수인에게 대항할 수 있는 권원에 의하여 점유하고 있는 것으로 인정되는 경우에는 그러하지 아니하다.

②법원은 매수인 또는 채권자가 신청하면 매각허가가 결정된 뒤 인도할 때까지 관리인에게 부동산을 관리하게 할 것을 명할 수 있다.

③제2항의 경우 부동산의 관리를 위하여 필요하면 법원은 매수인 또는 채권자의 신청에 따라

담보를 제공하게 하거나 제공하게 하지 아니하고 제1항의 규정에 준하는 명령을 할 수 있다.

④법원이 채무자 및 소유자 외의 점유자에 대하여 제1항 또는 제3항의 규정에 따른 인도명령을 하려면 그 점유자를 심문하여야 한다. 다만, 그 점유자가 매수인에게 대항할 수 있는 권원에 의하여 점유하고 있지 아니함이 명백한 때 또는 이미 그 점유자를 심문한 때에는 그러하지 아니하다.

⑤제1항 내지 제3항의 신청에 관한 결정에 대하여는 즉시항고를 할 수 있다.

⑥채무자·소유자 또는 점유자가 제1항과 제3항의 인도명령에 따르지 아니할 때에는 매수인 또는 채권자는 집행관에게 그 집행을 위임할 수 있다.

제137조(차순위매수신고인에 대한 매각허가여부결정) ①차순위매수신고인이 있는 경우에 매수인이 대금지급기한까지 그 의무를 이행하지 아니한 때에는 차순위매수신고인에게 매각을 허가할 것인지를 결정하여야 한다. 다만, 제142조제4항의 경우에는 그러하지 아니하다.

②차순위매수신고인에 대한 매각허가결정이 있는 때에는 매수인은 매수신청의 보증을 돌려 줄 것을 요구하지 못한다.

제138조(재매각) ①매수인이 대금지급기한 또는 제142조제4항의 다시 정한 기한까지 그 의무를 완전히 이행하지 아니하였고, 차순위매수신고인이 없는 때에는 법원은 직권으로 부동산의 재매각을 명하여야 한다.

②재매각절차에도 종전에 정한 최저매각가격, 그 밖의 매각조건을 적용한다.

③매수인이 재매각기일의 3일 이전까지 대금, 그 지급기한이 지난 뒤부터 지급일까지의 대금에 대한 대법원규칙이 정하는 이율에 따른 지연이자와 절차비용을 지급한 때에는 재매각절차를 취소하여야 한다. 이 경우 차순위매수신고인이 매각허가결정을 받았던 때에는 위 금액을 먼저 지급한 매수인이 매매목적물의 권리를 취득한다.

④재매각절차에서는 전의 매수인은 매수신청을 할 수 없으며 매수신청의 보증을 돌려 줄 것을 요구하지 못한다.

제139조(공유물지분에 대한 경매) ①공유물지분을 경매하는 경우에는 채권자의 채권을 위하여 채무자의 지분에 대한 경매개시결정이 있음을 등기부에 기입하고 다른 공유자에게 그 경매개시결정이 있다는 것을 통지하여야 한다. 다만, 상당한 이유가 있는 때에는 통지하지 아니할 수 있다.

②최저매각가격은 공유물 전부의 평가액을 기본으로 채무자의 지분에 관하여 정하여야 한

다. 다만, 그와 같은 방법으로 정확한 가치를 평가하기 어렵거나 그 평가에 부당하게 많은
비용이 드는 등 특별한 사정이 있는 경우에는 그러하지 아니하다.

　제140조(공유자의 우선매수권) ①공유자는 매각기일까지 제113조에 따른 보증을 제공하
고 최고매수신고가격과 같은 가격으로 채무자의 지분을 우선매수하겠다는 신고를 할 수 있다.
　②제1항의 경우에 법원은 최고가매수신고가 있더라도 그 공유자에게 매각을 허가하여야
　　한다.
　③여러 사람의 공유자가 우선매수하겠다는 신고를 하고 제2항의 절차를 마친 때에는 특별한
　　협의가 없으면 공유지분의 비율에 따라 채무자의 지분을 매수하게 한다.
　④제1항의 규정에 따라 공유자가 우선매수신고를 한 경우에는 최고가매수신고인을 제114조
　　의 차순위매수신고인으로 본다.

　제141조(경매개시결정등기의 말소) 경매신청이 매각허가 없이 마쳐진 때에는 법원사무관
등은 제94조와 제139조제1항의 규정에 따른 기입을 말소하도록 등기관에게 촉탁하여야 한다.

　제142조(대금의 지급) ①매각허가결정이 확정되면 법원은 대금의 지급기한을 정하고, 이를
매수인과 차순위매수신고인에게 통지하여야 한다.
　②매수인은 제1항의 대금지급기한까지 매각대금을 지급하여야 한다.
　③매수신청의 보증으로 금전이 제공된 경우에 그 금전은 매각대금에 넣는다.
　④매수신청의 보증으로 금전 외의 것이 제공된 경우로서 매수인이 매각대금중 보증액을 뺀
　　나머지 금액만을 낸 때에는, 법원은 보증을 현금화하여 그 비용을 뺀 금액을 보증액에 해당
　　하는 매각대금 및 이에 대한 지연이자에 충당하고, 모자라는 금액이 있으면 다시 대금지급
　　기한을 정하여 매수인으로 하여금 내게 한다.
　⑤제4항의 지연이자에 대하여는 제138조제3항의 규정을 준용한다.
　⑥차순위매수신고인은 매수인이 대금을 모두 지급한 때 매수의 책임을 벗게 되고 즉시 매수
　　신청의 보증을 돌려 줄 것을 요구할 수 있다.

　제143조(특별한 지급방법) ①매수인은 매각조건에 따라 부동산의 부담을 인수하는 외에 배
당표(配當表)의 실시에 관하여 매각대금의 한도에서 관계채권자의 승낙이 있으면 대금의 지급
에 갈음하여 채무를 인수할 수 있다.
　②채권자가 매수인인 경우에는 매각결정기일이 끝날 때까지 법원에 신고하고 배당받아야 할

금액을 제외한 대금을 배당기일에 낼 수 있다.

③제1항 및 제2항의 경우에 매수인이 인수한 채무나 배당받아야 할 금액에 대하여 이의가 제기된 때에는 매수인은 배당기일이 끝날 때까지 이에 해당하는 대금을 내야 한다.

제144조(매각대금 지급 뒤의 조치) ①매각대금이 지급되면 법원사무관등은 매각허가결정의 등본을 붙여 다음 각호의 등기를 촉탁하여야 한다.

1. 매수인 앞으로 소유권을 이전하는 등기
2. 매수인이 인수하지 아니한 부동산의 부담에 관한 기입을 말소하는 등기
3. 제94조 및 제139조제1항의 규정에 따른 경매개시결정등기를 말소하는 등기

②제1항의 등기에 드는 비용은 매수인이 부담한다.

제145조(매각대금의 배당) ①매각대금이 지급되면 법원은 배당절차를 밟아야 한다.

②매각대금으로 배당에 참가한 모든 채권자를 만족하게 할 수 없는 때에는 법원은 민법·상법, 그 밖의 법률에 의한 우선순위에 따라 배당하여야 한다.

제146조(배당기일) 매수인이 매각대금을 지급하면 법원은 배당에 관한 진술 및 배당을 실시할 기일을 정하고 이해관계인과 배당을 요구한 채권자에게 이를 통지하여야 한다. 다만, 채무자가 외국에 있거나 있는 곳이 분명하지 아니한 때에는 통지하지 아니한다.

제147조(배당할 금액 등) ①배당할 금액은 다음 각호에 규정한 금액으로 한다.

1. 대금
2. 제138조제3항 및 제142조제4항의 경우에는 대금지급기한이 지난 뒤부터 대금의 지급·충당까지의 지연이자
3. 제130조제6항의 보증(제130조제8항에 따라 준용되는 경우를 포함한다.)
4. 제130조제7항 본문의 보증 가운데 항고인이 돌려 줄 것을 요구하지 못하는 금액 또는 제130조제7항 단서의 규정에 따라 항고인이 낸 금액(각각 제130조제8항에 따라 준용되는 경우를 포함한다.)
5. 제138조제4항의 규정에 의하여 매수인이 돌려줄 것을 요구할 수 없는 보증(보증이 금전 외의 방법으로 제공되어 있는 때에는 보증을 현금화하여 그 대금에서 비용을 뺀 금액)

②제1항의 금액 가운데 채권자에게 배당하고 남은 금액이 있으면, 제1항제4호의 금액의 범위안에서 제1항제4호의 보증 등을 제공한 사람에게 돌려준다.

③제1항의 금액 가운데 채권자에게 배당하고 남은 금액으로 제1항제4호의 보증 등을 돌려주기 부족한 경우로서 그 보증 등을 제공한 사람이 여럿인 때에는 제1항제4호의 보증 등의 비율에 따라 나누어 준다.

제148조(배당받을 채권자의 범위) 제147조제1항에 규정한 금액을 배당받을 채권자는 다음 각호에 규정된 사람으로 한다.

1. 배당요구의 종기까지 경매신청을 한 압류채권자
2. 배당요구의 종기까지 배당요구를 한 채권자
3. 첫 경매개시결정등기전에 등기된 가압류채권자
4. 저당권·전세권, 그 밖의 우선변제청구권으로서 첫 경매개시결정등기전에 등기되었고 매각으로 소멸하는 것을 가진 채권자

제149조(배당표의 확정) ①법원은 채권자와 채무자에게 보여 주기 위하여 배당기일의 3일전에 배당표원안(配當表原案)을 작성하여 법원에 비치하여야 한다.

②법원은 출석한 이해관계인과 배당을 요구한 채권자를 심문하여 배당표를 확정하여야 한다.

제150조(배당표의 기재 등) ①배당표에는 매각대금, 채권자의 채권의 원금, 이자, 비용, 배당의 순위와 배당의 비율을 적어야 한다.

②출석한 이해관계인과 배당을 요구한 채권자가 합의한 때에는 이에 따라 배당표를 작성하여야 한다.

제151조(배당표에 대한 이의) ①기일에 출석한 채무자는 채권자의 채권 또는 그 채권의 순위에 대하여 이의할 수 있다.

②제1항의 규정에 불구하고 채무자는 제149조제1항에 따라 법원에 배당표원안이 비치된 이후 배당기일이 끝날 때까지 채권자의 채권 또는 그 채권의 순위에 대하여 서면으로 이의할 수 있다.

③기일에 출석한 채권자는 자기의 이해에 관계되는 범위 안에서는 다른 채권자를 상대로 그의 채권 또는 그 채권의 순위에 대하여 이의할 수 있다.

제152조(이의의 완결) ①제151조의 이의에 관계된 채권자는 이에 대하여 진술하여야 한다.

②관계인이 제151조의 이의를 정당하다고 인정하거나 다른 방법으로 합의한 때에는 이에 따

라 배당표를 경정(更正)하여 배당을 실시하여야 한다.

③제151조의 이의가 완결되지 아니한 때에는 이의가 없는 부분에 한하여 배당을 실시하여야
한다.

제153조(불출석한 채권자) ①기일에 출석하지 아니한 채권자는 배당표와 같이 배당을 실시
하는 데에 동의한 것으로 본다.

②기일에 출석하지 아니한 채권자가 다른 채권자가 제기한 이의에 관계된 때에는 그 채권자
는 이의를 정당하다고 인정하지 아니한 것으로 본다.

제154조(배당이의의 소 등) ①집행력 있는 집행권원의 정본을 가지지 아니한 채권자(가압
류채권자를 제외한다)에 대하여 이의한 채무자와 다른 채권자에 대하여 이의한 채권자는 배당
이의의 소를 제기하여야 한다.

②집행력 있는 집행권원의 정본을 가진 채권자에 대하여 이의한 채무자는 청구이의의 소를
제기하여야 한다.

③이의한 채권자나 채무자가 배당기일부터 1주 이내에 집행법원에 대하여 제1항의 소를 제
기한 사실을 증명하는 서류를 제출하지 아니한 때 또는 제2항의 소를 제기한 사실을 증명
하는 서류와 그 소에 관한 집행정지재판의 정본을 제출하지 아니한 때에는 이의가 취하된
것으로 본다.

제155조(이의한 사람 등의 우선권 주장) 이의한 채권자가 제154조제3항의 기간을 지키지
아니한 경우에도 배당표에 따른 배당을 받은 채권자에 대하여 소로 우선권 및 그 밖의 권리를
행사하는 데 영향을 미치지 아니한다.

제156조(배당이의의 소의 관할) ①제154조제1항의 배당이의의 소는 배당을 실시한 집행법
원이 속한 지방법원의 관할로 한다. 다만, 소송물이 단독판사의 관할에 속하지 아니할 경우에는
지방법원의 합의부가 이를 관할한다.

②여러 개의 배당이의의 소가 제기된 경우에 한 개의 소를 합의부가 관할하는 때에는 그 밖의
소도 함께 관할한다.

③이의한 사람과 상대방이 이의에 관하여 단독판사의 재판을 받을 것을 합의한 경우에는 제1
항 단서와 제2항의 규정을 적용하지 아니한다.

제157조(배당이의의 소의 판결) 배당이의의 소에 대한 판결에서는 배당액에 대한 다툼이 있는 부분에 관하여 배당을 받을 채권자와 그 액수를 정하여야 한다. 이를 정하는 것이 적당하지 아니하다고 인정한 때에는 판결에서 배당표를 다시 만들고 다른 배당절차를 밟도록 명하여야 한다.

제158조(배당이의의 소의 취하간주) 이의한 사람이 배당이의의 소의 첫 변론기일에 출석하지 아니한 때에는 소를 취하한 것으로 본다.

제159조(배당실시절차·배당조서) ①법원은 배당표에 따라 제2항 및 제3항에 규정된 절차에 의하여 배당을 실시하여야 한다.
　②채권 전부의 배당을 받을 채권자에게는 배당액지급증을 교부하는 동시에 그가 가진 집행력 있는 정본 또는 채권증서를 받아 채무자에게 교부하여야 한다.
　③채권 일부의 배당을 받을 채권자에게는 집행력 있는 정본 또는 채권증서를 제출하게 한 뒤 배당액을 적어서 돌려주고 배당액지급증을 교부하는 동시에 영수증을 받아 채무자에게 교부하여야 한다.
　④제1항 내지 제3항의 배당실시절차는 조서에 명확히 적어야 한다.

제160조(배당금액의 공탁) ①배당을 받아야 할 채권자의 채권에 대하여 다음 각호 가운데 어느 하나의 사유가 있으면 그에 대한 배당액을 공탁하여야 한다.
　1. 채권에 정지조건 또는 불확정기한이 붙어 있는 때
　2. 가압류채권자의 채권인 때
　3. 제49조제2호 및 제266조제1항제5호에 규정된 문서가 제출되어 있는 때
　4. 저당권설정의 가등기가 마쳐져 있는 때
　5. 제154조제1항에 의한 배당이의의 소가 제기된 때
　6. 민법 제340조제2항 및 같은 법 제370조에 따른 배당금액의 공탁청구가 있는 때
　②채권자가 배당기일에 출석하지 아니한 때에는 그에 대한 배당액을 공탁하여야 한다.

제161조(공탁금에 대한 배당의 실시) ①법원이 제160조제1항의 규정에 따라 채권자에 대한 배당액을 공탁한 뒤 공탁의 사유가 소멸한 때에는 법원은 공탁금을 지급하거나 공탁금에 대한 배당을 실시하여야 한다.
　②제1항에 따라 배당을 실시함에 있어서 다음 각호 가운데 어느 하나에 해당하는 때에는 법

원은 배당에 대하여 이의하지 아니한 채권자를 위하여서도 배당표를 바꾸어야 한다.

1. 제160조제1항제1호 내지 제4호의 사유에 따른 공탁에 관련된 채권자에 대하여 배당을 실시할 수 없게 된 때
2. 제160조제1항제5호의 공탁에 관련된 채권자가 채무자로부터 제기당한 배당이의의 소에서 진 때
3. 제160조제1항제6호의 공탁에 관련된 채권자가 저당물의 매각대가로부터 배당을 받은 때

③제160조제2항의 채권자가 법원에 대하여 공탁금의 수령을 포기하는 의사를 표시한 때에는 그 채권자의 채권이 존재하지 아니하는 것으로 보고 배당표를 바꾸어야 한다.

④제2항 및 제3항의 배당표변경에 따른 추가 배당기일에 제151조의 규정에 따라 이의할 때에는 종전의 배당기일에서 주장할 수 없었던 사유만을 주장할 수 있다.

제162조(공동경매) 여러 압류채권자를 위하여 동시에 실시하는 부동산의 경매절차에는 제80조 내지 제161조의 규정을 준용한다.

제3관 강제관리

제163조(강제경매규정의 준용) 강제관리에는 제80조 내지 제82조, 제83조제1항·제3항 내지 제5항, 제85조 내지 제89조 및 제94조 내지 제96조의 규정을 준용한다.

제164조(강제관리개시결정) ①강제관리를 개시하는 결정에는 채무자에게는 관리사무에 간섭하여서는 아니되고 부동산의 수익을 처분하여서도 아니된다고 명하여야 하며, 수익을 채무자에게 지급할 제3자에게는 관리인에게 이를 지급하도록 명하여야 한다.

②수확하였거나 수확할 과실(果實)과, 이행기에 이르렀거나 이르게 될 과실은 제1항의 수익에 속한다.

③강제관리개시결정은 제3자에게는 결정서를 송달하여야 효력이 생긴다.

④강제관리신청을 기각하거나 각하하는 재판에 대하여는 즉시항고를 할 수 있다.

제165조(강제관리개시결정 등의 통지) 법원은 강제관리를 개시하는 결정을 한 부동산에 대하여 다시 강제관리의 개시결정을 하거나 배당요구의 신청이 있는 때에는 관리인에게 이를 통지하여야 한다.

제166조(관리인의 임명 등) ①관리인은 법원이 임명한다. 다만, 채권자는 적당한 사람을 관리인으로 추천할 수 있다.

②관리인은 관리와 수익을 하기 위하여 부동산을 점유할 수 있다. 이 경우 저항을 받으면 집행관에게 원조를 요구할 수 있다.

③관리인은 제3자가 채무자에게 지급할 수익을 추심(推尋)할 권한이 있다.

제167조(법원의 지휘ㆍ감독) ①법원은 관리에 필요한 사항과 관리인의 보수를 정하고, 관리인을 지휘ㆍ감독한다.

②법원은 관리인에게 보증을 제공하도록 명할 수 있다.

③관리인에게 관리를 계속할 수 없는 사유가 생긴 경우에는 법원은 직권으로 또는 이해관계인의 신청에 따라 관리인을 해임할 수 있다. 이 경우 관리인을 심문하여야 한다.

제168조(준용규정) 제3자가 부동산에 대한 강제관리를 막을 권리가 있다고 주장하는 경우에는 제48조의 규정을 준용한다.

제169조(수익의 처리) ①관리인은 부동산수익에서 그 부동산이 부담하는 조세, 그 밖의 공과금을 뺀 뒤에 관리비용을 변제하고, 그 나머지 금액을 채권자에게 지급한다.

②제1항의 경우 모든 채권자를 만족하게 할 수 없는 때에는 관리인은 채권자 사이의 배당협의에 따라 배당을 실시하여야 한다.

③채권자 사이에 배당협의가 이루어지지 못한 경우에 관리인은 그 사유를 법원에 신고하여야 한다.

④제3항의 신고가 있는 경우에는 제145조ㆍ제146조 및 제148조 내지 제161조의 규정을 준용하여 배당표를 작성하고 이에 따라 관리인으로 하여금 채권자에게 지급하게 하여야 한다.

제170조(관리인의 계산보고) ①관리인은 매년 채권자ㆍ채무자와 법원에 계산서를 제출하여야 한다. 그 업무를 마친 뒤에도 또한 같다.

②채권자와 채무자는 계산서를 송달받은 날부터 1주 이내에 집행법원에 이에 대한 이의신청을 할 수 있다.

③제2항의 기간 이내에 이의신청이 없는 때에는 관리인의 책임이 면제된 것으로 본다.

④제2항의 기간 이내에 이의신청이 있는 때에는 관리인을 심문한 뒤 결정으로 재판하여야 한다. 신청한 이의를 매듭 지은 때에는 법원은 관리인의 책임을 면제한다.

제171조(**강제관리의 취소**) ①강제관리의 취소는 법원이 결정으로 한다.

②채권자들이 부동산수익으로 전부 변제를 받았을 때에는 법원은 직권으로 제1항의 취소결
　　정을 한다.

③제1항 및 제2항의 결정에 대하여는 즉시항고를 할 수 있다.

④강제관리의 취소결정이 확정된 때에는 법원사무관등은 강제관리에 관한 기입등기를 말소
　　하도록 촉탁하여야 한다.

제3절 선박 등에 대한 강제집행

제172조(**선박에 대한 강제집행**) 등기할 수 있는 선박에 대한 강제집행은 부동산의 강제경
매에 관한 규정에 따른다. 다만, 사물의 성질에 따른 차이가 있거나 특별한 규정이 있는 경우에
는 그러하지 아니하다.

제173조(**관할법원**) 선박에 대한 강제집행의 집행법원은 압류 당시에 그 선박이 있는 곳을
관할하는 지방법원으로 한다.

제174조(**선박국적증서 등의 제출**) ①법원은 경매개시결정을 한 때에는 집행관에게 선박국
적증서 그 밖에 선박운행에 필요한 문서(이하 "선박국적증서등" 이라 한다)를 선장으로부터 받
아 법원에 제출하도록 명하여야 한다.

②경매개시결정이 송달 또는 등기되기 전에 집행관이 선박국적증서등을 받은 경우에는 그
　　때에 압류의 효력이 생긴다.

제175조(**선박집행신청전의 선박국적증서등의 인도명령**) ①선박에 대한 집행의 신청전에
선박국적증서등을 받지 아니하면 집행이 매우 곤란할 염려가 있을 경우에는 선적(船籍)이 있는
곳을 관할하는 지방법원(선적이 없는 때에는 대법원규칙이 정하는 법원)은 신청에 따라 채무자
에게 선박국적증서등을 집행관에게 인도하도록 명할 수 있다. 급박한 경우에는 선박이 있는 곳
을 관할하는 지방법원도 이 명령을 할 수 있다.

②집행관은 선박국적증서등을 인도받은 날부터 5일 이내에 채권자로부터 선박집행을 신청
　　하였음을 증명하는 문서를 제출받지 못한 때에는 그 선박국적증서등을 돌려 주어야 한다.

③제1항의 규정에 따른 재판에 대하여는 즉시항고를 할 수 있다.

④제1항의 규정에 따른 재판에는 제292조제2항 및 제3항의 규정을 준용한다.

제176조(압류선박의 정박) ①법원은 집행절차를 행하는 동안 선박이 압류 당시의 장소에 계속 머무르도록 명하여야 한다.

②법원은 영업상의 필요, 그 밖에 상당한 이유가 있다고 인정할 경우에는 채무자의 신청에 따라 선박의 운행을 허가할 수 있다. 이 경우 채권자ㆍ최고가매수신고인ㆍ차순위매수신고인 및 매수인의 동의가 있어야 한다.

③제2항의 선박운행허가결정에 대하여는 즉시항고를 할 수 있다.

④제2항의 선박운행허가결정은 확정되어야 효력이 생긴다.

제177조(경매신청의 첨부서류) ①강제경매신청을 할 때에는 다음 각호의 서류를 내야 한다.

1. 채무자가 소유자인 경우에는 소유자로서 선박을 점유하고 있다는 것을, 선장인 경우에는 선장으로서 선박을 지휘하고 있다는 것을 소명할 수 있는 증서

2. 선박에 관한 등기사항을 포함한 등기부의 초본 또는 등본

②채권자는 공적 장부를 주관하는 공공기관이 멀리 떨어진 곳에 있는 때에는 제1항제2호의 초본 또는 등본을 보내주도록 법원에 신청할 수 있다.

제178조(감수ㆍ보존처분) ①법원은 채권자의 신청에 따라 선박을 감수(監守)하고 보존하기 위하여 필요한 처분을 할 수 있다.

②제1항의 처분을 한 때에는 경매개시결정이 송달되기 전에도 압류의 효력이 생긴다.

제179조(선장에 대한 판결의 집행) ①선장에 대한 판결로 선박채권자를 위하여 선박을 압류하면 그 압류는 소유자에 대하여도 효력이 미친다. 이 경우 소유자도 이해관계인으로 본다.

②압류한 뒤에 소유자나 선장이 바뀌더라도 집행절차에는 영향을 미치지 아니한다.

③압류한 뒤에 선장이 바뀐 때에는 바뀐 선장만이 이해관계인이 된다.

제180조(관할위반으로 말미암은 절차의 취소) 압류 당시 선박이 그 법원의 관할안에 없었음이 판명된 때에는 그 절차를 취소하여야 한다.

제181조(보증의 제공에 의한 강제경매절차의 취소) ①채무자가 제49조제2호 또는 제4호의 서류를 제출하고 압류채권자 및 배당을 요구한 채권자의 채권과 집행비용에 해당하는 보증

을 매수신고전에 제공한 때에는 법원은 신청에 따라 배당절차 외의 절차를 취소하여야 한다.

②제1항에 규정한 서류를 제출함에 따른 집행정지가 효력을 잃은 때에는 법원은 제1항의 보증금을 배당하여야 한다.

③제1항의 신청을 기각한 재판에 대하여는 즉시항고를 할 수 있다.

④제1항의 규정에 따른 집행취소결정에는 제17조제2항의 규정을 적용하지 아니한다.

⑤제1항의 보증의 제공에 관하여 필요한 사항은 대법원규칙으로 정한다.

제182조(사건의 이송) ①압류된 선박이 관할구역 밖으로 떠난 때에는 집행법원은 선박이 있는 곳을 관할하는 법원으로 사건을 이송할 수 있다.

②제1항의 규정에 따른 결정에 대하여는 불복할 수 없다.

제183조(선박국적증서등을 넘겨받지 못한 경우의 경매절차취소) 경매개시결정이 있은 날부터 2월이 지나기까지 집행관이 선박국적증서등을 넘겨받지 못하고, 선박이 있는 곳이 분명하지 아니한 때에는 법원은 강제경매절차를 취소할 수 있다.

제184조(매각기일의 공고) 매각기일의 공고에는 선박의 표시와 그 정박한 장소를 적어야 한다.

제185조(선박지분의 압류명령) ①선박의 지분에 대한 강제집행은 제251조에서 규정한 강제집행의 예에 따른다.

②채권자가 선박의 지분에 대하여 강제집행신청을 하기 위하여서는 채무자가 선박의 지분을 소유하고 있다는 사실을 증명할 수 있는 선박등기부의 등본이나 그 밖의 증명서를 내야 한다.

③압류명령은 채무자 외에 「상법」 제764조에 의하여 선임된 선박관리인(이하 이 조에서 "선박관리인" 이라 한다)에게도 송달하여야 한다. 〈개정 2007.8.3〉

④압류명령은 선박관리인에게 송달되면 채무자에게 송달된 것과 같은 효력을 가진다.

제186조(외국선박의 압류) 외국선박에 대한 강제집행에는 등기부에 기입할 절차에 관한 규정을 적용하지 아니한다.

제187조(자동차 등에 대한 강제집행) 자동차 · 건설기계 · 소형선박(「자동차 등 특정동산

저당법」 제3조제2호에 따른 소형선박을 말한다) 및 항공기에 대한 강제집행절차는 제2절 내지
제4절의 규정에 준하여 대법원규칙으로 정한다. 〈개정 2007.8.3, 2009.3.25〉

제4절 동산에 대한 강제집행

제1관 통칙

제188조(집행방법, 압류의 범위) ①동산에 대한 강제집행은 압류에 의하여 개시한다.
②압류는 집행력 있는 정본에 적은 청구금액의 변제와 집행비용의 변상에 필요한 한도안에
　서 하여야 한다.
③압류물을 현금화하여도 집행비용 외에 남을 것이 없는 경우에는 집행하지 못한다.

제2관 유체동산에 대한 강제집행

제189조(채무자가 점유하고 있는 물건의 압류) ①채무자가 점유하고 있는 유체동산의 압
류는 집행관이 그 물건을 점유함으로써 한다. 다만, 채권자의 승낙이 있거나 운반이 곤란한 때
에는 봉인(封印), 그 밖의 방법으로 압류물임을 명확히 하여 채무자에게 보관시킬 수 있다.
②다음 각호 가운데 어느 하나에 해당하는 물건은 이 법에서 유체동산으로 본다.
　　1. 등기할 수 없는 토지의 정착물로서 독립하여 거래의 객체가 될 수 있는 것
　　2. 토지에서 분리하기 전의 과실로서 1월 이내에 수확할 수 있는 것
　　3. 유가증권으로서 배서가 금지되지 아니한 것
③집행관은 채무자에게 압류의 사유를 통지하여야 한다.

제190조(부부공유 유체동산의 압류) 채무자와 그 배우자의 공유로서 채무자가 점유하거나
그 배우자와 공동으로 점유하고 있는 유체동산은 제189조의 규정에 따라 압류할 수 있다.

제191조(채무자 외의 사람이 점유하고 있는 물건의 압류) 채권자 또는 물건의 제출을 거
부하지 아니하는 제3자가 점유하고 있는 물건은 제189조의 규정을 준용하여 압류할 수 있다.

제192조(국고금의 압류) 국가에 대한 강제집행은 국고금을 압류함으로써 한다.

제193조(압류물의 인도) ①압류물을 제3자가 점유하게 된 경우에는 법원은 채권자의 신청에 따라 그 제3자에 대하여 그 물건을 집행관에게 인도하도록 명할 수 있다.

②제1항의 신청은 압류물을 제3자가 점유하고 있는 것을 안 날부터 1주 이내에 하여야 한다.

③제1항의 재판은 상대방에게 송달되기 전에도 집행할 수 있다.

④제1항의 재판은 신청인에게 고지된 날부터 2주가 지난 때에는 집행할 수 없다.

⑤제1항의 재판에 대하여는 즉시항고를 할 수 있다.

제194조(압류의 효력) 압류의 효력은 압류물에서 생기는 천연물에도 미친다.

제195조(압류가 금지되는 물건) 다음 각호의 물건은 압류하지 못한다. 〈개정 2005.1.27〉

1. 채무자 및 그와 같이 사는 친족(사실상 관계에 따른 친족을 포함한다. 이하 이 조에서 "채무자등"이라 한다)의 생활에 필요한 의복·침구·가구·부엌기구, 그 밖의 생활필수품

2. 채무자등의 생활에 필요한 2월간의 식료품·연료 및 조명재료

3. 채무자등의 생활에 필요한 1월간의 생계비로서 대통령령이 정하는 액수의 금전

4. 주로 자기 노동력으로 농업을 하는 사람에게 없어서는 아니될 농기구·비료·가축·사료·종자, 그 밖에 이에 준하는 물건

5. 주로 자기의 노동력으로 어업을 하는 사람에게 없어서는 아니될 고기잡이 도구·어망·미끼·새끼고기, 그 밖에 이에 준하는 물건

6. 전문직 종사자·기술자·노무자, 그 밖에 주로 자기의 정신적 또는 육체적 노동으로 직업 또는 영업에 종사하는 사람에게 없어서는 아니 될 제복·도구, 그 밖에 이에 준하는 물건

7. 채무자 또는 그 친족이 받은 훈장·포장·기장, 그 밖에 이에 준하는 명예증표

8. 위패·영정·묘비, 그 밖에 상례·제사 또는 예배에 필요한 물건

9. 족보·집안의 역사적인 기록·사진첩, 그 밖에 선조숭배에 필요한 물건

10. 채무자의 생활 또는 직무에 없어서는 아니 될 도장·문패·간판, 그 밖에 이에 준하는 물건

11. 채무자의 생활 또는 직업에 없어서는 아니 될 일기장·상업장부, 그 밖에 이에 준하는 물건

12. 공표되지 아니한 저작 또는 발명에 관한 물건

13. 채무자등이 학교·교회·사찰, 그 밖의 교육기관 또는 종교단체에서 사용하는 교과서·교리서·학습용구, 그 밖에 이에 준하는 물건

14. 채무자등의 일상생활에 필요한 안경·보청기·의치·의수족·지팡이·장애보조용 바

퀴의자, 그 밖에 이에 준하는 신체보조기구

15. 채무자등의 일상생활에 필요한 자동차로서 자동차관리법이 정하는 바에 따른 장애인용 경형자동차

16. 재해의 방지 또는 보안을 위하여 법령의 규정에 따라 설비하여야 하는 소방설비·경보기구·피난시설, 그 밖에 이에 준하는 물건

제196조(압류금지 물건을 정하는 재판) ①법원은 당사자가 신청하면 채권자와 채무자의 생활형편, 그 밖의 사정을 고려하여 유체동산의 전부 또는 일부에 대한 압류를 취소하도록 명하거나 제195조의 유체동산을 압류하도록 명할 수 있다.

②제1항의 결정이 있은 뒤에 그 이유가 소멸되거나 사정이 바뀐 때에는 법원은 직권으로 또는 당사자의 신청에 따라 그 결정을 취소하거나 바꿀 수 있다.

③제1항 및 제2항의 경우에 법원은 제16조제2항에 준하는 결정을 할 수 있다.

④제1항 및 제2항의 결정에 대하여는 즉시항고를 할 수 있다.

⑤제3항의 결정에 대하여는 불복할 수 없다.

제197조(일괄매각) ①집행관은 여러 개의 유체동산의 형태, 이용관계 등을 고려하여 일괄 매수하게 하는 것이 알맞다고 인정하는 때에는 직권으로 또는 이해관계인의 신청에 따라 일괄하여 매각할 수 있다.

②제1항의 경우에는 제98조제3항, 제99조, 제100조, 제101조제2항 내지 제5항의 규정을 준용한다.

제198조(압류물의 보존) ①압류물을 보존하기 위하여 필요한 때에는 집행관은 적당한 처분을 하여야 한다.

②제1항의 경우에 비용이 필요한 때에는 채권자로 하여금 이를 미리 내게 하여야 한다. 채권자가 여럿인 때에는 요구하는 액수에 비례하여 미리 내게 한다.

③제49조제2호 또는 제4호의 문서가 제출된 경우에 압류물을 즉시 매각하지 아니하면 값이 크게 내릴 염려가 있거나, 보관에 지나치게 많은 비용이 드는 때에는 집행관은 그 물건을 매각할 수 있다.

④집행관은 제3항의 규정에 따라 압류물을 매각하였을 때에는 그 대금을 공탁하여야 한다.

제199조(압류물의 매각) 집행관은 압류를 실시한 뒤 입찰 또는 호가경매의 방법으로 압류

물을 매각하여야 한다.

제200조(값비싼 물건의 평가) 매각할 물건 가운데 값이 비싼 물건이 있는 때에는 집행관은 적당한 감정인에게 이를 평가하게 하여야 한다.

제201조(압류금전) ①압류한 금전은 채권자에게 인도하여야 한다.
②집행관이 금전을 추심한 때에는 채무자가 지급한 것으로 본다. 다만, 담보를 제공하거나 공탁을 하여 집행에서 벗어날 수 있도록 채무자에게 허가한 때에는 그러하지 아니하다.

제202조(매각일) 압류일과 매각일 사이에는 1주 이상 기간을 두어야 한다. 다만, 압류물을 보관하는 데 지나치게 많은 비용이 들거나, 시일이 지나면 그 물건의 값이 크게 내릴 염려가 있는 때에는 그러하지 아니하다.

제203조(매각장소) ①매각은 압류한 유체동산이 있는 시·구·읍·면(도농복합형태의 시의 경우 동지역은 시·구, 읍·면지역은 읍·면)에서 진행한다. 다만, 압류채권자와 채무자가 합의하면 합의된 장소에서 진행한다.
②매각일자와 장소는 대법원규칙이 정하는 방법으로 공고한다. 공고에는 매각할 물건을 표시하여야 한다.

제204조(준용규정) 매각장소의 질서유지에 관하여는 제108조의 규정을 준용한다.

제205조(매각·재매각) ①집행관은 최고가매수신고인의 성명과 가격을 말한 뒤 매각을 허가한다.
②매각물은 대금과 서로 맞바꾸어 인도하여야 한다.
③매수인이 매각조건에 정한 지급기일에 대금의 지급과 물건의 인도청구를 게을리 한 때에는 재매각을 하여야 한다. 지급기일을 정하지 아니한 경우로서 매각기일의 마감에 앞서 대금의 지급과 물건의 인도청구를 게을리 한 때에도 또한 같다.
④제3항의 경우에는 전의 매수인은 재매각절차에 참가하지 못하며, 뒤의 매각대금이 처음의 매각대금보다 적은 때에는 그 부족한 액수를 부담하여야 한다.

제206조(배우자의 우선매수권) ①제190조의 규정에 따라 압류한 유체동산을 매각하는 경

우에 배우자는 매각기일에 출석하여 우선매수할 것을 신고할 수 있다.

②제1항의 우선매수신고에는 제140조제1항 및 제2항의 규정을 준용한다.

제207조(매각의 한도) 매각은 매각대금으로 채권자에게 변제하고 강제집행비용을 지급하기에 충분하게 되면 즉시 중지하여야 한다. 다만, 제197조제2항 및 제101조제3항 단서에 따른 일괄매각의 경우에는 그러하지 아니하다.

제208조(집행관이 매각대금을 영수한 효과) 집행관이 매각대금을 영수한 때에는 채무자가 지급한 것으로 본다. 다만, 담보를 제공하거나 공탁을 하여 집행에서 벗어날 수 있도록 채무자에게 허가한 때에는 그러하지 아니하다.

제209조(금·은붙이의 현금화) 금·은붙이는 그 금·은의 시장가격 이상의 금액으로 일반 현금화의 규정에 따라 매각하여야 한다. 시장가격 이상의 금액으로 매수하는 사람이 없는 때에는 집행관은 그 시장가격에 따라 적당한 방법으로 매각할 수 있다.

제210조(유가증권의 현금화) 집행관이 유가증권을 압류한 때에는 시장가격이 있는 것은 매각하는 날의 시장가격에 따라 적당한 방법으로 매각하고 그 시장가격이 형성되지 아니한 것은 일반 현금화의 규정에 따라 매각하여야 한다.

제211조(기명유가증권의 명의개서) 유가증권이 기명식인 때에는 집행관은 매수인을 위하여 채무자에 갈음하여 배서 또는 명의개서에 필요한 행위를 할 수 있다.

제212조(어음 등의 제시의무) ①집행관은 어음·수표 그 밖의 금전의 지급을 목적으로 하는 유가증권(이하 "어음등" 이라 한다)으로서 일정한 기간 안에 인수 또는 지급을 위한 제시 또는 는 지급의 청구를 필요로 하는 것을 압류하였을 경우에 그 기간이 개시되면 채무자에 갈음하여 필요한 행위를 하여야 한다.

②집행관은 미완성 어음등을 압류한 경우에 채무자에게 기한을 정하여 어음등에 적을 사항을 보충하도록 최고하여야 한다.

제213조(미분리과실의 매각) ①토지에서 분리되기 전에 압류한 과실은 충분히 익은 다음에 매각하여야 한다.

②집행관은 매각하기 위하여 수확을 하게 할 수 있다.

제214조(특별한 현금화 방법) ①법원은 필요하다고 인정하면 직권으로 또는 압류채권자, 배당을 요구한 채권자 또는 채무자의 신청에 따라 일반 현금화의 규정에 의하지 아니하고 다른 방법이나 다른 장소에서 압류물을 매각하게 할 수 있다. 또한 집행관에게 위임하지 아니하고 다른 사람으로 하여금 매각하게 하도록 명할 수 있다.
②제1항의 재판에 대하여는 불복할 수 없다.

제215조(압류의 경합) ①유체동산을 압류하거나 가압류한 뒤 매각기일에 이르기 전에 다른 강제집행이 신청된 때에는 집행관은 집행신청서를 먼저 압류한 집행관에게 교부하여야 한다. 이 경우 더 압류할 물건이 있으면 이를 압류한 뒤에 추가압류조서를 교부하여야 한다.
②제1항의 경우에 집행에 관한 채권자의 위임은 먼저 압류한 집행관에게 이전된다.
③제1항의 경우에 각 압류한 물건은 강제집행을 신청한 모든 채권자를 위하여 압류한 것으로 본다.
④제1항의 경우에 먼저 압류한 집행관은 뒤에 강제집행을 신청한 채권자를 위하여 다시 압류한다는 취지를 덧붙여 그 압류조서에 적어야 한다.

제216조(채권자의 매각최고) ①상당한 기간이 지나도 집행관이 매각하지 아니하는 때에는 압류채권자는 집행관에게 일정한 기간 이내에 매각하도록 최고할 수 있다.
②집행관이 제1항의 최고에 따르지 아니하는 때에는 압류채권자는 법원에 필요한 명령을 신청할 수 있다.

제217조(우선권자의 배당요구) 민법·상법, 그 밖의 법률에 따라 우선변제청구권이 있는 채권자는 매각대금의 배당을 요구할 수 있다.

제218조(배당요구의 절차) 제217조의 배당요구는 이유를 밝혀 집행관에게 하여야 한다.

제219조(배당요구 등의 통지) 제215조제1항 및 제218조의 경우에는 집행관은 그 사유를 배당에 참가한 채권자와 채무자에게 통지하여야 한다.

제220조(배당요구의 시기) ①배당요구는 다음 각호의 시기까지 할 수 있다.

　　1. 집행관이 금전을 압류한 때 또는 매각대금을 영수한 때

　　2. 집행관이 어음·수표 그 밖의 금전의 지급을 목적으로 한 유가증권에 대하여 그 금전을 지급받은 때

②제198조제4항에 따라 공탁된 매각대금에 대하여는 동산집행을 계속하여 진행할 수 있게 된 때까지, 제296조제5항 단서에 따라 공탁된 매각대금에 대하여는 압류의 신청을 한 때까지 배당요구를 할 수 있다.

제221조(배우자의 지급요구) ①제190조의 규정에 따라 압류한 유체동산에 대하여 공유지분을 주장하는 배우자는 매각대금을 지급하여 줄 것을 요구할 수 있다.

②제1항의 지급요구에는 제218조 내지 제220조의 규정을 준용한다.

③제219조의 통지를 받은 채권자가 배우자의 공유주장에 대하여 이의가 있는 때에는 배우자를 상대로 소를 제기하여 공유가 아니라는 것을 확정하여야 한다.

④제3항의 소에는 제154조제3항, 제155조 내지 제158조, 제160조제1항제5호 및 제161조제1항·제2항·제4항의 규정을 준용한다.

제222조(매각대금의 공탁) ①매각대금으로 배당에 참가한 모든 채권자를 만족하게 할 수 없고 매각허가된 날부터 2주 이내에 채권자 사이에 배당협의가 이루어지지 아니한 때에는 매각대금을 공탁하여야 한다.

②여러 채권자를 위하여 동시에 금전을 압류한 경우에도 제1항과 같다.

③제1항 및 제2항의 경우에 집행관은 집행절차에 관한 서류를 붙여 그 사유를 법원에 신고하여야 한다.

제3관 채권과 그 밖의 재산권에 대한 강제집행

제223조(채권의 압류명령) 제3자에 대한 채무자의 금전채권 또는 유가증권, 그 밖의 유체물의 권리이전이나 인도를 목적으로 한 채권에 대한 강제집행은 집행법원의 압류명령에 의하여 개시한다.

제224조(집행법원) ①제223조의 집행법원은 채무자의 보통재판적이 있는 곳의 지방법원으로 한다.

②제1항의 지방법원이 없는 경우 집행법원은 압류한 채권의 채무자(이하 "제3채무자"라 한
　다)의 보통재판적이 있는 곳의 지방법원으로 한다. 다만, 이 경우에 물건의 인도를 목적으
　로 하는 채권과 물적 담보권 있는 채권에 대한 집행법원은 그 물건이 있는 곳의 지방법원으
　로 한다.
③가압류에서 이전되는 채권압류의 경우에 제223조의 집행법원은 가압류를 명한 법원이 있
　는 곳을 관할하는 지방법원으로 한다.

제225조(압류명령의 신청) 채권자는 압류명령신청에 압류할 채권의 종류와 액수를 밝혀야
한다.

제226조(심문의 생략) 압류명령은 제3채무자와 채무자를 심문하지 아니하고 한다.

제227조(금전채권의 압류) ①금전채권을 압류할 때에는 법원은 제3채무자에게 채무자에
대한 지급을 금지하고 채무자에게 채권의 처분과 영수를 금지하여야 한다.
②압류명령은 제3채무자와 채무자에게 송달하여야 한다.
③압류명령이 제3채무자에게 송달되면 압류의 효력이 생긴다.
④압류명령의 신청에 관한 재판에 대하여는 즉시항고를 할 수 있다.

제228조(저당권이 있는 채권의 압류) ①저당권이 있는 채권을 압류할 경우 채권자는 채권
압류사실을 등기부에 기입하여 줄 것을 법원사무관등에게 신청할 수 있다. 이 신청은 채무자의
승낙 없이 법원에 대한 압류명령의 신청과 함께 할 수 있다.
②법원사무관등은 의무를 지는 부동산 소유자에게 압류명령이 송달된 뒤에 제1항의 신청에
　따른 등기를 촉탁하여야 한다.

제229조(금전채권의 현금화방법) ①압류한 금전채권에 대하여 압류채권자는 추심명령(推
尋命令)이나 전부명령(轉付命令)을 신청할 수 있다.
②추심명령이 있는 때에는 압류채권자는 대위절차(代位節次) 없이 압류채권을 추심할 수 있다.
③전부명령이 있는 때에는 압류된 채권은 지급에 갈음하여 압류채권자에게 이전된다.
④추심명령에 대하여는 제227조제2항 및 제3항의 규정을, 전부명령에 대하여는 제227조제2
　항의 규정을 각각 준용한다.
⑤전부명령이 제3채무자에게 송달될 때까지 그 금전채권에 관하여 다른 채권자가 압류ㆍ가

압류 또는 배당요구를 한 경우에는 전부명령은 효력을 가지지 아니한다.

⑥제1항의 신청에 관한 재판에 대하여는 즉시항고를 할 수 있다.

⑦전부명령은 확정되어야 효력을 가진다.

⑧전부명령이 있은 뒤에 제49조제2호 또는 제4호의 서류를 제출한 것을 이유로 전부명령에 대한 즉시항고가 제기된 경우에는 항고법원은 다른 이유로 전부명령을 취소하는 경우를 제외하고는 항고에 관한 재판을 정지하여야 한다.

제230조(저당권이 있는 채권의 이전) 저당권이 있는 채권에 관하여 전부명령이 있는 경우에는 제228조의 규정을 준용한다.

제231조(전부명령의 효과) 전부명령이 확정된 경우에는 전부명령이 제3채무자에게 송달된 때에 채무자가 채무를 변제한 것으로 본다. 다만, 이전된 채권이 존재하지 아니한 때에는 그러하지 아니하다.

제232조(추심명령의 효과) ①추심명령은 그 채권전액에 미친다. 다만, 법원은 채무자의 신청에 따라 압류채권자를 심문하여 압류액수를 그 채권자의 요구액수로 제한하고 채무자에게 그 초과된 액수의 처분과 영수를 허가할 수 있다.

②제1항 단서의 제한부분에 대하여 다른 채권자는 배당요구를 할 수 없다.

③제1항의 허가는 제3채무자와 채권자에게 통지하여야 한다.

제233조(지시채권의 압류) 어음·수표 그 밖에 배서로 이전할 수 있는 증권으로서 배서가 금지된 증권채권의 압류는 법원의 압류명령으로 집행관이 그 증권을 점유하여 한다.

제234조(채권증서) ①채무자는 채권에 관한 증서가 있으면 압류채권자에게 인도하여야 한다.

②채권자는 압류명령에 의하여 강제집행의 방법으로 그 증서를 인도받을 수 있다.

제235조(압류의 경합) ①채권 일부가 압류된 뒤에 그 나머지 부분을 초과하여 다시 압류명령이 내려진 때에는 각 압류의 효력은 그 채권 전부에 미친다.

②채권 전부가 압류된 뒤에 그 채권 일부에 대하여 다시 압류명령이 내려진 때 그 압류의 효력도 제1항과 같다.

제236조(추심의 신고) ①채권자는 추심한 채권액을 법원에 신고하여야 한다.

②제1항의 신고전에 다른 압류·가압류 또는 배당요구가 있었을 때에는 채권자는 추심한 금액을 바로 공탁하고 그 사유를 신고하여야 한다.

제237조(제3채무자의 진술의무) ①압류채권자는 제3채무자로 하여금 압류명령을 송달받은 날부터 1주 이내에 서면으로 다음 각호의 사항을 진술하게 하도록 법원에 신청할 수 있다.

　　1. 채권을 인정하는지의 여부 및 인정한다면 그 한도

　　2. 채권에 대하여 지급할 의사가 있는지의 여부 및 의사가 있다면 그 한도

　　3. 채권에 대하여 다른 사람으로부터 청구가 있는지의 여부 및 청구가 있다면 그 종류

　　4. 다른 채권자에게 채권을 압류당한 사실이 있는지의 여부 및 그 사실이 있다면 그 청구의 종류

②법원은 제1항의 진술을 명하는 서면을 제3채무자에게 송달하여야 한다.

③제3채무자가 진술을 게을리 한 때에는 법원은 제3채무자에게 제1항의 사항을 심문할 수 있다.

제238조(추심의 소제기) 채권자가 명령의 취지에 따라 제3채무자를 상대로 소를 제기할 때에는 일반규정에 의한 관할법원에 제기하고 채무자에게 그 소를 고지하여야 한다. 다만, 채무자가 외국에 있거나 있는 곳이 분명하지 아니한 때에는 고지할 필요가 없다.

제239조(추심의 소홀) 채권자가 추심할 채권의 행사를 게을리 한 때에는 이로써 생긴 채무자의 손해를 부담한다.

제240조(추심권의 포기) ①채권자는 추심명령에 따라 얻은 권리를 포기할 수 있다. 다만, 기본채권에는 영향이 없다.

②제1항의 포기는 법원에 서면으로 신고하여야 한다. 법원사무관등은 그 등본을 제3채무자와 채무자에게 송달하여야 한다.

제241조(특별한 현금화방법) ①압류된 채권이 조건 또는 기한이 있거나, 반대의무의 이행과 관련되어 있거나 그 밖의 이유로 추심하기 곤란할 때에는 법원은 채권자의 신청에 따라 다음 각호의 명령을 할 수 있다.

　　1. 채권을 법원이 정한 값으로 지급함에 갈음하여 압류채권자에게 양도하는 양도명령

2. 추심에 갈음하여 법원이 정한 방법으로 그 채권을 매각하도록 집행관에게 명하는 매각명령

3. 관리인을 선임하여 그 채권의 관리를 명하는 관리명령

4. 그 밖에 적당한 방법으로 현금화하도록 하는 명령

②법원은 제1항의 경우 그 신청을 허가하는 결정을 하기 전에 채무자를 심문하여야 한다. 다만, 채무자가 외국에 있거나 있는 곳이 분명하지 아니한 때에는 심문할 필요가 없다.

③제1항의 결정에 대하여는 즉시항고를 할 수 있다.

④제1항의 결정은 확정되어야 효력을 가진다.

⑤압류된 채권을 매각한 경우에는 집행관은 채무자를 대신하여 제3채무자에게 서면으로 양도의 통지를 하여야 한다.

⑥양도명령에는 제227조제2항·제229조제5항·제230조 및 제231조의 규정을, 매각명령에 의한 집행관의 매각에는 제108조의 규정을, 관리명령에는 제227조제2항의 규정을, 관리명령에 의한 관리에는 제167조, 제169조 내지 제171조, 제222조제2항·제3항의 규정을 각각 준용한다.

제242조(유체물인도청구권 등에 대한 집행) 부동산·유체동산·선박·자동차·건설기계·항공기 등 유체물의 인도나 권리이전의 청구권에 대한 강제집행에 대하여는 제243조 내지 제245조의 규정을 우선적용하는 것을 제외하고는 제227조 내지 제240조의 규정을 준용한다.

제243조(유체동산에 관한 청구권의 압류) ①유체동산에 관한 청구권을 압류하는 경우에는 법원이 제3채무자에 대하여 그 동산을 채권자의 위임을 받은 집행관에게 인도하도록 명한다.

②채권자는 제3채무자에 대하여 제1항의 명령의 이행을 구하기 위하여 법원에 추심명령을 신청할 수 있다.

③제1항의 동산의 현금화에 대하여는 압류한 유체동산의 현금화에 관한 규정을 적용한다.

제244조(부동산청구권에 대한 압류) ①부동산에 관한 인도청구권의 압류에 대하여는 그 부동산소재지의 지방법원은 채권자 또는 제3채무자의 신청에 의하여 보관인을 정하고 제3채무자에 대하여 그 부동산을 보관인에게 인도할 것을 명하여야 한다.

②부동산에 관한 권리이전청구권의 압류에 대하여는 그 부동산소재지의 지방법원은 채권자 또는 제3채무자의 신청에 의하여 보관인을 정하고 제3채무자에 대하여 그 부동산에 관한 채무자명의의 권리이전등기절차를 보관인에게 이행할 것을 명하여야 한다.

③제2항의 경우에 보관인은 채무자명의의 권리이전등기신청에 관하여 채무자의 대리인이
된다.
④채권자는 제3채무자에 대하여 제1항 또는 제2항의 명령의 이행을 구하기 위하여 법원에 추
심명령을 신청할 수 있다.

제245조(전부명령 제외) 유체물의 인도나 권리이전의 청구권에 대하여는 전부명령을 하지
못한다.

제246조(압류금지채권) ①다음 각호의 채권은 압류하지 못한다. 〈개정 2005.1.27〉
 1. 법령에 규정된 부양료 및 유족부조료(遺族扶助料)
 2. 채무자가 구호사업이나 제3자의 도움으로 계속 받는 수입
 3. 병사의 급료
 4. 급료·연금·봉급·상여금·퇴직연금, 그 밖에 이와 비슷한 성질을 가진 급여채권의 2
   분의 1에 해당하는 금액. 다만, 그 금액이 국민기초생활보장법에 의한 최저생계비를 감
   안하여 대통령령이 정하는 금액에 미치지 못하는 경우 또는 표준적인 가구의 생계비를
   감안하여 대통령령이 정하는 금액을 초과하는 경우에는 각각 당해 대통령령이 정하는
   금액으로 한다.
 5. 퇴직금 그 밖에 이와 비슷한 성질을 가진 급여채권의 2분의 1에 해당하는 금액
②법원은 당사자가 신청하면 채권자와 채무자의 생활형편, 그 밖의 사정을 고려하여 압류명
령의 전부 또는 일부를 취소하거나 제1항의 압류금지채권에 대하여 압류명령을 할 수 있다.
③제2항의 경우에는 제196조제2항 내지 제5항의 규정을 준용한다.

제247조(배당요구) ①민법·상법, 그 밖의 법률에 의하여 우선변제청구권이 있는 채권자와
집행력 있는 정본을 가진 채권자는 다음 각호의 시기까지 법원에 배당요구를 할 수 있다.
 1. 제3채무자가 제248조제4항에 따른 공탁의 신고를 한 때
 2. 채권자가 제236조에 따른 추심의 신고를 한 때
 3. 집행관이 현금화한 금전을 법원에 제출한 때
②전부명령이 제3채무자에게 송달된 뒤에는 배당요구를 하지 못한다.
③제1항의 배당요구에는 제218조 및 제219조의 규정을 준용한다.
④제1항의 배당요구는 제3채무자에게 통지하여야 한다.

제248조(제3채무자의 채무액의 공탁) ①제3채무자는 압류에 관련된 금전채권의 전액을 공탁할 수 있다.

②금전채권에 관하여 배당요구서를 송달받은 제3채무자는 배당에 참가한 채권자의 청구가 있으면 압류된 부분에 해당하는 금액을 공탁하여야 한다.

③금전채권중 압류되지 아니한 부분을 초과하여 거듭 압류명령 또는 가압류명령이 내려진 경우에 그 명령을 송달받은 제3채무자는 압류 또는 가압류채권자의 청구가 있으면 그 채권의 전액에 해당하는 금액을 공탁하여야 한다.

④제3채무자가 채무액을 공탁한 때에는 그 사유를 법원에 신고하여야 한다. 다만, 상당한 기간 이내에 신고가 없는 때에는 압류채권자, 가압류채권자, 배당에 참가한 채권자, 채무자, 그 밖의 이해관계인이 그 사유를 법원에 신고할 수 있다.

제249조(추심의 소) ①제3채무자가 추심절차에 대하여 의무를 이행하지 아니하는 때에는 압류채권자는 소로써 그 이행을 청구할 수 있다.

②집행력 있는 정본을 가진 모든 채권자는 공동소송인으로 원고 쪽에 참가할 권리가 있다.

③소를 제기당한 제3채무자는 제2항의 채권자를 공동소송인으로 원고 쪽에 참가하도록 명할 것을 첫 변론기일까지 신청할 수 있다.

④소에 대한 재판은 제3항의 명령을 받은 채권자에 대하여 효력이 미친다.

제250조(채권자의 추심최고) 압류채권자가 추심절차를 게을리 한 때에는 집행력 있는 정본으로 배당을 요구한 채권자는 일정한 기간내에 추심하도록 최고하고, 최고에 따르지 아니한 때에는 법원의 허가를 얻어 직접 추심할 수 있다.

제251조(그 밖의 재산권에 대한 집행) ①앞의 여러 조문에 규정된 재산권 외에 부동산을 목적으로 하지 아니한 재산권에 대한 강제집행은 이 관의 규정 및 제98조 내지 제101조의 규정을 준용한다.

②제3채무자가 없는 경우에 압류는 채무자에게 권리처분을 금지하는 명령을 송달한 때에 효력이 생긴다.

제252조(배당절차의 개시) 법원은 다음 각호 가운데 어느 하나에 해당하는 경우에는 배당절차를 개시한다.
1. 제222조의 규정에 따라 집행관이 공탁한 때
2. 제236조의 규정에 따라 추심채권자가 공탁하거나 제248조의 규정에 따라 제3채무자가 공탁한 때
3. 제241조의 규정에 따라 현금화된 금전을 법원에 제출한 때

제253조(계산서 제출의 최고) 법원은 채권자들에게 1주 이내에 원금·이자·비용, 그 밖의 부대채권의 계산서를 제출하도록 최고하여야 한다.

제254조(배당표의 작성) ①제253조의 기간이 끝난 뒤에 법원은 배당표를 작성하여야 한다. ②제1항의 기간을 지키지 아니한 채권자의 채권은 배당요구서와 사유신고서의 취지 및 그 증빙서류에 따라 계산한다. 이 경우 다시 채권액을 추가하지 못한다.

제255조(배당기일의 준비) 법원은 배당을 실시할 기일을 지정하고 채권자와 채무자에게 이를 통지하여야 한다. 다만, 채무자가 외국에 있거나 있는 곳이 분명하지 아니한 때에는 통지하지 아니한다.

제256조(배당표의 작성과 실시) 배당표의 작성, 배당표에 대한 이의 및 그 완결과 배당표의 실시에 대하여는 제149조 내지 제161조의 규정을 준용한다.

제3장 금전채권 외의 채권에 기초한 강제집행

제257조(동산인도청구의 집행) 채무자가 특정한 동산이나 대체물의 일정한 수량을 인도하여야 할 때에는 집행관은 이를 채무자로부터 빼앗아 채권자에게 인도하여야 한다.

제258조(부동산 등의 인도청구의 집행) ①채무자가 부동산이나 선박을 인도하여야 할 때에는 집행관은 채무자로부터 점유를 빼앗아 채권자에게 인도하여야 한다.

②제1항의 강제집행은 채권자나 그 대리인이 인도받기 위하여 출석한 때에만 한다.

③강제집행의 목적물이 아닌 동산은 집행관이 제거하여 채무자에게 인도하여야 한다.

④제3항의 경우 채무자가 없는 때에는 집행관은 채무자와 같이 사는 사리를 분별할 지능이 있는 친족 또는 채무자의 대리인이나 고용인에게 그 동산을 인도하여야 한다.

⑤채무자와 제4항에 적은 사람이 없는 때에는 집행관은 그 동산을 채무자의 비용으로 보관하여야 한다.

⑥채무자가 그 동산의 수취를 게을리 한 때에는 집행관은 집행법원의 허가를 받아 동산에 대한 강제집행의 매각절차에 관한 규정에 따라 그 동산을 매각하고 비용을 뺀 뒤에 나머지 대금을 공탁하여야 한다.

제259조(목적물을 제3자가 점유하는 경우) 인도할 물건을 제3자가 점유하고 있는 때에는 채권자의 신청에 따라 금전채권의 압류에 관한 규정에 따라 채무자의 제3자에 대한 인도청구권을 채권자에게 넘겨야 한다.

제260조(대체집행) ①민법 제389조제2항 후단과 제3항의 경우에는 제1심 법원은 채권자의 신청에 따라 민법의 규정에 의한 결정을 하여야 한다.

②채권자는 제1항의 행위에 필요한 비용을 미리 지급할 것을 채무자에게 명하는 결정을 신청할 수 있다. 다만, 뒷날 그 초과비용을 청구할 권리는 영향을 받지 아니한다.

③제1항과 제2항의 신청에 관한 재판에 대하여는 즉시항고를 할 수 있다.

제261조(간접강제) ①채무의 성질이 간접강제를 할 수 있는 경우에 제1심 법원은 채권자의 신청에 따라 간접강제를 명하는 결정을 한다. 그 결정에는 채무의 이행의무 및 상당한 이행기간을 밝히고, 채무자가 그 기간 이내에 이행을 하지 아니하는 때에는 늦어진 기간에 따라 일정한 배상을 하도록 명하거나 즉시 손해배상을 하도록 명할 수 있다.

②제1항의 신청에 관한 재판에 대하여는 즉시항고를 할 수 있다.

제262조(채무자의 심문) 제260조 및 제261조의 결정은 변론 없이 할 수 있다. 다만, 결정하기 전에 채무자를 심문하여야 한다.

제263조(의사표시의무의 집행) ①채무자가 권리관계의 성립을 인낙한 때에는 그 조서로, 의사의 진술을 명한 판결이 확정된 때에는 그 판결로 권리관계의 성립을 인낙하거나 의사를 진

술한 것으로 본다.

②반대의무가 이행된 뒤에 권리관계의 성립을 인낙하거나 의사를 진술할 것인 경우에는 제
30조와 제32조의 규정에 따라 집행문을 내어 준 때에 그 효력이 생긴다.

제3편 담보권 실행 등을 위한 경매

제264조(부동산에 대한 경매신청) ①부동산을 목적으로 하는 담보권을 실행하기 위한 경
매신청을 함에는 담보권이 있다는 것을 증명하는 서류를 내야 한다.

②담보권을 승계한 경우에는 승계를 증명하는 서류를 내야 한다.

③부동산 소유자에게 경매개시결정을 송달할 때에는 제2항의 규정에 따라 제출된 서류의 등
본을 붙여야 한다.

제265조(경매개시결정에 대한 이의신청사유) 경매절차의 개시결정에 대한 이의신청사유
로 담보권이 없다는 것 또는 소멸되었다는 것을 주장할 수 있다.

제266조(경매절차의 정지) ①다음 각호 가운데 어느 하나에 해당하는 문서가 경매법원에
제출되면 경매절차를 정지하여야 한다.

    1. 담보권의 등기가 말소된 등기부의 등본

    2. 담보권 등기를 말소하도록 명한 확정판결의 정본

    3. 담보권이 없거나 소멸되었다는 취지의 확정판결의 정본

    4. 채권자가 담보권을 실행하지 아니하기로 하거나 경매신청을 취하하겠다는 취지 또는
       피담보채권을 변제받았거나 그 변제를 미루도록 승낙한다는 취지를 적은 서류

    5. 담보권 실행을 일시정지하도록 명한 재판의 정본

②제1항제1호 내지 제3호의 경우와 제4호의 서류가 화해조서의 정본 또는 공정증서의 정본
인 경우에는 경매법원은 이미 실시한 경매절차를 취소하여야 하며, 제5호의 경우에는 그
재판에 따라 경매절차를 취소하지 아니한 때에만 이미 실시한 경매절차를 일시적으로 유
지하게 하여야 한다.

③제2항의 규정에 따라 경매절차를 취소하는 경우에는 제17조의 규정을 적용하지 아니한다.

제267조(대금완납에 따른 부동산취득의 효과) 매수인의 부동산 취득은 담보권 소멸로 영

향을 받지 아니한다.

제268조(준용규정) 부동산을 목적으로 하는 담보권 실행을 위한 경매절차에는 제79조 내지 제162조의 규정을 준용한다.

제269조(선박에 대한 경매) 선박을 목적으로 하는 담보권 실행을 위한 경매절차에는 제172조 내지 제186조, 제264조 내지 제268조의 규정을 준용한다.

제270조(자동차 등에 대한 경매) 자동차 · 건설기계 · 소형선박(「자동차 등 특정동산 저당법」 제3조제2호에 따른 소형선박을 말한다) 및 항공기를 목적으로 하는 담보권 실행을 위한 경매절차는 제264조 내지 제269조, 제271조 및 제272조의 규정에 준하여 대법원규칙으로 정한다. 〈개정 2007.8.3, 2009.3.25〉

제271조(유체동산에 대한 경매) 유체동산을 목적으로 하는 담보권 실행을 위한 경매는 채권자가 그 목적물을 제출하거나, 그 목적물의 점유자가 압류를 승낙한 때에 개시한다.

제272조(준용규정) 제271조의 경매절차에는 제2편 제2장 제4절 제2관의 규정과 제265조 및 제266조의 규정을 준용한다.

제273조(채권과 그 밖의 재산권에 대한 담보권의 실행) ①채권, 그 밖의 재산권을 목적으로 하는 담보권의 실행은 담보권의 존재를 증명하는 서류(권리의 이전에 관하여 등기나 등록을 필요로 하는 경우에는 그 등기부 또는 등록원부의 등본)가 제출된 때에 개시한다.
②민법 제342조에 따라 담보권설정자가 받을 금전, 그 밖의 물건에 대하여 권리를 행사하는 경우에도 제1항과 같다.
③제1항과 제2항의 권리실행절차에는 제2편 제2장 제4절 제3관의 규정을 준용한다.

제274조(유치권 등에 의한 경매) ①유치권에 의한 경매와 민법 · 상법, 그 밖의 법률이 규정하는 바에 따른 경매(이하 "유치권등에 의한 경매" 라 한다)는 담보권 실행을 위한 경매의 예에 따라 실시한다.
②유치권 등에 의한 경매절차는 목적물에 대하여 강제경매 또는 담보권 실행을 위한 경매절차가 개시된 경우에는 이를 정지하고, 채권자 또는 담보권자를 위하여 그 절차를 계속하여

진행한다.

③제2항의 경우에 강제경매 또는 담보권 실행을 위한 경매가 취소되면 유치권 등에 의한 경매절차를 계속하여 진행하여야 한다.

제275조(준용규정) 이 편에 규정한 경매 등 절차에는 제42조 내지 제44조 및 제46조 내지 제53조의 규정을 준용한다.

제4편 보전처분

제276조(가압류의 목적) ①가압류는 금전채권이나 금전으로 환산할 수 있는 채권에 대하여 동산 또는 부동산에 대한 강제집행을 보전하기 위하여 할 수 있다.

②제1항의 채권이 조건이 붙어 있는 것이거나 기한이 차지 아니한 것인 경우에도 가압류를 할 수 있다.

제277조(보전의 필요) 가압류는 이를 하지 아니하면 판결을 집행할 수 없거나 판결을 집행하는 것이 매우 곤란할 염려가 있을 경우에 할 수 있다.

제278조(가압류법원) 가압류는 가압류할 물건이 있는 곳을 관할하는 지방법원이나 본안의 관할법원이 관할한다.

제279조(가압류신청) ①가압류신청에는 다음 각호의 사항을 적어야 한다.

　1. 청구채권의 표시, 그 청구채권이 일정한 금액이 아닌 때에는 금전으로 환산한 금액

　2. 제277조의 규정에 따라 가압류의 이유가 될 사실의 표시

②청구채권과 가압류의 이유는 소명하여야 한다.

제280조(가압류명령) ①가압류신청에 대한 재판은 변론 없이 할 수 있다.

②청구채권이나 가압류의 이유를 소명하지 아니한 때에도 가압류로 생길 수 있는 채무자의 손해에 대하여 법원이 정한 담보를 제공한 때에는 법원은 가압류를 명할 수 있다.

③청구채권과 가압류의 이유를 소명한 때에도 법원은 담보를 제공하게 하고 가압류를 명할 수 있다.

④담보를 제공한 때에는 그 담보의 제공과 담보제공의 방법을 가압류명령에 적어야 한다.

제281조(재판의 형식) ①가압류신청에 대한 재판은 결정으로 한다. 〈개정 2005.1.27〉
②채권자는 가압류신청을 기각하거나 각하하는 결정에 대하여 즉시항고를 할 수 있다.
③담보를 제공하게 하는 재판, 가압류신청을 기각하거나 각하하는 재판과 제2항의 즉시항고
　를 기각하거나 각하하는 재판은 채무자에게 고지할 필요가 없다.

제282조(가압류해방금액) 가압류명령에는 가압류의 집행을 정지시키거나 집행한 가압류
를 취소시키기 위하여 채무자가 공탁할 금액을 적어야 한다.

제283조(가압류결정에 대한 채무자의 이의신청) ①채무자는 가압류결정에 대하여 이의를
신청할 수 있다.
②제1항의 이의신청에는 가압류의 취소나 변경을 신청하는 이유를 밝혀야 한다.
③이의신청은 가압류의 집행을 정지하지 아니한다.

제284조(가압류이의신청사건의 이송) 법원은 가압류이의신청사건에 관하여 현저한 손해
또는 지연을 피하기 위한 필요가 있는 때에는 직권으로 또는 당사자의 신청에 따라 결정으로 그
가압류사건의 관할권이 있는 다른 법원에 사건을 이송할 수 있다. 다만, 그 법원이 심급을 달리
하는 경우에는 그러하지 아니하다.

제285조(가압류이의신청의 취하) ①채무자는 가압류이의신청에 대한 재판이 있기 전까지
가압류이의신청을 취하할 수 있다. 〈개정 2005.1.27〉
②제1항의 취하에는 채권자의 동의를 필요로 하지 아니한다.
③가압류이의신청의 취하는 서면으로 하여야 한다. 다만, 변론기일 또는 심문기일에서는 말
　로 할 수 있다. 〈개정 2005.1.27〉
④가압류이의신청서를 송달한 뒤에는 취하의 서면을 채권자에게 송달하여야 한다.
⑤제3항 단서의 경우에 채권자가 변론기일 또는 심문기일에 출석하지 아니한 때에는 그 기일
　의 조서등본을 송달하여야 한다. 〈개정 2005.1.27〉

제286조(이의신청에 대한 심리와 재판) ①이의신청이 있는 때에는 법원은 변론기일 또는
당사자 쌍방이 참여할 수 있는 심문기일을 정하고 당사자에게 이를 통지하여야 한다.

②법원은 심리를 종결하고자 하는 경우에는 상당한 유예기간을 두고 심리를 종결할 기일을 정하여 이를 당사자에게 고지하여야 한다. 다만, 변론기일 또는 당사자 쌍방이 참여할 수 있는 심문기일에는 즉시 심리를 종결할 수 있다.

③이의신청에 대한 재판은 결정으로 한다.

④제3항의 규정에 의한 결정에는 이유를 적어야 한다. 다만, 변론을 거치지 아니한 경우에는 이유의 요지만을 적을 수 있다.

⑤법원은 제3항의 규정에 의한 결정으로 가압류의 전부나 일부를 인가·변경 또는 취소할 수 있다. 이 경우 법원은 적당한 담보를 제공하도록 명할 수 있다.

⑥법원은 제3항의 규정에 의하여 가압류를 취소하는 결정을 하는 경우에는 채권자가 그 고지를 받은 날부터 2주를 넘지 아니하는 범위 안에서 상당하다고 인정하는 기간이 경과하여야 그 결정의 효력이 생긴다는 뜻을 선언할 수 있다.

⑦제3항의 규정에 의한 결정에 대하여는 즉시항고를 할 수 있다. 이 경우 민사소송법 제447조의 규정을 준용하지 아니한다.

[전문개정 2005.1.27]

제287조(본안의 제소명령) ①가압류법원은 채무자의 신청에 따라 변론 없이 채권자에게 상당한 기간 이내에 본안의 소를 제기하여 이를 증명하는 서류를 제출하거나 이미 소를 제기하였으면 소송계속사실을 증명하는 서류를 제출하도록 명하여야 한다.

②제1항의 기간은 2주 이상으로 정하여야 한다.

③채권자가 제1항의 기간 이내에 제1항의 서류를 제출하지 아니한 때에는 법원은 채무자의 신청에 따라 결정으로 가압류를 취소하여야 한다.

④제1항의 서류를 제출한 뒤에 본안의 소가 취하되거나 각하된 경우에는 그 서류를 제출하지 아니한 것으로 본다.

⑤제3항의 신청에 관한 결정에 대하여는 즉시항고를 할 수 있다. 이 경우 민사소송법 제447조의 규정은 준용하지 아니한다.

제288조(사정변경 등에 따른 가압류취소) ①채무자는 다음 각호의 어느 하나에 해당하는 사유가 있는 경우에는 가압류가 인가된 뒤에도 그 취소를 신청할 수 있다. 제3호에 해당하는 경우에는 이해관계인도 신청할 수 있다.

  1. 가압류이유가 소멸되거나 그 밖에 사정이 바뀐 때

  2. 법원이 정한 담보를 제공한 때

3. 가압류가 집행된 뒤에 3년간 본안의 소를 제기하지 아니한 때

②제1항의 규정에 의한 신청에 대한 재판은 가압류를 명한 법원이 한다. 다만, 본안이 이미 계속된 때에는 본안법원이 한다.

③제1항의 규정에 의한 신청에 대한 재판에는 제286조제1항 내지 제4항·제6항 및 제7항을 준용한다.

[전문개정 2005.1.27]

제289조(가압류취소결정의 효력정지) ①가압류를 취소하는 결정에 대하여 즉시항고가 있는 경우에, 불복의 이유로 주장한 사유가 법률상 정당한 사유가 있다고 인정되고 사실에 대한 소명이 있으며, 그 가압류를 취소함으로 인하여 회복할 수 없는 손해가 생길 위험이 있다는 사정에 대한 소명이 있는 때에는, 법원은 당사자의 신청에 따라 담보를 제공하게 하거나 담보를 제공하지 아니하게 하고 가압류취소결정의 효력을 정지시킬 수 있다.

②제1항의 규정에 의한 소명은 보증금을 공탁하거나 주장이 진실함을 선서하는 방법으로 대신할 수 없다.

③재판기록이 원심법원에 있는 때에는 원심법원이 제1항의 규정에 의한 재판을 한다.

④항고법원은 항고에 대한 재판에서 제1항의 규정에 의한 재판을 인가·변경 또는 취소하여야 한다.

⑤제1항 및 제4항의 규정에 의한 재판에 대하여는 불복할 수 없다.

[전문개정 2005.1.27]

제290조(가압류 이의신청규정의 준용) ①제287조제3항, 제288조제1항에 따른 재판의 경우에는 제284조의 규정을 준용한다. 〈개정 2005.1.27〉

②제287조제1항·제3항 및 제288조제1항에 따른 신청의 취하에는 제285조의 규정을 준용한다. 〈개정 2005.1.27〉

제291조(가압류집행에 대한 본집행의 준용) 가압류의 집행에 대하여는 강제집행에 관한 규정을 준용한다. 다만, 아래의 여러 조문과 같이 차이가 나는 경우에는 그러하지 아니하다.

제292조(집행개시의 요건) ①가압류에 대한 재판이 있은 뒤에 채권자나 채무자의 승계가 이루어진 경우에 가압류의 재판을 집행하려면 집행문을 덧붙여야 한다.

②가압류에 대한 재판의 집행은 채권자에게 재판을 고지한 날부터 2주를 넘긴 때에는 하지

못한다. 〈개정 2005.1.27〉

③제2항의 집행은 채무자에게 재판을 송달하기 전에도 할 수 있다.

제293조(부동산가압류집행) ①부동산에 대한 가압류의 집행은 가압류재판에 관한 사항을 등기부에 기입하여야 한다.

②제1항의 집행법원은 가압류재판을 한 법원으로 한다.

③가압류등기는 법원사무관등이 촉탁한다.

제294조(가압류를 위한 강제관리) 가압류의 집행으로 강제관리를 하는 경우에는 관리인이 청구채권액에 해당하는 금액을 지급받아 공탁하여야 한다.

제295조(선박가압류집행) ①등기할 수 있는 선박에 대한 가압류를 집행하는 경우에는 가압류등기를 하는 방법이나 집행관에게 선박국적증서등을 선장으로부터 받아 집행법원에 제출하도록 명하는 방법으로 한다. 이들 방법은 함께 사용할 수 있다.

②가압류등기를 하는 방법에 의한 가압류집행은 가압류명령을 한 법원이, 선박국적증서등을 받아 제출하도록 명하는 방법에 의한 가압류집행은 선박이 정박하여 있는 곳을 관할하는 지방법원이 집행법원으로서 관할한다.

③가압류등기를 하는 방법에 의한 가압류의 집행에는 제293조제3항의 규정을 준용한다.

제296조(동산가압류집행) ①동산에 대한 가압류의 집행은 압류와 같은 원칙에 따라야 한다.

②채권가압류의 집행법원은 가압류명령을 한 법원으로 한다.

③채권의 가압류에는 제3채무자에 대하여 채무자에게 지급하여서는 아니 된다는 명령만을 하여야 한다.

④가압류한 금전은 공탁하여야 한다.

⑤가압류물은 현금화를 하지 못한다. 다만, 가압류물을 즉시 매각하지 아니하면 값이 크게 떨어질 염려가 있거나 그 보관에 지나치게 많은 비용이 드는 경우에는 집행관은 그 물건을 매각하여 매각대금을 공탁하여야 한다.

제297조(제3채무자의 공탁) 제3채무자가 가압류 집행된 금전채권액을 공탁한 경우에는 그 가압류의 효력은 그 청구채권액에 해당하는 공탁금액에 대한 채무자의 출급청구권에 대하여 존속한다.

제298조(가압류취소결정의 취소와 집행 〈개정 2005.1.27〉) ①가압류의 취소결정을 상소법원이 취소한 경우로서 법원이 그 가압류의 집행기관이 되는 때에는 그 취소의 재판을 한 상소법원이 직권으로 가압류를 집행한다. 〈개정 2005.1.27〉

②제1항의 경우에 그 취소의 재판을 한 상소법원이 대법원인 때에는 채권자의 신청에 따라 제1심 법원이 가압류를 집행한다.

제299조(가압류집행의 취소) ①가압류명령에 정한 금액을 공탁한 때에는 법원은 결정으로 집행한 가압류를 취소하여야 한다. 〈개정 2005.1.27〉

②삭제〈2005.1.27〉

③제1항의 취소결정에 대하여는 즉시항고를 할 수 있다.

④제1항의 취소결정에 대하여는 제17조제2항의 규정을 준용하지 아니한다.

제300조(가처분의 목적) ①다툼의 대상에 관한 가처분은 현상이 바뀌면 당사자가 권리를 실행하지 못하거나 이를 실행하는 것이 매우 곤란할 염려가 있을 경우에 한다.

②가처분은 다툼이 있는 권리관계에 대하여 임시의 지위를 정하기 위하여도 할 수 있다. 이 경우 가처분은 특히 계속하는 권리관계에 끼칠 현저한 손해를 피하거나 급박한 위험을 막기 위하여, 또는 그 밖의 필요한 이유가 있을 경우에 하여야 한다.

제301조(가압류절차의 준용) 가처분절차에는 가압류절차에 관한 규정을 준용한다. 다만, 아래의 여러 조문과 같이 차이가 나는 경우에는 그러하지 아니하다.

제302조 삭제〈2005.1.27〉

제303조(관할법원) 가처분의 재판은 본안의 관할법원 또는 다툼의 대상이 있는 곳을 관할하는 지방법원이 관할한다.

제304조(임시의 지위를 정하기 위한 가처분) 제300조제2항의 규정에 의한 가처분의 재판에는 변론기일 또는 채무자가 참석할 수 있는 심문기일을 열어야 한다. 다만, 그 기일을 열어 심리하면 가처분의 목적을 달성할 수 없는 사정이 있는 때에는 그러하지 아니하다.

제305조(가처분의 방법) ①법원은 신청목적을 이루는 데 필요한 처분을 직권으로 정한다.

②가처분으로 보관인을 정하거나, 상대방에게 어떠한 행위를 하거나 하지 말도록, 또는 급여를 지급하도록 명할 수 있다.

③가처분으로 부동산의 양도나 저당을 금지한 때에는 법원은 제293조의 규정을 준용하여 등기부에 그 금지한 사실을 기입하게 하여야 한다.

제306조(법인임원의 직무집행정지 등 가처분의 등기촉탁) 법원사무관등은 법원이 법인의 대표자 그 밖의 임원으로 등기된 사람에 대하여 직무의 집행을 정지하거나 그 직무를 대행할 사람을 선임하는 가처분을 하거나 그 가처분을 변경·취소한 때에는, 법인의 주사무소 및 분사무소 또는 본점 및 지점이 있는 곳의 등기소에 그 등기를 촉탁하여야 한다. 다만, 이 사항이 등기하여야 할 사항이 아닌 경우에는 그러하지 아니하다.

제307조(가처분의 취소) ①특별한 사정이 있는 때에는 담보를 제공하게 하고 가처분을 취소할 수 있다.

②제1항의 경우에는 제284조, 제285조 및 제286조제1항 내지 제4항·제6항·제7항의 규정을 준용한다.〈개정 2005.1.27〉

제308조(원상회복재판) 가처분을 명한 재판에 기초하여 채권자가 물건을 인도받거나, 금전을 지급받거나 또는 물건을 사용·보관하고 있는 경우에는, 법원은 가처분을 취소하는 재판에서 채무자의 신청에 따라 채권자에 대하여 그 물건이나 금전을 반환하도록 명할 수 있다.

제309조(가처분의 집행정지) ①소송물인 권리 또는 법률관계가 이행되는 것과 같은 내용의 가처분을 명한 재판에 대하여 이의신청이 있는 경우에, 이의신청으로 주장한 사유가 법률상 정당한 사유가 있다고 인정되고 주장사실에 대한 소명이 있으며, 그 집행에 의하여 회복할 수 없는 손해가 생길 위험이 있다는 사정에 대한 소명이 있는 때에는, 법원은 당사자의 신청에 따라 담보를 제공하게 하거나 담보를 제공하게 하지 아니하고 가처분의 집행을 정지하도록 명할 수 있고, 담보를 제공하게 하고 집행한 처분을 취소하도록 명할 수 있다.

②제1항에서 규정한 소명은 보증금을 공탁하거나 주장이 진실함을 선서하는 방법으로 대신할 수 없다.

③재판기록이 원심법원에 있는 때에는 원심법원이 제1항의 규정에 의한 재판을 한다.

④법원은 이의신청에 대한 결정에서 제1항의 규정에 의한 명령을 인가·변경 또는 취소하여

야 한다.

⑤제1항·제3항 또는 제4항의 규정에 의한 재판에 대하여는 불복할 수 없다.

　[전문개정 2005.1.27]

제310조(준용규정) 제301조에 따라 준용되는 제287조제3항, 제288조제1항 또는 제307조의 규정에 따른 가처분취소신청이 있는 경우에는 제309조의 규정을 준용한다.

　[전문개정 2005.1.27]

제311조(본안의 관할법원) 이 편에 규정한 본안법원은 제1심 법원으로 한다. 다만, 본안이 제2심에 계속된 때에는 그 계속된 법원으로 한다.

제312조(재판장의 권한) 급박한 경우에 재판장은 이 편의 신청에 대한 재판을 할 수 있다.〈개정 2005.1.27〉

부칙 〈제6627호, 2002.1.26〉

제1조(시행일) 이 법은 2002년 7월 1일부터 시행한다.

제2조(계속사건에 관한 경과조치) ①이 법 시행전에 신청된 집행사건에 관하여는 종전의 규정에 따른다.

②이 법 시행 당시 종전의 민사소송법의 규정에 따라 이 법 시행전에 행한 집행처분 그 밖의 행위는 이 법의 적용에 관하여는 이 법의 해당 규정에 따라 한 것으로 본다.

③제1항 및 제2항에 규정한 것 외에 이 법의 시행 당시 이미 법원에 계속되거나 집행관이 취급하고 있는 사건의 처리에 관하여 필요한 사항은 대법원규칙으로 정한다.

제3조(관할에 관한 경과조치) 이 법 시행 당시 법원에 계속중인 사건은 이 법에 따라 관할권이 없는 경우에도 종전의 규정에 따라 관할권이 있으면 그에 따른다.

제4조(법정기간에 대한 경과조치) 이 법 시행전부터 진행된 법정기간과 그 계산은 종전의 규정에 따른다.

제5조(법 적용의 시간적 범위) 이 법은 이 법 시행전에 생긴 사항에도 적용한다. 다만, 종전의 규정에 따라 생긴 효력에는 영향을 미치지 아니한다.

제6조(다른 법률의 개정) ①가등기담보등에관한법률중 다음과 같이 개정한다.

제16조제2항 단서중 “民事訴訟法 第661條第1項第2號”를 “민사집행법 제144조제1항제2호”로 한다.

②가사소송법중 다음과 같이 개정한다.

제63조제1항 후단중 “民事訴訟法 第696條 내지 第723條”를 “민사집행법 제276조 내지 제312조”로 하고, 같은 조제3항중 “民事訴訟法 第705條”를 “민사집행법 제287조”로 한다.

③가정폭력범죄의처벌등에관한특례법중 다음과 같이 개정한다.

제61조제1항중 “民事訴訟法”을 “민사집행법”으로 한다.

④건설산업기본법중 다음과 같이 개정한다.

제59조제4항중 “민사소송절차”를 “민사집행절차”로, “민사소송법 제566조”를 “민사집행법 제233조”로 한다.

⑤공공차관의도입및관리에관한법률중 다음과 같이 개정한다.

제11조제2항중 “民事訴訟法”을 “민사집행법”으로 한다.

⑥공무원범죄에관한몰수특례법중 다음과 같이 개정한다.

제27조제7항을 다음과 같이 한다.

⑦민사집행법 제83조제2항·제94조제2항 및 제95조의 규정은 부동산의 沒收保全에 관하여 이를 준용한다. 이 경우 같은 법 제83조제2항중 “채무자”는 “沒收保全財産을 가진 자”로, 제94조제2항중 “제1항” 및 제95조중 “제94조”는 “공무원범죄에관한몰수특례법 제27조제4항”으로, 제95조중 “法院”은 “검사”로 본다.

제30조제4항을 다음과 같이 한다.

④민사집행법 제228조, 제248조제1항 및 제4항 본문의 규정은 채권의 沒收保全에 관하여 이를 준용한다. 이 경우 동법 제228조제1항중 “押留”는 “沒收保全”으로, “채권자”는 “검사”로, 제228조제1항 및 제2항중 “押留命令” 및 제248조제1항중 “押留”는 “沒收保全命令”으로, 제248조제1항 및 제4항 본문중 “제3채무자”는 “채무자”로, 같은 조제4항중 “法院”은 “沒收保全命令을 발한 법원”으로 본다.

제31조제3항을 다음과 같이 한다.

③제27조제3항 내지 제6항과 민사집행법 제94조제2항 및 제95조의 규정은 기타 재산권중 권리의 이전에 등기 등을 요하는 경우에 이를 준용한다. 이 경우 같은 법 제94조제2항중 “제1항” 및 제95조중 “제94조”는 “공무원범죄에관한몰수특례법 제31조제3항에서 준용한 제27조제4항”으로, 제95조중 “法院”은 “검사”로 본다.

제35조제4항중 “民事訴訟法 第584條第1項”을 “민사집행법 제251조제1항”으로 한다.

제36조제5항중 "民事訴訟法 第580條"를 "민사집행법 제247조"로, "第581條第3項"을 "제248조제4항"으로 한다.

제38조제2항 후단중 "民事訴訟法"을 "민사집행법"으로, "同法 第510條第2號"를 "같은 법 제49조제2호"로 한다.

제39조제2항 후단중 "民事訴訟法"을 "민사집행법"으로, "同法 第726條第1項第5號(同法 第729條 및 第732條에서 準用하는 경우를 포함한다)"를 "같은 법 제266조제1항제5호(같은 법 제269조 및 제272조에서 준용하는 경우를 포함한다)"로 한다.

제44조제1항 후단 및 같은 조제3항 전단중 "民事訴訟法"을 각각 "민사집행법"으로 한다.

⑦공장저당법중 다음과 같이 개정한다.

제62조중 "民事訴訟法 第661條"를 "민사집행법 제144조"로 한다.

⑧공증인법중 다음과 같이 개정한다.

제56조의2제4항중 "民事訴訟法 第519條"를 "민사집행법 제56조"로, "債務名義"를 "집행권원"으로 하고, 같은 조제5항중 "債務名義"를 "집행권원"으로 한다.

제56조의4제1항 본문중 "民事訴訟法 第519條第3號"를 "민사집행법 제56조제4호"로, "同法 第490條第2項 및 同條第3項"을 "같은 법 제39조제2항 및 같은 조제3항"으로 한다.

⑨관광진흥법중 다음과 같이 개정한다.

제8조제2항중 "民事訴訟法"을 "민사집행법"으로 한다.

⑩광업재단저당법중 다음과 같이 개정한다.

제12조제2항중 "民事訴訟法 第648條"를 "민사집행법 제138조"로 한다.

⑪국가유공자등예우및지원에관한법률중 다음과 같이 개정한다.

제61조제1항 전단중 "民事訴訟法"을 "민사집행법"으로 하고, 같은 항 후단중 "民事訴訟法 第625條"를 "민사집행법 제113조"로 한다.

⑫국가채권관리법중 다음과 같이 개정한다.

제15조제2호중 "債務名義"를 각각 "집행권원"으로 하고, 같은 조제3호중 "債務名義取得節次"를 "집행권원취득절차"로 한다.

제29조제2항중 "債務名義"를 각각 "집행권원"으로 한다.

⑬국토이용관리법중 다음과 같이 개정한다.

제21조의9제2항중 "民事訴訟法"을 "민사집행법"으로 한다.

⑭군사법원법중 다음과 같이 개정한다.

제520조제4항중 "民事訴訟法"을 "민사집행법"으로 한다.

⑮금융기관부실자산등의효율적처리및한국자산관리공사의설립에관한법률중 다음과 같이

개정한다.

제26조제1항제1호중 "民事訴訟法"을 "민사소송법 및 민사집행법"으로 한다.

제45조중 "民事訴訟法"을 "민사집행법"으로, "民事訴訟法 第625條"를 "민사집행법 제113조"로 한다.

제45조의2제1항중 "民事訴訟法"을 "민사집행법"으로 한다.

〈16〉기업활동규제완화에관한특별조치법중 다음과 같이 개정한다.

제60조의13제1항중 "민사소송법"을 "민사집행법"으로 한다.

〈17〉농업협동조합의구조개선에관한법률중 다음과 같이 개정한다.

제30조제2호 및 제32조중 "민사소송법"을 각각 "민사집행법"으로 한다.

〈18〉담보부사채신탁법중 다음과 같이 개정한다.

제72조제1항중 "民事訴訟法"을 "민사집행법"으로 한다.

〈19〉마약류불법거래방지에관한특례법중 다음과 같이 개정한다.

제37조제7항을 다음과 같이 한다.

⑦민사집행법 제83조제2항·제94조제2항 및 제95조의 규정은 부동산의 沒收保全에 관하여 이를 준용한다. 이 경우 같은 법 제83조제2항중 "채무자"는 "沒收保全財産을 가진 자"로, 같은 법 제94조제2항중 "제1항" 및 같은 법 제95조중 "제94조"는 "마약류불법거래방지에관한특례법 제37조제4항"으로, 같은 법 제95조중 "法院"은 "검사"로 본다.

제40조제5항을 다음과 같이 한다.

⑤민사집행법 제228조의 규정은 채권의 沒收保全에 관하여 이를 준용한다. 이 경우 같은 법 제228조제1항중 "押留"는 "沒收保全"으로, "채권자"는 "검사"로, 같은 조제1항 및 제2항 중 "押留命令"은 "沒收保全命令"으로 본다.

제41조제3항 전단중 "民事訴訟法 第611條第2項·第612條"를 "민사집행법 제94조제2항 및 제95조"로 하고, 동항 후단을 다음과 같이 한다.

이 경우 민사집행법 제94조제2항중 "제1항" 및 같은 법 제95조중 "제94조"는 "마약류불법거래방지에관한특례법 제41조제3항의 규정에 의하여 준용되는 제37조제4항"으로, 같은 법 제95조중 "法院"은 "검사"로 본다.

제45조제4항중 "民事訴訟法 第584條第1項"을 "민사집행법 제251조제1항"으로 한다.

제46조제5항중 "民事訴訟法 第580條"를 "민사집행법 제247조"로, "第581條第3項"을 "제248조제4항"으로 한다.

제48조제2항 후단중 "民事訴訟法"을 "민사집행법"으로, "第510條第2號"를 "제49조제2호"로 한다.

제49조제2항 후단중 "民事訴訟法"을 "민사집행법"으로, "第726條第1項第5號(같은 法 第729條 및 第732條에서 準用하는 경우를 포함한다)."를 "제266조제1항제5호(같은 법 제269조 및 제272조에서 준용하는 경우를 포함한다)."로 한다.

제54조제1항 및 제3항 전단중 "民事訴訟法"을 각각 "민사집행법"으로 한다.

〈20〉 먹는물관리법중 다음과 같이 개정한다.

제22조제2항 전단중 "民事訴訟法"을 "민사집행법"으로 한다.

〈21〉 보안관찰법중 다음과 같이 개정한다.

제24조중 "民事訴訟法"을 "민사집행법"으로 한다.

〈22〉 비송사건절차법중 다음과 같이 개정한다.

제29조제2항 전단중 "民事訴訟法 第6編"을 "민사집행법"으로 한다.

제107조제5호를 삭제한다.

제249조제2항 전단중 "民事訴訟法 第7編"을 "민사집행법"으로 한다.

〈23〉 사료관리법중 다음과 같이 개정한다.

제8조제4항중 "民事訴訟法"을 "민사집행법"으로 한다.

〈24〉 사행행위등규제및처벌특례법중 다음과 같이 개정한다.

제9조제2항 전단중 "民事訴訟法"을 "민사집행법"으로 한다.

〈25〉 석유사업법중 다음과 같이 개정한다.

제7조제2항중 "民事訴訟法"을 "민사집행법"으로 한다.

〈26〉 석탄산업법중 다음과 같이 개정한다.

제20조제2항중 "民事訴訟法"을 "민사집행법"으로 한다.

〈27〉 선박소유자등의책임제한절차에관한법률중 다음과 같이 개정한다.

제4조중 "民事訴訟法"을 "민사소송법 및 민사집행법"으로 한다.

제29조제2항중 "民事訴訟法 第505條"를 "민사집행법 제44조"로 한다.

제30조제3항중 "民事訴訟法 第507條와 第508條"를 "민사집행법 제46조 및 제47조"로 한다.

〈28〉 소방법중 다음과 같이 개정한다.

제19조제2항 전단중 "民事訴訟法"을 "민사집행법"으로 한다.

〈29〉 소송촉진등에관한특례법중 다음과 같이 개정한다.

제34조제1항중 "民事訴訟法"을 "민사집행법"으로 하고, 같은 조제4항중 "民事訴訟法 第505條第2項 前段"을 "민사집행법 제44조제2항"으로 한다.

〈30〉 소프트웨어산업진흥법중 다음과 같이 개정한다.

제32조제5항중 "民事訴訟節次"를 "민사집행절차"로, "民事訴訟法"을 "민사집행법"으로
한다.

〈31〉수질환경보전법중 다음과 같이 개정한다.

제11조의2제2항 및 제43조의4제2항중 "민사소송법"을 각각 "민사집행법"으로 한다.

〈32〉식품위생법중 다음과 같이 개정한다.

제25조제2항 전단중 "民事訴訟法"을 "민사집행법"으로 한다.

〈33〉신탁법중 다음과 같이 개정한다.

제21조제2항 후단중 "民事訴訟法 第509條"를 "민사집행법 제48조"로 한다.

〈34〉액화석유가스의안전및사업관리법중 다음과 같이 개정한다.

제7조제2항 전단중 "民事訴訟法"을 "민사집행법"으로 한다.

〈35〉염관리법중 다음과 같이 개정한다.

제5조제2항중 "民事訴訟法"을 "민사집행법"으로 한다.

〈36〉유류오염손해배상보장법중 다음과 같이 개정한다.

제13조제2항중 "民事訴訟法 第477條第2項"을 "민사집행법 제27조제2항"으로, "外國判
決이 第203條의 條件을 具備하지 아니한 때"를 "外國判決이 민사소송법 제217조의 조건
을 갖추지 아니한 때"로 한다.

〈37〉음반·비디오물및게임물에관한법률중 다음과 같이 개정한다.

제33조제2항중 "民事訴訟法"을 "민사집행법"으로 한다.

〈38〉응급의료에관한법률중 다음과 같이 개정한다.

제54조제2항중 "民事訴訟法"을 "민사집행법"으로 한다.

〈39〉자동차관리법중 다음과 같이 개정한다.

제14조중 "民事訴訟法"을 "민사집행법"으로 한다.

〈40〉정기간행물의등록등에관한법률중 다음과 같이 개정한다.

제19조제1항중 "民事訴訟法 第693條"를 "민사집행법 제261조"로 하고, 같은 제4항 본문
중 "民事訴訟法"을 "민사집행법"으로 하며, 같은 단서중 "民事訴訟法 第697條 및 第705
條"를 "민사집행법 제277조 및 제287조"로 한다.

〈41〉정보통신공사업법중 다음과 같이 개정한다.

제48조제4항중 "民事訴訟節次"를 "민사집행절차"로, "民事訴訟法"을 "민사집행법"으로
한다.

〈42〉주택임대차보호법중 다음과 같이 개정한다.

제3조의2제1항중 "채무명의"를 "집행권원"으로, "民事訴訟法 第491條의2"를 "민사집행

법 제41조"로 하고, 같은 조제2항중 "民事訴訟法"을 "민사집행법"으로 하며, 같은 조제5
항중 "民事訴訟法 第590條 내지 第597條"를 "민사집행법 제152조 내지 제161조"로 한다.

제3조의3제3항중 "民事訴訟法 第700條第1項, 第701條, 第703條, 第704條, 第706條第1
項·第3項·第4項 前段, 第707條, 第710條"를 "민사집행법 제280조제1항, 제281조, 제
283조, 제285조, 제286조, 제288조제1항·제2항·제3항 전단, 제289조제1항 내지 제4항,
제290조제2항중 제288조제1항에 대한 부분, 제291조, 제293조"로 한다.

제3조의5 본문중 "民事訴訟法"을 "민사집행법"으로 한다.

〈43〉 집단에너지사업법중 다음과 같이 개정한다.

제12조제2항중 "民事訴訟法"을 "민사집행법"으로 한다.

〈44〉 집행관법중 다음과 같이 개정한다.

제15조제2항중 "民事訴訟法 第536條"를 "민사집행법 제200조"로 한다.

제17조제2항중 "民事訴訟法 第496條第2項"을 "민사집행법 제5조제2항"으로 한다.

〈45〉 청소년기본법중 다음과 같이 개정한다.

제34조제2항중 "民事訴訟法"을 "민사집행법"으로 한다.

〈46〉 축산물가공처리법중 다음과 같이 개정한다.

제26조제2항중 "民事訴訟法"을 "민사집행법"으로 한다.

〈47〉 토양환경보전법중 다음과 같이 개정한다.

제23조제3항제4호중 "민사소송법"을 "민사집행법"으로 한다.

〈48〉 파산법중 다음과 같이 개정한다.

제6조제3항 단서중 "民事訴訟法 第532條第4號 내지 第6號 및 第579條"를 "민사집행법 제
195조제4호 내지 제6호 및 제246조제1항"으로 한다.

제99조의 제목 및 본문중 "民事訴訟法"을 각각 "민사소송법 및 민사집행법"으로 한다.

제192조 및 제193조제1항 전단중 "民事訴訟法"을 각각 "민사집행법"으로 한다.

제259조제2항 후단 및 제300조제2항중 "民事訴訟法 第478條 내지 第517條"를 각각 "민사
집행법 제2조 내지 제18조, 제20조, 제28조 내지 제55조"로 한다.

〈49〉 폐기물관리법중 다음과 같이 개정한다.

제24조제5항 후단중 "民事訴訟法"을 "민사집행법"으로 한다.

〈50〉 항만운송사업법중 다음과 같이 개정한다.

제23조제3항중 "民事訴訟法"을 "민사집행법"으로 한다.

〈51〉 해운법중 다음과 같이 개정한다.

제18조제2항중 "民事訴訟法"을 "민사집행법"으로 한다.

〈52〉 행정소송법중 다음과 같이 개정한다.

제8조제2항중 "民事訴訟法"을 "민사소송법 및 민사집행법"으로 한다.

제34조제2항중 "民事訴訟法 第694條"를 "민사집행법 제262조"로 한다.

〈53〉 형사소송법중 다음과 같이 改正한다.

제477조제3항 단서 및 제493조중 "民事訴訟法"을 각각 "민사집행법"으로 한다.

〈54〉 화의법중 다음과 같이 개정한다.

제11조제2항중 "民事訴訟法"을 "민사소송법 및 민사집행법"으로 한다.

〈55〉 회사정리법중 다음과 같이 개정한다.

제8조중 "民事訴訟法"을 "민사소송법 및 민사집행법"으로 한다.

제81조중 "債務名義"를 "집행권원"으로 한다.

제245조제3항 전단중 "民事訴訟法 第478條 乃至 第517條"를 "민사집행법 제2조 내지 제18조, 제20조, 제28조 내지 제55조"로 하고, 같은 항 후단중 "同法 第483條, 第505條와 第506條"를 "민사집행법 제33조·제44조 및 제45조"로 한다.

제7조(다른 법률과의 관계) ①이 법 시행 당시 다른 법률에서 종전의 민사소송법의 규정을 인용한 경우에 이 법중 그에 해당하는 규정이 있는 때에는 이 법의 해당 규정을 인용한 것으로 본다.

②이 법 시행 당시 다른 법률에서 규정한 "재산관계명시절차"와 "채무명의"는 각각 "재산명시절차"와 "집행권원"으로 본다.

부칙 〈제7358호, 2005.1.27〉

제1조(시행일) 이 법은 공포 후 6월이 경과한 날부터 시행한다.

제2조(계속사건에 관한 경과조치) 이 법 시행 전에 신청된 재산조회 사건·동산에 대한 강제집행 사건·보전명령 사건·보전명령에 대한 이의 및 취소신청 사건에 관하여는 종전의 규정에 의한다. 다만, 보전명령이 종국판결로 선고된 경우에는 이에 대한 상소 또는 취소 신청이 이 법 시행 후에 된 경우에도 종전의 규정에 의한다.

제3조(다른 법률의 개정) ①상가건물임대차보호법중 다음과 같이 개정한다.

제6조제3항 전단중 "민사집행법 제280조제1항, 제281조, 제283조, 제285조, 제286조, 제288조제1항·제2항·제3항 본문, 제289조제1항 내지 제4항"을 "민사집행법 제280조제1항, 제281조, 제283조, 제285조, 제286조, 제288조제1항·제2항 본문, 제289조"로 한다.

②住宅賃貸借保護法중 다음과 같이 개정한다.

제3조의3제3항 전단중 "민사집행법 제280조제1항, 제281조, 제283조, 제285조, 제286조, 제288조제1항·제2항·제3항 전단, 제289조제1항 내지 제4항"을 "민사집행법 제280조제1항, 제281조, 제283조, 제285조, 제286조, 제288조제1항·제2항 본문, 제289조"로 한다.

③개인채무자회생법중 다음과 같이 개정한다.

제25조제1항 단서중 "민사집행법 제246조(압류금지채권)제1항제4호"를 "민사집행법 제246조(압류금지채권)제1항제4호·제5호"로 한다.

제4조(다른 법령과의 관계) 이 법 시행 당시 다른 법령에서 종전의 민사집행법의 규정을 인용한 경우에 이 법 중 그에 해당하는 규정이 있는 때에는 그 규정에 갈음하여 이 법의 해당 규정을 인용한 것으로 본다.

부칙 (商法) 〈제8581호, 2007.8.3〉

제1조(시행일) 이 법은 공포 후 1년이 경과한 날부터 시행한다. 〈단서 생략〉

제2조 내지 제8조 생략

제9조(다른 법률의 개정) ①민사집행법 일부를 다음과 같이 개정한다,

제185조제3항 중 "상법 제760조"를 "「상법」 제764조"로 한다,

②내지 ⑤ 생략

부칙 (소형선박저당법) 〈제8622호, 2007.8.3〉

①(시행일) 이 법은 2008년 7월 1일부터 시행한다.

②생략

③(다른 법률의 개정) 민사집행법 일부를 다음과 같이 개정한다.

제187조 및 제270조 중 "건설기계"를 각각 "건설기계·소형선박(「소형선박저당법」 제2조에 따른 소형선박을 말한다)"으로 한다.

제1조(시행일) 이 법은 공포 후 6개월이 경과한 날부터 시행한다.

제2조 및 제3조 생략

제4조(다른 법률의 개정) ① 생략

② 민사집행법 일부를 다음과 같이 개정한다.

제187조 및 제270조 중 "「소형선박저당법」 제2조"를 각각 "「자동차 등 특정동산 저당법」 제3조제2호"로 한다.

③ 생략

제5조 생략

주택임대차보호법
주택임대차보호법 시행령
[일부개정 2009.05.08 법률 제9653호]
[(타)일부개정 2009.9.21 대통령령 제21744호]

제1조(목적) 이 법은 주거용 건물의 임대차(賃貸借)에 관하여 「민법」에 대한 특례를 규정함으로써 국민 주거생활의 안정을 보장함을 목적으로 한다.

제1조(목적) 이 영은 「주택임대차보호법」에서 위임된 사항과 그 시행에 관하여 필요한 사항을 정함을 목적으로 한다.

[전문개정 2008.3.21]

[전문개정 2008.8.21]

제2조(적용 범위) 이 법은 주거용 건물(이하 "주택"이라 한다)의 전부 또는 일부의 임대차에 관하여 적용한다. 그 임차주택(賃借住宅)의 일부가 주거 외의 목적으로 사용되는 경우에도 또한 같다.

제1조의2(대항력이 인정되는 법인) 「주택임대차보호법」(이하 "법"이라 한다) 제3조제2항 후단에서 "대항력이 인정되는 법인"이란 다음 각 호의 법인을 말한다. 〈개정 2009.9.21〉

[전문개정 2008.3.21]

1. 「한국토지주택공사법」에 따른 한국토지주택공사

2. 「지방공기업법」 제49조에 따라 주택사업을 목적으로 설립된 지방공사

제3조(대항력 등) ① 임대차는 그 등기(登記)가 없는 경우에도 임차인(賃借人)이 주택의 인도(引渡)와 주민등록을 마친 때에는 그 다음 날부터 제삼자에 대하여 효력이 생긴다. 이 경우 전입신고를 한 때에 주민등록이 된 것으로 본다.

[전문개정 2008.8.21]

② 국민주택기금을 재원으로 하여 저소득층 무주택자에게 주거생활 안정을 목적으로 전세임대주택을 지원하는 법인이 주택을 임차한 후 지방자치단체의 장 또는 그 법인이 선정한 입주자가 그 주택을 인도받고 주민등록을 마쳤을 때에는 제1항을 준용한다. 이 경우 대항력

이 인정되는 법인은 대통령령으로 정한다.

③ 임차주택의 양수인(讓受人)(그 밖에 임대할 권리를 승계한 자를 포함한다)은 임대인(賃貸人)의 지위를 승계한 것으로 본다.

제2조(차임 등 증액청구의 기준 등) ① 법 제7조에 따른 차임이나 보증금(이하 "차임등" 이라 한다)의 증액청구는 약정한 차임등의 20분의 1의 금액을 초과하지 못한다.

④ 이 법에 따라 임대차의 목적이 된 주택이 매매나 경매의 목적물이 된 경우에는 「민법」 제575조제1항·제3항 및 같은 법 제578조를 준용한다.

② 제1항에 따른 증액청구는 임대차계약 또는 약정한 차임등의 증액이 있은 후 1년 이내에는 하지 못한다.

⑤ 제4항의 경우에는 동시이행의 항변권(抗辯權)에 관한 「민법」 제536조를 준용한다.

[전문개정 2008.8.21]

[전문개정 2008.3.21]

제2조의2(월차임 전환 시 산정률) 법 제7조의2에서 "대통령령으로 정하는 비율"이란 연 1할4푼을 말한다.

제3조의2(보증금의 회수) ① 임차인(제3조제2항의 법인을 포함한다. 이하 같다)이 임차주택에 대하여 보증금반환청구소송의 확정판결이나 그 밖에 이에 준하는 집행권원(執行權原)에 따라서 경매를 신청하는 경우에는 집행개시(執行開始)요건에 관한 「민사집행법」 제41조에도 불구하고 반대의무(反對義務)의 이행이나 이행의 제공을 집행개시의 요건으로 하지 아니한다.

[전문개정 2008.8.21]

② 제3조제1항 또는 제2항의 대항요건(對抗要件)과 임대차계약증서(제3조제2항의 경우에는 법인과 임대인 사이의 임대차계약증서를 말한다)상의 확정일자(確定日字)를 갖춘 임차인은 「민사집행법」에 따른 경매 또는 「국세징수법」에 따른 공매(公賣)를 할 때에 임차주택(대지를 포함한다)의 환가대금(換價代金)에서 후순위권리자(後順位權利者)나 그 밖의 채권자보다 우선하여 보증금을 변제(辨濟)받을 권리가 있다.

③ 임차인은 임차주택을 양수인에게 인도하지 아니하면 제2항에 따른 보증금을 받을 수 없다.

제3조(보증금 중 일정액의 범위 등) ① 법 제8조에 따라 우선변제를 받을 보증금 중 일정액의 범위는 다음 각 호의 구분에 의한 금액 이하로 한다.

④ 제2항에 따른 우선변제의 순위와 보증금에 대하여 이의가 있는 이해관계인은 경매법원이나 체납처분청에 이의를 신청할 수 있다.

1. 「수도권정비계획법」에 따른 수도권 중 과밀억제권역: 2천만원

⑤ 제4항에 따라 경매법원에 이의를 신청하는 경우에는 「민사집행법」 제152조부터 제161조
   까지의 규정을 준용한다.

2. 광역시(군지역과 인천광역시지역은 제외한다): 1천700만원

⑥ 제4항에 따라 이의신청을 받은 체납처분청은 이해관계인이 이의신청일부터 7일 이내에
   임차인을 상대로 소(訴)를 제기한 것을 증명하면 해당 소송이 끝날 때까지 이의가 신청된
   범위에서 임차인에 대한 보증금의 변제를 유보(留保)하고 남은 금액을 배분하여야 한다.
   이 경우 유보된 보증금은 소송의 결과에 따라 배분한다.

3. 그 밖의 지역: 1천400만원

[전문개정 2008.3.21]

② 임차인의 보증금 중 일정액이 주택가액의 2분의 1을 초과하는 경우에는 주택가액의 2분
   의 1에 해당하는 금액까지만 우선변제권이 있다.

③ 하나의 주택에 임차인이 2명 이상이고, 그 각 보증금 중 일정액을 모두 합한 금액이 주택
   가액의 2분의 1을 초과하는 경우에는 그 각 보증금 중 일정액을 모두 합한 금액에 대한 각
   임차인의 보증금 중 일정액의 비율로 그 주택가액의 2분의 1에 해당하는 금액을 분할한
   금액을 각 임차인의 보증금 중 일정액으로 본다.

제3조의3(임차권등기명령) ① 임대차가 끝난 후 보증금을 반환받지 못한 임차인은 임차주
택의 소재지를 관할하는 지방법원·지방법원지원 또는 시·군 법원에 임차권등기명령을 신청
할 수 있다.

④ 하나의 주택에 임차인이 2명 이상이고 이들이 그 주택에서 가정공동생활을 하는 경우에는
   이들을 1명의 임차인으로 보아 이들의 각 보증금을 합산한다.

② 임차권등기명령의 신청서에는 다음 각 호의 사항을 적어야 하며, 신청의 이유와 임차권등
   기의 원인이 된 사실을 소명(疏明)하여야 한다.

[전문개정 2008.8.21]

1. 신청의 취지 및 이유

2. 임대차의 목적인 주택(임대차의 목적이 주택의 일부분인 경우에는 해당 부분의 도면을 첨
   부한다)

제4조(우선변제를 받을 임차인의 범위) 법 제8조에 따라 우선변제를 받을 임차인은 보증금
이 다음 각 호의 구분에 의한 금액 이하인 임차인으로 한다.

3. 임차권등기의 원인이 된 사실(임차인이 제3조제1항 또는 제2항에 따른 대항력을 취득하였

거나 제3조의2제2항에 따른 우선변제권을 취득한 경우에는 그 사실)

1. 「수도권정비계획법」에 따른 수도권 중 과밀억제권역: 6천만원

4. 그 밖에 대법원규칙으로 정하는 사항

2. 광역시(군지역과 인천광역시지역은 제외한다): 5천만원

③ 다음 각 호의 사항 등에 관하여는 「민사집행법」 제280조제1항, 제281조, 제283조, 제285조, 제286조, 제288조제1항·제2항 본문, 제289조, 제290조제2항 중 제288조제1항에 대한 부분, 제291조 및 제293조를 준용한다. 이 경우 "가압류"는 "임차권등기"로, "채권자"는 "임차인"으로, "채무자"는 "임대인"으로 본다.

3. 그 밖의 지역: 4천만원

1. 임차권등기명령의 신청에 대한 재판

[전문개정 2008.8.21]

2. 임차권등기명령의 결정에 대한 임대인의 이의신청 및 그에 대한 재판

3. 임차권등기명령의 취소신청 및 그에 대한 재판

제5조(주택임대차위원회의 구성) 법 제8조의2제4항제6호에서 "대통령령으로 정하는 사람"이란 다음 각 호의 어느 하나에 해당하는 사람을 말한다.

4. 임차권등기명령의 집행

1. 특별시·광역시·도 및 특별자치도(이하 "시·도"라 한다)에서 주택정책 또는 부동산 관련 업무를 담당하는 주무부서의 실·국장

④ 임차권등기명령의 신청을 기각(棄却)하는 결정에 대하여 임차인은 항고(抗告)할 수 있다.

2. 법무사로서 5년 이상 해당 분야에서 종사하고 주택임대차 관련 업무 경험이 풍부한 사람

⑤ 임차인은 임차권등기명령의 집행에 따른 임차권등기를 마치면 제3조제1항 또는 제2항에 따른 대항력과 제3조의2제2항에 따른 우선변제권을 취득한다. 다만, 임차인이 임차권등기 이전에 이미 대항력이나 우선변제권을 취득한 경우에는 그 대항력이나 우선변제권은 그대로 유지되며, 임차권등기 이후에는 제3조제1항 또는 제2항의 대항요건을 상실하더라도 이미 취득한 대항력이나 우선변제권을 상실하지 아니한다.

[본조신설 2009.7.30]

⑥ 임차권등기명령의 집행에 따른 임차권등기가 끝난 주택(임대차의 목적이 주택의 일부분인 경우에는 해당 부분으로 한정한다)을 그 이후에 임차한 임차인은 제8조에 따른 우선변제를 받을 권리가 없다.

⑦ 임차권등기의 촉탁(囑託), 등기공무원의 임차권등기 기입(記入) 등 임차권등기명령을 시행하는 데에 필요한 사항은 대법원규칙으로 정한다.

제6조(위원의 임기 등) ① 법 제8조의2에 따른 주택임대차위원회(이하 "위원회"라 한다)의 위원의 임기는 2년으로 한다. 다만, 공무원인 위원의 임기는 그 직위에 재직하는 기간으로 한다.

⑧ 임차인은 제1항에 따른 임차권등기명령의 신청과 그에 따른 임차권등기와 관련하여 든 비용을 임대인에게 청구할 수 있다.

② 위원장은 위촉된 위원이 부득이한 사유로 직무를 수행할 수 없게 되거나, 직무를 현저히 게을리하는 등 위원으로 적합하지 않다고 인정된 경우에는 해촉(解囑)할 수 있다.

[전문개정 2008.3.21]

[본조신설 2009.7.30]

제3조의4(「민법」에 따른 주택임대차등기의 효력 등) ① 「민법」 제621조에 따른 주택임대차등기의 효력에 관하여는 제3조의3제5항 및 제6항을 준용한다.

제7조(위원장의 직무) ① 위원장은 위원회를 대표하고, 위원회의 업무를 총괄한다.

② 임차인이 대항력이나 우선변제권을 갖추고 「민법」 제621조제1항에 따라 임대인의 협력을 얻어 임대차등기를 신청하는 경우에는 신청서에 「부동산등기법」 제156조의 사항 외에 다음 각 호의 사항을 적어야 하며, 이를 증명할 수 있는 서면(임대차의 목적이 주택의 일부분인 경우에는 해당 부분의 도면을 포함한다)을 첨부하여야 한다.

② 위원장이 부득이한 사유로 인하여 직무를 수행할 수 없을 때에는 위원장이 미리 지명한 위원이 그 직무를 대행한다.

1. 주민등록을 마친 날

[본조신설 2009.7.30]

2. 임차주택을 점유(占有)한 날

3. 임대차계약증서상의 확정일자를 받은 날

제8조(간사) ① 위원회에 간사 1명을 두되, 간사는 주택임대차 관련 업무에 종사하는 법무부 소속의 고위공무원단에 속하는 일반직 공무원(이에 상당하는 특정직·별정직 공무원을 포함한다) 중에서 위원회의 위원장이 지명한다.

[전문개정 2008.3.21]

② 간사는 위원회의 운영을 지원하고, 위원회의 회의에 관한 기록과 그 밖에 서류의 작성과 보관에 관한 사무를 처리한다.

③ 간사는 위원회에 참석하여 심의사항을 설명하거나 그 밖에 필요한 발언을 할 수 있다.

제3조의5(경매에 의한 임차권의 소멸) 임차권은 임차주택에 대하여 「민사집행법」에 따른 경매가 행하여진 경우에는 그 임차주택의 경락(競落)에 따라 소멸한다. 다만, 보증금이 모두 변제되지 아니한, 대항력이 있는 임차권은 그러하지 아니하다.

[본조신설 2009.7.30]

[전문개정 2008.3.21]

제9조(위원회의 회의) ① 위원회의 회의는 매년 1회 개최되는 정기회의와 위원장이 필요하다고 인정하거나 위원 3분의 1 이상이 요구할 경우에 개최되는 임시회의로 구분하여 운영한다.

제4조(임대차기간 등) ① 기간을 정하지 아니하거나 2년 미만으로 정한 임대차는 그 기간을 2년으로 본다. 다만, 임차인은 2년 미만으로 정한 기간이 유효함을 주장할 수 있다.

② 위원장은 위원회의 회의를 소집하고, 그 의장이 된다.

② 임대차기간이 끝난 경우에도 임차인이 보증금을 반환받을 때까지는 임대차관계가 존속되는 것으로 본다.

③ 위원회의 회의는 재적위원 과반수의 출석으로 개의하고, 출석위원 과반수의 찬성으로 의결한다.

[전문개정 2008.3.21]

④ 위원회의 회의는 비공개로 한다.

⑤ 위원장은 위원이 아닌 자를 회의에 참석하게 하여 의견을 듣거나 관계 기관 · 단체 등에게 필요한 자료, 의견 제출 등 협조를 요청할 수 있다.

第5條 삭제〈1989.12.30〉

[본조신설 2009.7.30]

제6조(계약의 갱신) ① 임대인이 임대차기간이 끝나기 6개월 전부터 1개월 전까지의 기간에 임차인에게 갱신거절(更新拒絶)의 통지를 하지 아니하거나 계약조건을 변경하지 아니하면 갱신하지 아니한다는 뜻의 통지를 하지 아니한 경우에는 그 기간이 끝난 때에 전 임대차와 동일한 조건으로 다시 임대차한 것으로 본다. 임차인이 임대차기간이 끝나기 1개월 전까지 통지하지 아니한 경우에도 또한 같다.

제10조(실무위원회) ① 위원회에서 심의할 안건의 협의를 효율적으로 지원하기 위하여 위원회에 실무위원회를 둔다.

② 제1항의 경우 임대차의 존속기간은 2년으로 본다. 〈개정 2009.5.8〉

② 실무위원회는 다음 각 호의 사항을 협의·조정한다.

③ 2기(期)의 차임액(借賃額)에 달하도록 연체하거나 그 밖에 임차인으로서의 의무를 현저히 위반한 임차인에 대하여는 제1항을 적용하지 아니한다.

1. 심의안건 및 이와 관련하여 위원회가 위임한 사항

[전문개정 2008.3.21]

2. 그 밖에 위원장 및 위원이 실무협의를 요구하는 사항

③ 실무위원회의 위원장은 위원회의 간사가 되고, 실무위원회의 위원은 다음 각 호의 사람 중에서 그 소속기관의 장이 지명하는 사람으로 한다.

제6조의2(묵시적 갱신의 경우 계약의 해지) ① 제6조제1항에 따라 계약이 갱신된 경우 같은 조 제2항에도 불구하고 임차인은 언제든지 임대인에게 계약해지(契約解止)를 통지할 수 있다. 〈개정 2009.5.8〉

1. 기획재정부에서 물가 관련 업무를 담당하는 5급 이상의 국가공무원

② 제1항에 따른 해지는 임대인이 그 통지를 받은 날부터 3개월이 지나면 그 효력이 발생한다.

2. 법무부에서 주택임대차 관련 업무를 담당하는 5급 이상의 국가공무원

[전문개정 2008.3.21]

3. 국토해양부에서 주택사업 또는 주거복지 관련 업무를 담당하는 5급 이상의 국가공무원

4. 시·도에서 주택정책 또는 부동산 관련 업무를 담당하는 5급 이상의 지방공무원

제7조(차임 등의 증감청구권) 당사자는 약정한 차임이나 보증금이 임차주택에 관한 조세, 공과금, 그 밖의 부담의 증감이나 경제사정의 변동으로 인하여 적절하지 아니하게 된 때에는 장래에 대하여 그 증감을 청구할 수 있다. 다만, 증액의 경우에는 대통령령으로 정하는 기준에 따른 비율을 초과하지 못한다.

[본조신설 2009.7.30]

[전문개정 2008.3.21]

제11조(전문위원) ① 위원회의 심의사항에 관한 전문적인 조사·연구업무를 수행하기 위하여 5명 이내의 전문위원을 둘 수 있다.

제7조의2(월차임 전환 시 산정률의 제한) 보증금의 전부 또는 일부를 월 단위의 차임으로 전환하는 경우에는 그 전환되는 금액에 「은행법」에 따른 금융기관에서 적용하는 대출금리와 해당 지역의 경제 여건 등을 고려하여 대통령령으로 정하는 비율을 곱한 월차임(月借賃)의 범위를

초과할 수 없다.

② 전문위원은 법학, 경제학 또는 부동산학 등에 학식과 경험을 갖춘 사람 중에서 법무부장관이 위촉하고, 임기는 2년으로 한다.

[전문개정 2008.3.21]

[본조신설 2009.7.30]

제8조(보증금 중 일정액의 보호) ① 임차인은 보증금 중 일정액을 다른 담보물권자(擔保物權者)보다 우선하여 변제받을 권리가 있다. 이 경우 임차인은 주택에 대한 경매신청의 등기 전에 제3조제1항의 요건을 갖추어야 한다.

제12조(수당) 위원회 또는 실무위원회 위원에 대해서는 예산의 범위에서 수당을 지급할 수 있다. 다만, 공무원인 위원이 그 소관 업무와 직접적으로 관련되어 위원회에 출석하는 경우에는 그러하지 아니하다.

② 제1항의 경우에는 제3조의2제4항부터 제6항까지의 규정을 준용한다.

[본조신설 2009.7.30]

③ 제1항에 따라 우선변제를 받을 임차인 및 보증금 중 일정액의 범위와 기준은 제8조의2에 따른 주택임대차위원회의 심의를 거쳐 대통령령으로 정한다. 다만, 보증금 중 일정액의 범위와 기준은 주택가액(대지의 가액을 포함한다)의 2분의 1을 넘지 못한다. 〈개정 2009.5.8〉

[전문개정 2008.3.21]

제13조(운영세칙) 이 영에서 규정한 사항 외에 위원회의 운영에 필요한 사항은 법무부장관이 정한다.

[본조신설 2009.7.30]

제8조의2(주택임대차위원회) ① 제8조에 따라 우선변제를 받을 임차인 및 보증금 중 일정액의 범위와 기준을 심의하기 위하여 법무부에 주택임대차위원회(이하 "위원회"라 한다)를 둔다.

② 위원회는 위원장 1명을 포함한 9명 이상 15명 이하의 위원으로 구성한다.

③ 위원회의 위원장은 법무부차관이 된다.

부칙 〈제11441호, 1984.6.14〉

④ 위원회의 위원은 다음 각 호의 어느 하나에 해당하는 사람 중에서 위원장이 위촉하되, 다음 제1호부터 제5호까지에 해당하는 위원을 각각 1명 이상 위촉하여야 하고, 위원 중 2분의 1 이상은 제1호·제2호 또는 제6호에 해당하는 사람을 위촉하여야 한다.

1. 법학·경제학 또는 부동산학 등을 전공하고 주택임대차 관련 전문지식을 갖춘 사람으로
   서 공인된 연구기관에서 조교수 이상 또는 이에 상당하는 직에 5년 이상 재직한 사람

이 영은 공포한 날로부터 시행한다.

2. 변호사·감정평가사·공인회계사·세무사 또는 공인중개사로서 5년 이상 해당 분야에서
   종사하고 주택임대차 관련 업무경험이 풍부한 사람

3. 기획재정부에서 물가 관련 업무를 담당하는 고위공무원단에 속하는 공무원

4. 법무부에서 주택임대차 관련 업무를 담당하는 고위공무원단에 속하는 공무원(이에 상당
   하는 특정직 공무원을 포함한다)

부칙 〈제12283호, 1987.12.1〉

5. 국토해양부에서 주택사업 또는 주거복지 관련 업무를 담당하는 고위공무원단에 속하는 공
   무원

6. 그 밖에 주택임대차 관련 학식과 경험이 풍부한 사람으로서 대통령령으로 정하는 사람

①(시행일) 이 영은 공포한 날로부터 시행한다. ②(소액보증금의 범위변경에 따른 경과조치)
   이 영 시행전에 임차주택에 대하여 담보물권을 취득한 자에 대하여는 종전의 규정을 적용
   한다.

⑤ 그 밖에 위원회의 구성 및 운영 등에 필요한 사항은 대통령령으로 정한다.

[본조신설 2009.5.8]

부칙 〈제12930호, 1990.2.19〉

제9조(주택 임차권의 승계) ① 임차인이 상속인 없이 사망한 경우에는 그 주택에서 가정공
동생활을 하던 사실상의 혼인 관계에 있는 자가 임차인의 권리와 의무를 승계한다.

② 임차인이 사망한 때에 사망 당시 상속인이 그 주택에서 가정공동생활을 하고 있지 아니한
   경우에는 그 주택에서 가정공동생활을 하던 사실상의 혼인 관계에 있는 자와 2촌 이내의
   친족이 공동으로 임차인의 권리와 의무를 승계한다.

이 영은 공포한 날부터 시행한다.

③ 제1항과 제2항의 경우에 임차인이 사망한 후 1개월 이내에 임대인에게 제1항과 제2항에
   따른 승계 대상자가 반대의사를 표시한 경우에는 그러하지 아니하다.

④ 제1항과 제2항의 경우에 임대차 관계에서 생긴 채권·채무는 임차인의 권리의무를 승계
   한 자에게 귀속된다.

[전문개정 2008.3.21]

부칙 〈제14785호, 1995.10.19〉

제10조(강행규정) 이 법에 위반된 약정(約定)으로서 임차인에게 불리한 것은 그 효력이 없다.

①(시행일) 이 영은 공포한 날부터 시행한다. ②(경과조치) 이 영 시행전에 임차주택에 대하여 담보물권을 취득한 자에 대하여는 종전의 규정에 의한다.

[전문개정 2008.3.21]

제11조(일시사용을 위한 임대차) 이 법은 일시사용하기 위한 임대차임이 명백한 경우에는 적용하지 아니한다.

부칙 〈제17360호, 2001.9.15〉

[전문개정 2008.3.21]

①(시행일) 이 영은 공포한 날부터 시행한다. ②(경과조치) 이 영 시행전에 임차주택에 대하여 담보물권을 취득한 자에 대하여는 종전의 규정에 의한다.

제12조(미등기 전세에의 준용) 주택의 등기를 하지 아니한 전세계약에 관하여는 이 법을 준용한다. 이 경우 "전세금"은 "임대차의 보증금"으로 본다.

[전문개정 2008.3.21]

부칙 〈제17627호, 2002.6.19〉

제13조(「소액사건심판법」의 준용) 임차인이 임대인에 대하여 제기하는 보증금반환청구소송에 관하여는 「소액사건심판법」 제6조, 제7조, 제10조 및 제11조의2를 준용한다.

[전문개정 2008.3.21]

이 영은 2002년 6월 30일부터 시행한다.

附則 〈제3379호, 1981.3.5〉

부칙 〈제20334호, 2007.10.23〉

①(施行日) 이 法은 公布한 날로부터 施行한다.

이 영은 2007년 11월 4일부터 시행한다.

②(經過措置) 이 法은 이 法 施行후 締結되거나 更新된 賃貸借에 이를 適用한다. 다만, 第3條의 規定은 이 法 施行당시 存續중인 賃貸借에 대하여도 이를 適用하되 이 法 施行전에 物權을 取得한 第3者에 대하여는 그 效力이 없다.

附則 〈제3682호, 1983.12.30〉

부칙 〈제20971호, 2008.8.21〉

①(施行日) 이 法은 1984年 1月 1日부터 施行한다.

제1조(시행일) 이 영은 공포한 날부터 시행한다. 제2조(경과조치) 이 영 시행 전에 임차주택에 대하여 담보물권을 취득한 자에 대하여는 종전의 규정에 따른다.

②(經過措置의 原則) 이 法은 특별한 規定이 있는 경우를 제외하고는 이 法 施行전에 생긴 事項에 대하여도 이를 適用한다. 그러나 종전의 規定에 의하여 생긴 效力에는 影響을 미치지 아니한다.

③(借賃등의 增額請求에 관한 經過措置) 第7條 但書의 改正規定은 이 法 施行전에 借賃등의 增額請求가 있은 경우에는 이를 適用하지 아니한다.

④(少額保證金의 보호에 관한 經過措置) 第8條의 改正規定은 이 法 施行전에 賃借住宅에 대하여 擔保物權을 取得한 者에 대하여는 이를 適用하지 아니한다.

부칙 〈제21650호, 2009.7.30〉

附則 (정부부처명칭등의변경에따른건축법등의정비에관한법률) 〈제5454호, 1997.12.13〉

이 영은 2009년 8월 9일부터 시행한다.

이 法은 1998年 1月 1日부터 施行한다. 〈但書 省略〉

부칙 (한국토지주택공사법 시행령) 〈제21744호, 2009.9.21〉

附則 〈제5641호, 1999.1.21〉

제1조(시행일) 이 영은 2009년 10월 1일부터 시행한다. 제2조 및 제3조 생략 제4조(다른 법령의 개정) ① 부터 〈42〉 까지 생략 〈43〉 주택임대차보호법 시행령 일부를 다음과 같이 개정한다. 제1조의2제1호를 다음과 같이 한다. 1.「한국토지주택공사법」에 따른 한국토지주택공사 〈44〉 부터 〈54〉 까지 생략 제5조 생략

①(施行日) 이 法은 1999年 3月 1日부터 施行한다.

②(存續중인 賃貸借에 관한 經過措置) 이 法은 특별한 規定이 있는 경우를 제외하고는 이 法 施行당시 存續중인 賃貸借에 대하여도 이를 적용한다.

③(賃貸借登記에 관한 經過措置) 第3條의4의 改正規定은 이 法 施行전에 이미 經了된 賃貸借登記에 대하여는 이를 적용하지 아니한다.

부칙 〈제6541호, 2001.12.29〉

이 법은 공포후 6월이 경과한 날부터 시행한다.

부칙 (민사집행법) 〈제6627호, 2002.1.26〉

제1조(시행일) 이 법은 2002년 7월 1일부터 시행한다.
제2조 내지 제5조 생략

제6조(다른 법률의 개정) ①내지 〈41〉 생략

〈42〉 주택임대차보호법중 다음과 같이 개정한다.

제3조의2제1항중 "채무명의"를 "집행권원"으로, "民事訴訟法 第491條의2"를 "민사집행법 제41조"로 하고, 같은 조제2항중 "民事訴訟法"을 "민사집행법"으로 하며, 같은 조제5항중 "民事訴訟法 第590條 내지 第597條"를 "민사집행법 제152조 내지 제161조"로 한다.

제3조의3제3항중 "民事訴訟法 第700條第1項, 第701條, 第703條, 第704條, 第706條第1項·第3項·第4項 前段, 第707條, 第710條"를 "민사집행법 제280조제1항, 제281조, 제283조, 제285조, 제286조, 제288조제1항·제2항·제3항 전단, 제289조제1항 내지 제4항, 제290조제2항중 제288조제1항에 대한 부분, 제291조, 제293조"로 한다.

제3조의5 본문중 "民事訴訟法"을 "민사집행법"으로 한다.

〈43〉 내지 〈55〉 생략

제7조 생략

부칙 (민사집행법) 〈제7358호, 2005.1.27〉

제1조(시행일) 이 법은 공포 후 6월이 경과한 날부터 시행한다.
제2조 생략

제3조(다른 법률의 개정) ①생략

②住宅賃貸借保護法중 다음과 같이 개정한다.

제3조의3제3항 전단중 "민사집행법 제280조제1항, 제281조, 제283조, 제285조, 제286조, 제288조제1항·제2항·제3항 전단, 제289조제1항 내지 제4항"을 "민사집행법 제280조제1항, 제281조, 제283조, 제285조, 제286조, 제288조제1항·제2항 본문, 제289조"로 한다.

③생략

제4조 생략

부칙 〈제8583호, 2007.8.3〉

이 법은 공포 후 3개월이 경과한 날부터 시행한다.

부칙 〈제8923호, 2008.3.21〉

이 법은 공포한 날부터 시행한다.

부칙 〈제9653호, 2009.5.8〉

이 법은 공포 후 3개월이 경과한 날부터 시행한다.

상가건물 임대차보호법
상가건물임대차보호법시행령
[일부개정 2009.5.8 법률 제9649호]
[일부개정 2010.1.11 대통령령 제21988호]

제1조(목적) 이 법은 상가건물 임대차에 관하여 「민법」에 대한 특례를 규정하여 국민 경제생활의 안정을 보장함을 목적으로 한다.

제1조(목적) 이 영은 「상가건물임대차보호법」에서 위임된 사항과 그 시행에 관하여 필요한 사항을 정하는 것을 목적으로 한다. 〈개정 2008.8.21〉

[전문개정 2009.1.30]

제2조(적용범위) ①「상가건물임대차보호법」(이하 "법"이라 한다) 제2조제1항 단서에서 "대통령령이 정하는 보증금액"이라 함은 다음 각호의 구분에 의한 금액을 말한다. 〈개정 2008.8.21〉

제2조(적용범위) ① 이 법은 상가건물(제3조제1항에 따른 사업자등록의 대상이 되는 건물을 말한다)의 임대차(임대차 목적물의 주된 부분을 영업용으로 사용하는 경우를 포함한다)에 대하여 적용한다. 다만, 대통령령으로 정하는 보증금액을 초과하는 임대차에 대하여는 그러하지 아니하다.

1. 서울특별시 : 2억6천만원

② 제1항 단서에 따른 보증금액을 정할 때에는 해당 지역의 경제 여건 및 임대차 목적물의 규모 등을 고려하여 지역별로 구분하여 규정하되, 보증금 외에 차임이 있는 경우에는 그 차임액에 「은행법」에 따른 금융기관의 대출금리 등을 고려하여 대통령령으로 정하는 비율을 곱하여 환산한 금액을 포함하여야 한다.

2. 「수도권정비계획법」에 따른 수도권중 과밀억제권역(서울특별시를 제외한다) : 2억1천만원

[전문개정 2009.1.30]

3. 광역시(군지역과 인천광역시지역을 제외한다) : 1억6천만원

4. 그 밖의 지역 : 1억5천만원

제3조(대항력 등) ① 임대차는 그 등기가 없는 경우에도 임차인이 건물의 인도와 「부가가치세법」 제5조, 「소득세법」 제168조 또는 「법인세법」 제111조에 따른 사업자등록을 신청하면 그 다음 날부터 제3자에 대하여 효력이 생긴다.

②법 제2조제2항의 규정에 의하여 보증금외에 차임이 있는 경우의 차임액은 월 단위의 차임액으로 한다.

② 임차건물의 양수인(그 밖에 임대할 권리를 승계한 자를 포함한다)은 임대인의 지위를 승계한 것으로 본다.

③법 제2조제2항에서 "대통령령이 정하는 비율"이라 함은 1분의 100을 말한다.

③ 이 법에 따라 임대차의 목적이 된 건물이 매매 또는 경매의 목적물이 된 경우에는 「민법」 제575조제1항·제3항 및 제578조를 준용한다.

④ 제3항의 경우에는 「민법」 제536조를 준용한다.

제3조(등록사항 등의 열람·제공) ①상가건물의 임대차에 이해관계가 있는 자는 법 제4조제1항의 규정에 의하여 등록사항 등의 열람 또는 제공을 요청하는 때에는 별지 제1호서식에 의한 요청서에 이해관계가 있는 자임을 입증할 수 있는 서류를 첨부하여 당해 건물의 소재지를 관할하는 세무서장에게 제출하여야 한다.

[전문개정 2009.1.30]

②법 제4조제1항의 규정에 의한 등록사항 등의 열람 또는 제공은 사업자등록신청서·사업자등록정정신고서 및 그 첨부서류와 확정일자를 기재한 장부중 열람을 요청한 사항을 열람하게 하거나, 별지 제2호서식에 의한 현황서나 건물도면의 등본을 교부하는 방법에 의한다.

③법 제4조제1항의 규정에 의한 등록사항 등의 열람 또는 제공은 전자적 방법에 의할 수 있다.

제4조(등록사항 등의 열람·제공) ① 건물의 임대차에 이해관계가 있는 자는 건물의 소재지 관할 세무서장에게 다음 각 호의 사항의 열람 또는 제공을 요청할 수 있다. 이때 관할 세무서장은 정당한 사유 없이 이를 거부할 수 없다.

④법 제4조제1항제7호에서 "그 밖에 대통령령이 정하는 사항"이라 함은 임대차의 목적이 건물의 일부분인 경우 그 부분의 도면을 말한다.

1. 임대인·임차인의 성명, 주소, 주민등록번호(임대인·임차인이 법인이거나 법인 아닌 단체인 경우에는 법인명 또는 단체명, 대표자, 법인등록번호, 본점·사업장 소재지)

2. 건물의 소재지, 임대차 목적물 및 면적

제4조(차임 등 증액청구의 기준) 법 제11조제1항의 규정에 의한 차임 또는 보증금의 증액청구는 청구당시의 차임 또는 보증금의 100분의 9의 금액을 초과하지 못한다. 〈개정 2008.8.21〉

3. 사업자등록 신청일

4. 사업자등록 신청일 당시의 보증금 및 차임, 임대차기간

제5조(월차임 전환시 산정률) 법 제12조에서 "대통령령이 정하는 비율" 이라 함은 연 1할5푼을 말한다.

5. 임대차계약서상의 확정일자를 받은 날

6. 임대차계약이 변경되거나 갱신된 경우에는 변경·갱신된 날짜, 보증금 및 차임, 임대차기간, 새로운 확정일자를 받은 날

제6조(우선변제를 받을 임차인의 범위) 법 제14조의 규정에 의하여 우선변제를 받을 임차인은 보증금과 차임이 있는 경우 법 제2조제2항의 규정에 의하여 환산한 금액의 합계가 다음 각호의 구분에 의한 금액 이하인 임차인으로 한다. 〈개정 2008.8.21〉

7. 그 밖에 대통령령으로 정하는 사항

1. 서울특별시 : 4천500만원

② 제1항에 따른 자료의 열람 및 제공과 관련하여 필요한 사항은 대통령령으로 정한다.

2. 「수도권정비계획법」에 의한 수도권중 과밀억제권역(서울특별시를 제외한다) : 3천900만원

[전문개정 2009.1.30]

3. 광역시(군지역과 인천광역시지역을 제외한다) : 3천만원

4. 그 밖의 지역 : 2천500만원

제5조(보증금의 회수) ① 임차인이 임차건물에 대하여 보증금반환청구소송의 확정판결, 그 밖에 이에 준하는 집행권원에 의하여 경매를 신청하는 경우에는 「민사집행법」 제41조에도 불구하고 반대의무의 이행이나 이행의 제공을 집행개시의 요건으로 하지 아니한다.

② 제3조제1항의 대항요건을 갖추고 관할 세무서장으로부터 임대차계약서상의 확정일자를 받은 임차인은 「민사집행법」에 따른 경매 또는 「국세징수법」에 따른 공매 시 임차건물(임대인 소유의 대지를 포함한다)의 환가대금에서 후순위권리자나 그 밖의 채권자보다 우선하여 보증금을 변제받을 권리가 있다.

제7조(우선변제를 받을 보증금의 범위 등) ①법 제14조의 규정에 의하여 우선변제를 받을 보증금중 일정액의 범위는 다음 각호의 구분에 의한 금액 이하로 한다. 〈개정 2008.8.21〉

③ 임차인은 임차건물을 양수인에게 인도하지 아니하면 제2항에 따른 보증금을 받을 수 없다.

1. 서울특별시 : 1천350만원

④ 제2항에 따른 우선변제의 순위와 보증금에 대하여 이의가 있는 이해관계인은 경매법원 또는 체납처분청에 이의를 신청할 수 있다.

2. 「수도권정비계획법」에 의한 수도권중 과밀억제권역(서울특별시를 제외한다) : 1천170만원

⑤ 제4항에 따라 경매법원에 이의를 신청하는 경우에는 「민사집행법」 제152조부터 제161조까지의 규정을 준용한다.

3. 광역시(군지역과 인천광역시지역을 제외한다) : 900만원

⑥ 제4항에 따라 이의신청을 받은 체납처분청은 이해관계인이 이의신청일부터 7일 이내에 임차인을 상대로 소(訴)를 제기한 것을 증명한 때에는 그 소송이 종결될 때까지 이의가 신청된 범위에서 임차인에 대한 보증금의 변제를 유보(留保)하고 남은 금액을 배분하여야 한다. 이 경우 유보된 보증금은 소송 결과에 따라 배분한다.

4. 그 밖의 지역 : 750만원

[전문개정 2009.1.30]

②임차인의 보증금중 일정액이 상가건물의 가액의 3분의 1을 초과하는 경우에는 상가건물의 가액의 3분의 1에 해당하는 금액에 한하여 우선변제권이 있다.

③하나의 상가건물에 임차인이 2인 이상이고, 그 각 보증금중 일정액의 합산액이 상가건물의 가액의 3분의 1을 초과하는 경우에는 그 각 보증금중 일정액의 합산액에 대한 각 임차인의 보증금중 일정액의 비율로 그 상가건물의 가액의 3분의 1에 해당하는 금액을 분할한 금액을 각 임차인의 보증금중 일정액으로 본다.

제6조(임차권등기명령) ① 임대차가 종료된 후 보증금을 돌려받지 못한 임차인은 임차건물의 소재지를 관할하는 지방법원, 지방법원지원 또는 시·군법원에 임차권등기명령을 신청할 수 있다.

② 임차권등기명령을 신청할 때에는 다음 각 호의 사항을 기재하여야 하며, 신청 이유 및 임차권등기의 원인이 된 사실을 소명하여야 한다.

1. 신청 취지 및 이유

부칙 〈제17757호, 2002.10.14〉

2. 임대차의 목적인 건물(임대차의 목적이 건물의 일부분인 경우에는 그 부분의 도면을 첨부한다)

3. 임차권등기의 원인이 된 사실(임차인이 제3조제1항에 따른 대항력을 취득하였거나 제5조제2항에 따른 우선변제권을 취득한 경우에는 그 사실)

①(시행일) 이 영은 2002년 11월 1일부터 시행한다. ②(기존 임차인의 확정일자 신청에 대한

경과조치) 이 영 공포후 법 부칙 제3항의 규정에 의하여 임대차계약서상의 확정일자를 신청하고자 하는 자는 임대차계약서와 함께 사업자등록증을 제시하여야 한다.

4. 그 밖에 대법원규칙으로 정하는 사항

③ 임차권등기명령의 신청에 대한 재판, 임차권등기명령의 결정에 대한 임대인의 이의신청 및 그에 대한 재판, 임차권등기명령의 취소신청 및 그에 대한 재판 또는 임차권등기명령의 집행 등에 관하여는 「민사집행법」 제280조제1항, 제281조, 제283조, 제285조, 제286조, 제288조제1항·제2항 본문, 제289조, 제290조제2항 중 제288조제1항에 대한 부분, 제291조, 제293조를 준용한다. 이 경우 "가압류"는 "임차권등기"로, "채권자"는 "임차인"으로, "채무자"는 "임대인"으로 본다.

④ 임차권등기명령신청을 기각하는 결정에 대하여 임차인은 항고할 수 있다.

부칙 (행정정보의 공동이용 및 문서감축을 위한 국가채권관리법 시행령 등 일부개정령) 〈제19507호, 2006.6.12〉

⑤ 임차권등기명령의 집행에 따른 임차권등기를 마치면 임차인은 제3조제1항에 따른 대항력과 제5조제2항에 따른 우선변제권을 취득한다. 다만, 임차인이 임차권등기 이전에 이미 대항력 또는 우선변제권을 취득한 경우에는 그 대항력 또는 우선변제권이 그대로 유지되며, 임차권등기 이후에는 제3조제1항의 대항요건을 상실하더라도 이미 취득한 대항력 또는 우선변제권을 상실하지 아니한다.

⑥ 임차권등기명령의 집행에 따른 임차권등기를 마친 건물(임대차의 목적이 건물의 일부분인 경우에는 그 부분으로 한정한다)을 그 이후에 임차한 임차인은 제14조에 따른 우선변제를 받을 권리가 없다.

이 영은 공포한 날부터 시행한다.

⑦ 임차권등기의 촉탁, 등기관의 임차권등기 기입 등 임차권등기명령의 시행에 관하여 필요한 사항은 대법원규칙으로 정한다.

⑧ 임차인은 제1항에 따른 임차권등기명령의 신청 및 그에 따른 임차권등기와 관련하여 든 비용을 임대인에게 청구할 수 있다.

[전문개정 2009.1.30]

부칙 〈제20970호, 2008.8.21〉

제7조(「민법」에 따른 임대차등기의 효력 등) ① 「민법」 제621조에 따른 건물임대차등기의 효력에 관하여는 제6조제5항 및 제6항을 준용한다.

제1조(시행일) 이 영은 공포한 날부터 시행한다. 제2조(경과조치) 이 영 시행 당시 존속 중인 상가건물임대차계약에 대하여는 종전의 규정에 따른다. 다만, 제4조의 개정규정은 그러하지 아니하다.

② 임차인이 대항력 또는 우선변제권을 갖추고 「민법」 제621조제1항에 따라 임대인의 협력을 얻어 임대차등기를 신청하는 경우에는 신청서에 「부동산등기법」 제156조에 규정된 사항 외에 다음 각 호의 사항을 기재하여야 하며, 이를 증명할 수 있는 서면(임대차의 목적이 건물의 일부분인 경우에는 그 부분의 도면을 포함한다)을 첨부하여야 한다.

1. 사업자등록을 신청한 날

2. 임차건물을 점유한 날

부칙 〈제21988호, 2010.1.11〉

3. 임대차계약서상의 확정일자를 받은 날

[전문개정 2009.1.30]

이 영은 공포한 날부터 시행한다.

제8조(경매에 의한 임차권의 소멸) 임차권은 임차건물에 대하여 「민사집행법」에 따른 경매가 실시된 경우에는 그 임차건물이 매각되면 소멸한다. 다만, 보증금이 전액 변제되지 아니한 대항력이 있는 임차권은 그러하지 아니하다.

[서식 1] 등록사항등의열람 · 제공요청서

[전문개정 2009.1.30]

[서식 2] 등록사항 등의 현황서

제9조(임대차기간 등) ① 기간을 정하지 아니하거나 기간을 1년 미만으로 정한 임대차는 그 기간을 1년으로 본다. 다만, 임차인은 1년 미만으로 정한 기간이 유효함을 주장할 수 있다.

② 임대차가 종료한 경우에도 임차인이 보증금을 돌려받을 때까지는 임대차 관계는 존속하는 것으로 본다.

[전문개정 2009.1.30]

제10조(계약갱신 요구 등) ① 임대인은 임차인이 임대차기간이 만료되기 6개월 전부터 1개월 전까지 사이에 계약갱신을 요구할 경우 정당한 사유 없이 거절하지 못한다. 다만, 다음 각 호

의 어느 하나의 경우에는 그러하지 아니하다.

1. 임차인이 3기의 차임액에 해당하는 금액에 이르도록 차임을 연체한 사실이 있는 경우
2. 임차인이 거짓이나 그 밖의 부정한 방법으로 임차한 경우
3. 서로 합의하여 임대인이 임차인에게 상당한 보상을 제공한 경우
4. 임차인이 임대인의 동의 없이 목적 건물의 전부 또는 일부를 전대(轉貸)한 경우
5. 임차인이 임차한 건물의 전부 또는 일부를 고의나 중대한 과실로 파손한 경우
6. 임차한 건물의 전부 또는 일부가 멸실되어 임대차의 목적을 달성하지 못할 경우
7. 임대인이 목적 건물의 전부 또는 대부분을 철거하거나 재건축하기 위하여 목적 건물의 점유를 회복할 필요가 있는 경우
8. 그 밖에 임차인이 임차인으로서의 의무를 현저히 위반하거나 임대차를 계속하기 어려운 중대한 사유가 있는 경우

② 임차인의 계약갱신요구권은 최초의 임대차기간을 포함한 전체 임대차기간이 5년을 초과하지 아니하는 범위에서만 행사할 수 있다.

③ 갱신되는 임대차는 전 임대차와 동일한 조건으로 다시 계약된 것으로 본다. 다만, 차임과 보증금은 제11조에 따른 범위에서 증감할 수 있다.

④ 임대인이 제1항의 기간 이내에 임차인에게 갱신 거절의 통지 또는 조건 변경의 통지를 하지 아니한 경우에는 그 기간이 만료된 때에 전 임대차와 동일한 조건으로 다시 임대차한 것으로 본다. 이 경우에 임대차의 존속기간은 1년으로 본다. 〈개정 2009.5.8〉

⑤ 제4항의 경우 임차인은 언제든지 임대인에게 계약해지의 통고를 할 수 있고, 임대인이 통고를 받은 날부터 3개월이 지나면 효력이 발생한다.

[전문개정 2009.1.30]

제11조(차임 등의 증감청구권) ① 차임 또는 보증금이 임차건물에 관한 조세, 공과금, 그 밖의 부담의 증감이나 경제 사정의 변동으로 인하여 상당하지 아니하게 된 경우에는 당사자는 장래의 차임 또는 보증금에 대하여 증감을 청구할 수 있다. 그러나 증액의 경우에는 대통령령으로 정하는 기준에 따른 비율을 초과하지 못한다.

② 제1항에 따른 증액 청구는 임대차계약 또는 약정한 차임 등의 증액이 있은 후 1년 이내에는 하지 못한다.

[전문개정 2009.1.30]

제12조(월 차임 전환 시 산정률의 제한) 보증금의 전부 또는 일부를 월 단위의 차임으로 전

환하는 경우에는 그 전환되는 금액에 「은행법」에 따른 금융기관의 대출금리 및 해당 지역의 경제 여건 등을 고려하여 대통령령으로 정하는 비율을 곱한 월 차임의 범위를 초과할 수 없다.

[전문개정 2009.1.30]

제13조(전대차관계에 대한 적용 등) ① 제10조부터 제12조까지의 규정은 전대인(轉貸人)과 전차인(轉借人)의 전대차관계에 적용한다.

② 임대인의 동의를 받고 전대차계약을 체결한 전차인은 임차인의 계약갱신요구권 행사기간 이내에 임차인을 대위(代位)하여 임대인에게 계약갱신요구권을 행사할 수 있다.

[전문개정 2009.1.30]

제14조(보증금 중 일정액의 보호) ① 임차인은 보증금 중 일정액을 다른 담보물권자보다 우선하여 변제받을 권리가 있다. 이 경우 임차인은 건물에 대한 경매신청의 등기 전에 제3조제1항의 요건을 갖추어야 한다.

② 제1항의 경우에 제5조제4항부터 제6항까지의 규정을 준용한다.

③ 제1항에 따라 우선변제를 받을 임차인 및 보증금 중 일정액의 범위와 기준은 임대건물가액(임대인 소유의 대지가액을 포함한다)의 3분의 1 범위에서 해당 지역의 경제 여건, 보증금 및 차임 등을 고려하여 대통령령으로 정한다.

[전문개정 2009.1.30]

제15조(강행규정) 이 법의 규정에 위반된 약정으로서 임차인에게 불리한 것은 효력이 없다.

[전문개정 2009.1.30]

제16조(일시사용을 위한 임대차) 이 법은 일시사용을 위한 임대차임이 명백한 경우에는 적용하지 아니한다.

[전문개정 2009.1.30]

제17조(미등기전세에의 준용) 목적건물을 등기하지 아니한 전세계약에 관하여 이 법을 준용한다. 이 경우 "전세금" 은 "임대차의 보증금" 으로 본다.

[전문개정 2009.1.30]

제18조(「소액사건심판법」의 준용) 임차인이 임대인에게 제기하는 보증금반환청구소송에

관하여는 「소액사건심판법」 제6조・제7조・제10조 및 제11조의2를 준용한다.

　[전문개정 2009.1.30]

　부칙 〈제6542호, 2001.12.29〉

　①(시행일) 이 법은 2002년 11월 1일부터 시행한다. 〈개정 2002.8.26〉

　②(적용례) 이 법은 이 법 시행후 체결되거나 갱신된 임대차부터 적용한다. 다만, 제3조・제5
　　조 및 제14조의 규정은 이 법 시행당시 존속중인 임대차에 대하여도 이를 적용하되, 이 법
　　시행 전에 물권을 취득한 제3자에 대하여는 그 효력이 없다.

　③(기존 임차인의 확정일자 신청에 대한 경과조치) 이 법 시행당시의 임차인으로서 제5조의
　　규정에 의한 보증금 우선변제의 보호를 받고자 하는 자는 이 법 시행전에 대통령령이 정하
　　는 바에 따라 건물의 소재지 관할 세무서장에게 임대차계약서상의 확정일자를 신청할 수
　　있다.

　부칙 〈제6718호, 2002.8.26〉

이 법은 공포한 날부터 시행한다.

　부칙 (민사집행법) 〈제7358호, 2005.1.27〉

제1조(시행일) 이 법은 공포 후 6월이 경과한 날부터 시행한다.

제2조 생략

제3조(다른 법률의 개정) ①상가건물임대차보호법중 다음과 같이 개정한다.

제6조제3항 전단중 "민사집행법 제280조제1항, 제281조, 제283조, 제285조, 제286조, 제288
조제1항・제2항・제3항 본문, 제289조제1항 내지 제4항" 을 "민사집행법 제280조제1항, 제281
조, 제283조, 제285조, 제286조, 제288조제1항・제2항 본문, 제289조" 로 한다.

　②및 ③생략

제4조 생략

부칙 〈제9361호, 2009.1.30〉
이 법은 공포한 날부터 시행한다.

부칙 〈제9649호, 2009.5.8〉
이 법은 공포한 날부터 시행한다.

경매 & 공매

대법원 법원경매 http://www.courtauction.go.kr

경매온비드 http://www.onbid.co.kr

부동산시세

아파트실거래가(국토해양부) http://www.rt.moct.go.kr

KB시세 http://www.kbstar.com

네이버부동산 http://land.naver.com

부동산정보

온나라 http://www.onnara.go.kr

매일경제 http://estate.mk.co.kr

중앙일보 http://www.joinsland.com

한국주택신문 http://www.housingnews.co.kr

한국APT신문 http://www.hapt.co.kr

서울경제 http://lands.honkooki.com/index

한국경제 http://www.hankyung.com/landplus

RTN부동산TV http://www.rtn.co.kr

인터넷지도

콩나물닷컴 http://www.congnamul.com

다음지도 http://local.daum.net

감정평가기관

한국감정원 http://www.kab.co.kr

한국감정평가협회 http://www.kapanet.co.kr

민원서비스

부동산 등기부등본(열람&발급) http://www.iros.go.kr

공시지가확인 http://member.kapanet.co.kr/cgi-bin/gsv

대한민국 전자정부 민원서비스 http://www.egov.go.kr
(주민등록 등초본, 토지대장, 건축물대장 등)

정부기관

기획재정부 http://www.mofe.go.kr

법제처 http://www.moleg.go.kr

대법원 http://www.scourt.go.kr

국회 http://www.assembly.go.kr

국회도서관 http://www.nanet.go.kr

국세청 http://www.nta.go.kr

국토해양부 http://www.mltm.go.kr

유관기관

해외건설협회 http://www.icak.or.kr

한국자산관리공사 http://www.kamco.or.kr

한국토지신탁 http://www.koreit.co.kr

한국공인중개사협회 http://www.nareb.or.kr

대한지적공사 http://www.kcsc.co.kr

대한주택공사 http://www.knhc.or.kr

대한건축협회 http://www.cak.or.kr

국토연구원 http://www.krihs.re.kr

경제연구소

삼성경제연구소 http://www.seri.org

LG경제연구소 http://www.lgeri.com

현대경제연구원 http://www.hri.co.kr

대신경제연구소 http://www.deri.co.kr

한국경제연구원 http://www.keri.org

한국건설산업연구원 http://www.cerik.re.kr
한국개발연구원 http://www.kdi.re.kr
대외경정책연구원 http://www.kiep.go.kr

사설경매사이트(대부분 유료)

굿옥션 http://www.goodauction.co.kr
지지옥션 http://www.ggi.co.kr
하우스인포 http://www.houseinfo.co.kr
리츠옥션 http://www.reitsauction.co.kr
한국경매 http://www.hkauction.co.kr
부동산태인 http://www.taein.co.kr

1. 가압류 : 금전 또는 금전으로 환산될 수 있는 재산을 그대로 두어 장래 강제집행이 불가능하게 되거나, 곤란하게 될 경우에 미리 일반 담보가 되는 채무자의 재산을 압류하여 현상을 보전하고, 그 변경을 금지하여 장래의 강제집행을 보전하는 절차이다.

2. 가등기 : 종국등기를 할 수 있을 만한 실체법적 또는 절차법적 요건을 구비하지 못한 경우 혹은 권리의 설정, 이전, 변경, 소멸의 청구권을 보전하려고 할 때와 그 청구권이 시한부, 조건부이거나 장래에 있어서 확정할 것인 때에 그 본등기를 위하여 미리 그 순위를 보존하게 되는 효력을 가지는 등기이다.

3. 가처분 : 소유물 반환 청구권, 임차물 인도청구권 등과 같이 특정물에 대한 각종 청구권을 가지는 채권자가 장래의 집행보전을 위하여 현재의 상태대로 현상을 고정, 유지할 필요가 있을 때 채무자의 재산 은닉, 제3자에 대한 양도 등의 처분을 금지시키고 그 보관에 필요한 조치를 해 두는 보전 처분 물권의 설정이나 소유권의 이전, 변경, 소멸의 청구권을 보전하기 위하여 하는 등기이다.

4. 각하 : 소송요건 또는 상소의 요건을 갖추지 않은 까닭으로 부적법인 것으로서 사건의 일체를 심리함이 없이 배척하는 것이다.

5. 감정평가 : 지가공시및토지등의평가에관한법률에 의하면 토지 등의 경제적 가치를 판정하여 그 결과를 가액으로 표시하는 것을 말한다고 정의한다. 즉 동산, 부동산의 소유권의 경제적 가치 또는 소유권 이외의 권리, 임료 등의 경제적 가치를 통화단위로 표시하는 것을 말한다.

6. 감정평가서 : 법원의 감정평가명령에 의하여 감정인이 매각물건의 경제적 가치를 평가하여 작성한 문서로서 감정가격 산출 근거, 평가요항표(토지, 건물, 집합건물별로 감정인들이 사용하는 소정양식), 위치도, 건물 내부구조도, 지적도, 사진 등을 첨부한다.

7. 개별매각(분할매각) : 수개의 부동산에 관하여 동시에 경매신청이 있는 경우 각 부동산별로 최저경매가격을 정하여 경매해야 한다는 원칙이다. 법에 명문규정은 없으나 이 원칙은 1개의 부동산의 매각대금으로 각 채권자의 채권 및 집행비용의 변제에 충분한 때에는 다른 부동산에 대한 매각을 허가하지 않는다. 이 경우 채무자는 매각할 부동산을 지정할 수 있다는 규정과 일괄경매에 관한 특칙이 있음에 비추어 명백하다. 다만 법원은 수개의 부동산의 위치, 형태, 이용관계 등을 고려하여 이를 동일인에게 일괄매수시킴이 상당하다고 인정한 때에는 자유재량에 의하여 일괄매각을 정할 수 있다. (구)개별경매

8. 경매개시결정 : 경매신청의 요건이 구비되면 집행법원은 경매절차를 개시한다는 결정을 한다. 이와 동시에 집행법원은 그 부동산의 압류를 명하고 직권으로 그 사유를 등기부에 기입할 것을 등기관에게 촉탁한다. 경매개시결정이 채무자에게 송달된 때 또는 경매신청의 기입등기가 된 후에 압류의 효력이 발생한다. 이때부터 그 부동산을 타인에게 양도하거나 담보권 또는 용익권을 설정하는 등의 처분행위를 할 수 없다.

9. 공동경매 : 수인의 채권자가 동시에 경매신청을 하거나 아직 경매개시결정을 하지 않은 동안 동일 부동산에 대하여 다른 채권자로부터 경매신청이 있으면 수개의 경매신청을 병합하여 1개의 경매개시결정을 하여야 한다. 그 수인은 공동의 압류채권자가 되고 그 집행절차는 단독으로 경매신청을 한 경우에 준하여 실시되는 절차이다.

10. 공유자우선매수신고 : 공유자는 매각기일까지 최저매각가격의 1/10에 해당하는 현금이나 유가증권 또는 공유자와 은행사이에 맺어진 기한의 정함이 없는 지급보증위탁계약증서를 집행관에게 보관하게 하고 최고매수신고가격과 동일한 가격으로 채무자의 지분을 우선 매수하겠다는 공유자의 권리를 말한다.

11. 공동입찰 : 경매물건에 대하여 2인 이상이 공동으로 응찰하고자 하는 경우에는 입찰하기 전에 미리 집행관에게 공동입찰신고서를 제출하여 확인 받은 후 공동 입찰자 목록을 작성하여 입찰표, 공동입찰신고서와 함께 입찰함에 투여하면 된다.
　공동입찰의 경우 공동매수인 각자의 지분을 표시하나 만약 지분이 표시되지 않았다면 평등한 비율로 부동산을 매수한 것으로 된다.

12. 과잉매각 : 한 채무자가 여러 개의 부동산을 매각하는 경우 일부 부동산 매각대금으로

모든 채권자의 채권액과 집행비용을 변제하기에 충분하다면 이를 과잉매각이라고 한다. 이에 해당하면 집행법원을 다른 부동산의 매각을 허가하여서는 아니 된다.

13. 교부청구 : 국세징수법상 국세, 지방세, 징수금 등 채무자가 강제집행 또는 파산선고를 받은 때 강제매각개시절차에 의하여 채무자의 재산을 압류하지 않고도 강제매각기관에 체납관계 세금의 배당을 요구하는 것을 말한다.

14. 구분등기 : 1동의 건물에 각각 독립하여 1개의 건물이 될 수 있는 부분이 수개 있는 경우 그의 각 부분을 양도하거나 그 부분만 임대하였을 때 이에 대응한 소유권이전 등기나 임차권설정등기를 하기 위해서 그 건물을 수개의 건물로 구분하는 등기이다.

15. 근저당 : 일정기간 동안 증감 변동한 불특정의 채권을 결산기에 최고액을 한도로 담보하기 위한 저당권이다.
　- 예컨대, 원금에 30%를 할증하여 채권최고액을 설정하고 채권 최고액 범위 안에서만 근저당권의 효력이 미치며 이를 초과하는 부분은 우선변제를 받지 못한다.

16. 기각 : 신청내용(예를 들면 원고의 소에 의한 청구, 상소인의 상소에 의한 불복신청 등)이 종국재판에서 이유 없다고 배척하는 것이다.

17. 기간입찰 : 입찰기간은 1주일 이상 1월 이하의 범위 안에서 정하고, 매각기일은 입찰기일이 끝난 후 1주 안의 날로 정한다. 입찰의 방법은 입찰표에 기재사항을 기재한 후 매수신청의 보증으로 관할법원의 예금계좌에 매수신청보증금을 입금한 후 받은 법원보관금영수필통지서를 입금증명서의 양식에 첨부하거나 경매보증보험증권을 입찰봉투에 넣어 봉함한 후 매각기일을 기재하여 집행관에게 제출 또는 등기우편으로 집행관에게 보내는 부동산경매방식이다.

18. 기일입찰 : 집행법원은 매각기일의 공고 전에 직권 또는 이해관계인의 신청에 의하여 경매에 갈음하여 입찰을 명할 수 있다. 매각기일에 입찰 장소(경매법정)에서 각 매수신청인이 서면(입찰표)으로 매수가격을 신청하여 그중 최고가격을 신청한 사람을 매수인(낙찰인)으로 결정하는 부동산 경매방식이다. (구)입찰

19. 다가구주택 : 1개의 주택에 여러 가구가 거주하도록 지어진 주택으로 가구별로 독립되

어 있고 구분소유 및 분양은 불가능하다. 단독주택용 · 주거용 건축물로서 연면적이 660㎡(198평), 3층 이하여야 한다.

20. 다세대주택 : 한 건물에 각각 독립된 주거생활을 할 수 있도록 마련된 공동주택형 · 주거용 건축물로 구분소유 및 분양이 가능하다. 건축물의 연면적은 660㎡(198평), 4층 이하로 최소 2세대 이상이어야 한다.

21. 단독주택 : 주택의 구조에 의한 분류로, 공동주택이 아닌 주택을 말한다. 건축법에서 광의의 단독주택에는 ① 협의의 단독주택, ② 다중주택 및 ③ 공관이 포함되는 것으로 하고 있다.

22. 담보 : 민사상 계약당사자가 채무를 이행하지 않을 경우를 대비하기 위하여 채무자가 채권자에게 제공하는 수단을 말한다. 이에는 인적담보와 물적담보가 있다.

23. 담보물권 : 특정의 물건에 담보제공의 목적이 될 수 있는 물권(저당권, 유치권, 질권)을 말한다.

24. 등기부 : 등기사항을 기입하기 위하여 등기소에 비치되는 공적인 장부를 말하는 것이다. 부동산등기부 용지는 표제부(부동산표시), 갑구, 을구의 3부로 되어 있으며 1물건 1등기를 원칙으로 한다.

25. 등기부등본 : 등기부의 내용을 등사한 문서이다. 수수료를 납부하면 누구나 그 등본의 교부를 청구할 수 있다. 전부를 등사한 것이 등본, 일부를 등사한 곳이 초본인데 모두 등기내용에 상위 없음이 증명된다.

26. 등기청구권 : 등기권리자가 등기의무자에 대하여 등기의 신청에 협력할 것을 청구하는 권리이다. 등기는 양 당사자의 공동신청으로 하는 것이 원칙이다. 따라서 등기 청구권이 없으면 등기제도는 실효를 거둘 수 없게 된다. 그런데 등기청구권은 등기신청권과 구별하여야 한다. 등기청구권은 사인이 사인에 대하여 등기의 신청에 필요한 협력을 구하는 사법상의 권리이다. 이에 대하여 등기신청권은 등기공무원이라는 국가기관에 대하여 등기를 신청하는 권리이며, 그것은 공법상의 권리이다.

27. 대위변제 : 제3자 또는 공동채무자의 한 사람이 채무자를 위하여 변제하는 때에는 그 변제자는 채무자 또는 다른 공동채무자에 대하여 구상권을 취득하게 되는데 그 구상권의 범위 내에서 종래 채권자가 가지고 있었던 채권에 관한 권리가 법률상 당연히 변제자에게 이전하는 것이다.

28. 말소등기 : 등기필의 권리가 소멸한 경우, 등기원인이 무효가 된 경우, 처음부터 위법인 경우 변제에 의한 저당권 소멸 등의 이유로 기존의 등기를 말소하는 등기이다.

29. 매각기일 : 경매법원이 목적부동산에 대하여 경매를 실행하는 날로 입찰시각, 입찰장소 등과 함께 입찰기일 14일 이전에 일간신문 등에 공고한다. (구)입찰기일

30. 매각결정기일 : 입찰을 한 법정에서 매각기일로부터 통상 1주일 내에 최고가매수신고인에 대하여 매각허가 여부를 결정하는 기일이다. (구)낙찰기일

31. 매각물건명세서 : 법원은 부동산의 표시, 부동산의 점유자와 점유의 권원, 점유할 수 있는 기간, 차임 또는 보증금에 관한 관계인의 진술, 등기된 부동산에 관한 권리 또는 가처분으로서 매각으로 효력을 잃지 아니하는 것, 매각에 따라 설정된 것으로 보게 되는 지상권의 개요 등을 기재한 문서이다. 이를 매각기일의 1주일 전까지 법원에 비치하여 누구든지 열람할 수 있게 한다.

32. 매각허가결정 : 매각허가결정이 선고된 후 1주일 내에 이해관계인(매수인, 채무자, 소유자, 임차인, 근저당권자 등)집행법원의 결정에 대하여 항고하지 않으면 매각허가결정이 확정된다. (구)낙찰허가결정

33. 매수청구권 : 타인의 부동산을 이용하는 경우에, 그 이용관계가 종료함에 즈음하여 이용자가 그 부동산에 부속시킨 물건에 관하여 이용자 또는 소유자 그의 일방적 의사표시로서 매매계약이 체결된 것과 동일한 법률관계를 성립시키는 권리를 말한다. 청구권이지만 그 권리를 행사하면 그것만으로 매매가 성립하는 일종의 형성권이다. 매수청구권은 부동산에 부속된 물건의 경제적 효용을 다하게 하는 작용을 하는 것이며, 특히 이 권리를 이용자가 행사하는 경우에는 이용자의 투하자본을 회수하는 작용을 하게 된다. 민법이 인정하는 매수청구권으로도 ① 지상권설정자 및 지상권자의 지상물매수청구권, ② 전세권설정자의 부속물매수청구권, ③ 토

지임차인 및 전차인의 건물 기타 공작물의 매수청구권이 있다.

34. 매수신청보증금 : 경매물건 응찰 시 입찰봉투에 함께 넣는 계약금의 일종으로 입찰자는 최저매각가격의 10분의 1에 해당하는 현금이나 자기앞 수표를 매수신청보증금으로 법원에 납입하여야 한다. 이는 경매보증보험증권으로도 대체할 수 있다. 보증금액은 원칙적으로 최저매각가격의 10%이나 특별매각조건이 있는 경우 20~30%까지 내야 한다. 보증금을 법원이 요구하는 액수 이상으로 넣을 경우 초과부분에 대해 반환 받을 수 있지만 10원이라도 부족할 경우 입찰이 무효처리 된다.

35. 무잉여매각 : 집행법원은 법원이 정한 최저경매가격으로 압류채권자의 채권에 우선하는 부동산상의 모든 부담과 경매비용을 변제하면 남는 것이 없다고 인정될 경우 이러한 사실을 압류채권자에게 통지한다. 압류채권자가 이러한 우선채권을 넘는 가액으로 매수하는 자가 없는 경우 스스로 매수할 것을 신청하고 충분한 보증을 제공하지 않는 한 경매절차를 법원이 직권으로 취소하게 된다.

36. 물권 : 특정의 물건을 배타적으로 지배하여 그 이익(사용, 수익, 처분)을 얻을 수 있는 지배권이며 절대적인 권리가 있다.
   - 소유권, 점유권, 지상권, 지역권, 전세권, 유치권, 질권, 저당권.

37. 부동산권리분석 : 대상부동산에 대한 권리관계의 진정성과 법률적 가치를 실질적으로 조사 · 확인 · 판단하여 일련의 부동산 거래활동을 안전하게 하려는 작업이다.

38. 배당요구 : 강제집행에 있어서 압류채권자 이외의 채권자가 집행에 참가하여 변제를 받는 방법으로 민법, 상법, 기타 법률에 의하여 우선변제청구권이 있는 채권자, 집행력 있는 정본을 가진 채권자 및 경매개시결정의 기입등기 후에 가압류를 한 채권자는 법원에 배당요구를 신청할 수 있다. 민사집행법이 적용되는 2002년 7월 1일 이후에 접수된 경매사건의 배당요구는 배당요구의 종기일까지 해야 한다.

39. 법정매각조건 : 법정매각조건은 민사집행법에서 정한 경매의 일반적인 조건을 말한다. 법정매각조건에는 최저매각가격의 결정, 부동산상 권리의 인수, 잉여가 없는 경우 매각불허, 매수인의 소유권 취득, 매수인의 인도청구시기, 소유권의 이전등기시기 등이 이에 해당된다.

40. 분묘기지권 : 타인의 토지위에 분묘라는 특수한 공작물을 설치하는 경우 그 분묘를 소유하기 위해 분묘의 기지 부분인 타인소유 토지를 사용할 수 있는 권리이다.

41. 변경 : 새로운 사항의 추가, 매각조건의 변경, 권리의 변경, 송달의 부적법, 매각물건명세서 작성의 하자 등 경매절차상의 하자가 발생된 경우 또는 지정된 기일에 경매를 진행시킬 수 없을 때 법원이 직권으로 경매기일을 변경하는 것이다.

42. 상계 : 채권자가 동시에 매수인인 경우에 있을 수 있는 매각대금의 특별한 지급 방법이다. 현금을 납부하지 않고, 채권자가 받아야 할 채권액과 납부해야 할 매각대금을 같은 금액만큼 서로 맞비기는 것이다. 채권자는 매각대금을 상계 방식으로 지급하고 싶으면 매각결정기일이 끝날 때까지 법원에 위와 같은 상계를 하겠음을 신고하여야 한다. 배당기일에 매각대금에서 배당받아야 할 금액을 제외한 금액만을 납부하게 된다. 그러나 그 매수인(채권자)이 배당받을 금액에 대하여 다른 이해관계인으로부터 이의가 제기된 때에는 매수인은 배당기일이 끝날 때까지 이에 해당하는 대금을 납부하여야 한다.

43. 새매각 : (구)신경매
- 경매를 실시하였으나, 유찰되어 매수자가 결정되지 않아 다시 실시하는 경매이다. 또는 최고가 매수인이 결정되었다가 매각불허가 되거나, 매각 허가가 취소되는 경우 실시하는 경매이다.
- 유찰로 인한 신경매의 경우에는 다음 매각기일에 최저 경매가가 20~30% 저감된다.
- 낙찰불허가로 인한 신경매의 경우에는 종전의 최저 경매가를 그대로 적용한다. 다(대원 판례).

44. 아파트 : Apartment Hotel의 합성어이다. 일실 또는 수실을 분양하는 것으로 구분소유 방식을 Hotel에 적용한 것이다.

45. 아파트형공장 : 공업배치및공장설립에관한법률에 의한 공장의 하나로, 동일 건축물 안에 다수의 공장이 동시에 입주할 수 있는 다층형 집합건축물을 말한다.

46. 압류 : 채권자 등의 신청을 받은 국가 기관이 강제로 다른 사람의 재산 처분이나 권리 행사를 못하게 하는 행위이다.

- 경매에서는 금전 채권에 관하여 강제 집행의 1단계로서 집행기관이 채무자의 재산(물건 또는 권리)의 사실상 또는 법률상의 처분을 금지하고 이를 확보하는 강제행위이다.

47. 유찰 : 입찰기일에 매각신청이 없어 매각되지 아니하고 무효가 된 것을 말하며, 유찰이 되면 통상 최저매각금액을 20%~30% 저감한 가격으로 다음 매각기일에 다시 매각을 실시하게 된다.

48. 연기 : 채무자, 소유자 또는 이해관계인의 신청에 의하여 경매신청채권자의 동의하에 지정된 매각기일을 다음 기일로 미루는 것을 말한다. 1개월 후 입찰기일이 다시 지정되며, 실무에서는 변경과 연기를 합쳐 '변연' 이라고 한다. 경매신청자에게 연기해 주는 경우에는 2회에 한해 연기된다.

49. 연립주택 : 전체 층이 4층 이하이면서 면적이 660㎡를 초과하거나 가구수가 20가구 이상인 공동주택을 말한다.

50. 연면적 : 건물의 각층의 바닥면적의 합계면적을 말하며, 연건평이라고도 한다. 건물의 일층의 바닥면적만은 건평이라고 한다.

51. 예고등기 : 등기 원인의 무효나 취소 사유의 존재를 이유로 하여 법원에 등기말소 또는 등기 회복의 소송이 제기된 경우 이를 여러 사람에게 알려서 불측의 손해를 방지하기위해 수소법원에서 직권으로 촉탁하는 등기이다.
 - 말소 기준보다 후순위로 되어 있다 하더라도 예고 등기는 말소되지 않는다.

52. 오피스텔 : Office와 Hotel의 합성어로 업무와 숙식을 동시에 할 수 있는 건축물로 업무시설로 분류되어 주택에 포함되지 않는다.

53. 용익물권 : 특정의 물건을 일정한 목적에 따라 사용·수익할 수 있는 물권으로 처분의 권한은 없다. 전세권, 지상권, 지역권이 해당한다.

54. 용적률 : 건축물 연면적의 대지면적에 대한 비율이다.

55. 유치권 : 타인의 물건이나 유가 증권을 점유한 자가 그 물건이나 유가증권에 관하여 생긴 채권을 가지는 경우에 그 채권을 변제 받을 때까지 그 목적물을 유치할 수 있는 권리이다.

   - 법정 담보 물권으로서 등기하지 않아도 제3자에 대항한다.

56. 이중경매 : 2인 이상의 채권자가 시간적 간격을 가지고 순차적으로 경매신청을 하여 다시 경매개시결정(이중경매 개시결정)이 된 경우를 말한다.

선행경매가 취하되거나 그 절차가 취소된 때에는 후행경매가 속행된다. 이때, 원칙적으로 경매 준비 단계의 현황조사, 평가 등을 선행 경매의 것으로 대체하나 속행 전 달라진 부분이 있으면 다시 현황조사, 평가를 수행한다.

57. 이해관계인 : 민사집행법 제90조에 열거된 압류채권자, 집행력 있는 정본에 의하여 배당을 요구한 채권자, 채무자, 소유자, 등기부에 기입된 부동산 위의 권리자, 부동산 위의 권리자로서 그 권리를 증명한 사람을 말한다.

58. 일괄경매 : 법원은 경매의 대상이 된 여러 개의 부동산의 위치, 형태, 이용관계 등을 고려하여 이를 하나의 집단으로 묶어 매각하는 것이 알맞다고 인정하는 경우에는 직권으로 또는 이해관계인의 신청에 따라 일괄매각하도록 결정 할 수 있다. 또한 다른 종류의 재산(금전채권 제외)이라도 부동산과 함께 일괄매각하는 것이 알맞다고 인정하는 때에도 일괄매각하도록 결정할 수 있다.

59. 임차권 : 임차권은 임대인에 대하여 토지를 사용. 수익하게 할 것을 청구할 수 있는 채권이다. 부동산임차권도 등기하면 제3자에게 대항력이 생긴다. 그런데 임대인은 일반적으로 임대차를 등기하는 것을 싫어하기 때문에 부동산임대는 등기가 잘 이루어지지 않고 있다. 임대인은 사용. 수익에 필요한 수선을 유지해 줄 의무가 있는데 반해 전세권설정시에는 물건 주인에게 이러한 의무가 없다.

60. 재개발사업 : 재개발구역 안에서 토지의 합리적이고 효율적인 고도 이용과 도시기능을 회복하기 위하여 도시재개발법이 정하는 바에 따라서 시행하는 건축물 및 그 부지의 정비와 대지의 조성 및 공공시설의 정비에 관한 사업과 이에 부대되는 사업을 말한다.

61. 재매각 : 매수인의 대금 미납으로 인하여 법원이 직권으로 다시 실시하는 경매이다.

- 종전가격으로 매각되며 입찰보증금이 10%에서 20%~30%로 올라간다.
- 전 매수인(낙찰자)의 보증금은 경매 매각금액에 귀속되어 배당된다.
- 전 매수인(낙찰자)은 입찰에 참여할 수 없다. (구)재경매

62. 저당 : 채권자가 채무자 또는 제3자(물상보증인)로부터 점유를 옮기지 않고, 그 채권의 담보로 제공된 목적물에 대하여 일반 채권자에 우선하여 변제 받을 수 있는 약정 또는 담보물권으로 확정된 채권이다.

63. 전세권 : 전세권은 전세금으로 지급하고 타인의 부동산을 점유하여 그 부동산으로 용도에 좇아 사용 수익하는 용익물권을 말한다. 전세권이 소멸하면 전세권자는 그 목적부동산을 변환하는 동시에 전세금의 반환을 받는다. 그런데 농경지는 전세권의 목적이 될 수 없다. 전세권자는 임대차할 때와는 달리 목적물에 필요한 통상의 수선을 유지해야 한다. 또 전세권은 물권이기 때문에 당연히 등기할 수 있으나, 주인이 등기하는 일은 싫어하기 때문이다. 시중관행으로는 전세계약이라고는 부르고 있으나 실제로 전세권은 물권이므로 등기하지 않는 전세권은 전세형식을 취한 특수한 임대차로 보게 된다.

64. 정지 : 채권자 또는 이해관계인의 신청에 의하여 법원이 경매진행 절차를 정지시키는 것을 말한다.

65. 제시외건물 : 경매대상인 토지 위에 있는 경매 대상이 아닌 건물을 말한다.

처음부터 경매신청채권자가 경매 신청을 하지 않았거나 그 후의 경매절차에서도 경매대상으로 포함되지 않은 건물로 실무에서는 제시외건물이 경매대상에서 제외된 경우, '입찰외주택 소재', '입찰외창고 소재' 등으로 표시한다.

66 지상권 : 다른 사람의 토지에 건물 기타의 공작물이나 수목을 소유하기 위하여 토지를 사용할 수 있는 용익물건이다.

- 공작물이라 함은 지상 공작물뿐만 아니라 지하 공작물도 포함, 수목은 식림(植林)의 대상이 되는 식물을 말하며, 경작의 대상이 되는 식물(벼, 보리, 야채, 과수, 뽕, 나무 등)은 불포함한다.
- 지상권의 설정기간은 최장 기간의 제한은 없으나 최단 기간은 제한을 정하고 있다. 즉 견고

한 건물이나 수목 30년, 기타 건물 15년, 건물이외의 공작물은 5년이다.

67. 지역권 : 일정한 목적을 위하여 타인의 토지를 자기의 편익에 이용하는 것을 내용으로
하는 용익물권을 말한다.
  - 타인의 토지〈편익을 제공하는 토지(을지)를 승역지(承役地), 자기의 토지(편익)을 받는 토
    지(갑지) 를 요역지(要役地)라 함〉
  - 지역권은 승역지를 적극적으로 이용하는 경우, 즉 통행지역권, 인수(引水)지역권 또는 용수
    (用水)지역권이 대표적

68. 최고가매수신고인 : 매각기일에 경매부동산을 최고가로 매수할 의사를 신고한 자를 말
한다.

69. 차순위매수신고인 : 최고가 매수신고인 이외의 입찰자 중 최고가 매수신고액에서 보증
금을 공제한 액수보다 높은 가격으로 응찰한 사람은 차순위 매수신고를 할 수 있다. 차순위 매
수신고를 하게 되면 매수인은 매각 대금을 납부하기 전까지는 보증금을 반환받지 못한다. 대신
최고가 매수신고인에 국한된 사유로 그에 대한 매각이 불허되거나 매각이 허가 되더라도 그가
매각대금 지급의무를 이행하지 아니할 경우 다시 매각을 실시하지 않고 집행법원으로부터 매각
허부의 결정을 받을 수 있는 자격을 갖는다.

70. 채권 : 채무자에게 급부를 청구할 수 있는 청구권이다.
 - 가압류, 채권 등

71. 최고 : 타인에게 일정한 행위를 할 것을 요구하는 통지를 말한다. 이는 상대방 있는 일방
적 의사표시이고, 최고가 규정되어 있는 경우에는 법률규정에 따라 직접적으로 일정한 법률효
과가 발생한다.

72. 취소 : 채무의 변제 또는 경매원인의 소멸, 잉여 없는 경매의 경우 법원 경매개시결정을
취소하는 것이다. 유효하게 성립한 법률행위의 효력을 어떤 이유에서 당사자 일방의 의사표시
에 의해 소멸시키는 것을 뜻한다.

73. 취하 : 경매 신청 후 채무자가 채무를 변제한 경우와 경매신청채권자가 경매신청을 철회

하는 것이다. 단, 최고가 매수신고인이 결정된 후에는 최고가 매수신고인의 동의가 필요하며, 차순위 매수신고가 있는 경우에는 그의 동의도 필요하다.

74. 토지별도등기 : 토지에 건물과 다른 등기가 있다는 뜻으로 집합건물은 토지와 건물이 일체가 되어 거래되도록 되어 있는바, 토지에는 대지권이라는 표시만 있고 모든 권리관계는 전유부분의 등기부에만 기재하게 되어 있다. 건물을 짓기 전에 토지에 저당권 등 제한물권이 있는 경우 토지와 건물의 권리관계가 일치하지 않으므로 건물등기부에 '토지에 별도의 등기가 있다'는 표시를 하기 위한 등기를 말한다.

75. 토지 이용 계획 확인서 : 토지를 관할하는 시장 · 군수 또는 구청장이 발행하는 토지의 이용에 관한 계획을 확인 하는 서류를 말한다.

국토 이용 관리법에서는 시장 · 군수 또는 구청장이 국토이용 계획 또는 국토이용 관리법 이외의 법률에 의해 결정 · 고시된 토지이용에 관하여 토지가 어떠한 용도지역 · 용도지구 또는 구역 등에 해당하는지의 여부와 그 용도 지역 등에 대하여 도시계획 또는 개발계획 등의 수립여부에 관한 확인의 신청을 받아서 토지 이용 계획 확인서를 발급하도록 하고 있다.

76. 특별매각조건 : 경매절차에서 특별히 정한 매각조건으로 이해관계인 전원의 합의 또는 법원의 직권으로 변경한 매각조건 재경매시 입찰보증금이 20%라는 것, 농지취득자격증명이 필요하다는 것이다. 대지권이 없는 건물의 경매 등이 특별매각조건에 해당한다.

77. 특수주소 변경 : 공동 주택의 경우 동호수가 변경되는 경우를 의미한다.
- 임차인의 착오로 인하여 동호수를 잘못 주민등록 한 경우에는 특수주소변경이 이루어진 시점부터 주민등록이 된 것으로 본다.
- 담당공무원의 착오로 인하여 잘못된 동호수로 주민등록 한 경우에는 주민등록을 신청한 시점부터 주민등록이 된 것으로 인정된다.

78. 환매특약등기 : 부동산 매매시 계약과 동시에 특약에 의하여 일정한 조건하에 매수인이 지급한 대금 및 매매 비용을 반환함으로써 매매계약을 해지할 수 있음을 등기한 것(* 말소 기준보다 후순위인 환매 특약 등기는 말소)을 말한다.

79. 환지등기 : 도시재개발 또는 토지구획정리사업에 의하여 토지구획정리를 실시할 때에

필연적으로 발생하는 인접토지와의 교환분합으로 시행자의 신청 또는 촉탁에 의해 행해지는 등기이다.

80. 현황조사보고서 : 법원은 경매개시결정을 한 후 지체 없이 집행관에게 부동산의 현상, 점유관계, 차임 또는 임대차보증금의 수액 기타 현황에 관하여 조사할 것을 명하는데, 현황조사보고는 집행관이 그 조사내용을 집행법원에 보고하기 위하여 작성한 문서이다.

부동산 경매 리스타트

초　판 1쇄 2010년 5월 10일

....

지은이 박승일 · 이호중 · 오승세 · 박규진
펴낸이 김석규　**담당PD** 이경주　**펴낸곳** 매경출판(주)
등 록 2003년 4월 24일(No. 2-3759)
주 소 우)100-728 서울 중구 필동1가 30번지 매경미디어센터 9층
전 화 02)2000-2610(출판팀) 02)2000-2636(영업팀)
팩 스 02)2000-2609　**이메일** publish@mk.co.kr
인쇄 · 제본 (주)M-print　031)8071-0961

....

ISBN 978-89-7442-661-3
값 18,000원